SCHULDRECHT BT 3

Auftrag, GoA, Bereicherungsrecht

2015

Dr. Tobias Wirtz,
Rechtsanwalt und Repetitor

ALPMANN UND SCHMIDT Juristische Lehrgänge Verlagsges. mbH & Co. KG
48143 Münster, Alter Fischmarkt 8, 48001 Postfach 1169, Telefon (0251) 98109-0
AS-Online: www.alpmann-schmidt.de

Zitiervorschlag: Wirtz, Schuldrecht BT 3, Rn.

Dr. Wirtz, Tobias
Schuldrecht BT 3
Auftrag, GoA, Bereicherungsrecht
18., überarbeitete Auflage 2015
ISBN: 978-3-86752-413-1

Verlag Alpmann und Schmidt Juristische Lehrgänge
Verlagsgesellschaft mbH & Co. KG, Münster

Unterstützen Sie uns bei der Weiterentwicklung unserer Produkte.
Wir freuen uns über Anregungen, Wünsche, Lob oder Kritik an:
feedback@alpmann-schmidt.de.

INHALTSVERZEICHNIS

LITERATURVERZEICHNIS

Bamberger/Roth	Kommentar zum Bürgerlichen Gesetzbuch 3. Aufl., München 2012 zit.: BeckOK/Bearbeiter
Brox/Walker	Besonderes Schuldrecht 38. Aufl., München 2014 zit.: Brox/Walker
Erman	Handkommentar zum Bürgerlichen Gesetzbuch 1. Band (§§ 1–853) 2. Band (§§ 854–2385) 14. Aufl., Münster 2014 zit.: Erman/Bearbeiter
Jauernig	Bürgerliches Gesetzbuch, Kommentar 15. Aufl., München 2014 (zit.: Jauernig/Bearbeiter bzw. Jauernig)
juris Praxis Kommentar BGB	Band 2: Schuldrecht, Teil 3, §§ 631–853 6. Aufl., Saarbrücken 2013 zit.: jurisPK/Bearbeiter
Looschelders	Schuldrecht, Besonderer Teil 9. Aufl. 2014 zit.: Looschelders
Medicus/Petersen	Bürgerliches Recht 24. Aufl., München 2013 zit.: Medicus BR
Medicus/Lorenz	Schuldrecht II, Besonderer Teil 17. Aufl., München 2014 zit.: Medicus SchuldR II
Münchener Kommentar	zum Bürgerlichen Gesetzbuch Band 1/Teilbd. 1: Allgemeiner Teil (§§ 1–240) 6. Aufl., München 2012 Band 2: Schuldrecht Allgemeiner Teil (§§ 241–432) 6. Aufl., München 2012 Band 4: Schuldrecht Besonderer Teil II (§§ 611–704) 6. Aufl., München 2012 Band 5: Schuldrecht Besonderer Teil III (§§ 705–853) 6. Aufl., München 2013

	Band 6: Sachenrecht
	(§§ 854–1296)
	6. Aufl., München 2013
	zit.: MünchKomm/Bearbeiter
Palandt	Bürgerliches Gesetzbuch
	74. Aufl., München 2015
	zit.: Palandt/Bearbeiter
Staudinger	J.v. Staudingers Kommentar zum Bürgerlichen
	Gesetzbuch
	§§ 328–345
	Neubearbeitung 2009

§§ 346–359
Neubearbeitung 2012

§§ 652–656
Neubearbeitung 2010

§§ 657–704
Neubearbeitung 2006

§§ 812–822
Neubearbeitung 2007

§§ 925–984
Neubearbeitung 2011

§§ 985–1011
Neubearbeitung 2012
zit.: Staudinger/Bearbeiter

1. Teil: Auftragsvertrag und Geschäftsbesorgungsvertrag

1. Abschnitt: Auftragsvertrag

Der Auftrag verpflichtet den Beauftragten gemäß § 662[1] zur unentgeltlichen Geschäftsbesorgung. Da der Auftraggeber dafür keine Gegenleistung schuldet, handelt es sich
nicht um einen gegenseitigen Vertrag. Die Aufwendungsersatzpflicht des Auftraggebers nach § 670 steht nämlich in keinem Gegenseitigkeitsverhältnis. Der Auftragsvertrag ist deshalb die Grundform für alle Verträge mit **fremdnütziger Interessenwah-
rung**.

1

Auf die Regelungen des Auftragsrechts wird u.a. bei der Geschäftsführung des Vereinsvorstandes (§ 27
Abs. 3), beim Vorstand der Stiftung (§ 86), bei der Gesellschaft bzgl. der Rechte und Pflichten der ge-
schäftsführenden Gesellschafter (§ 713), bei der Führung der Vormundschaft bzw. der Pflegschaft
(§§ 1835 Abs. 1, 1915 Abs. 1) oder bei dem Rechtsverhältnis zwischen Testamentsvollstrecker und Erben (§ 2218 Abs. 1) verwiesen, denen eine vergleichbare Interessenlage der Parteien zugrunde liegt.

A. Zustandekommen des Auftragsvertrags

Die Parteien oder deren berechtigte Vertreter müssen sich **wirksam** über den **Inhalt**
des Auftrags **geeinigt** haben.

I. Vertragsinhalt

Die von den Vertragsschließenden abgegebenen Erklärungen müssen darauf schließen
lassen, dass der Beauftragte verpflichtet sein soll, ein ihm vom Auftraggeber übertrage-
nes Geschäft unentgeltlich zu besorgen. Sie müssen sich also mit dem Inhalt des **§ 662**
einigen.

2

Geschäftsbesorgung i.S.v. § 662 ist weit zu verstehen und umfasst jede Tätigkeit für
den Auftraggeber, also sowohl rechtsgeschäftliches, geschäftsähnliches als auch rein
tatsächliches Handeln.

Beispiele: Kunstkenner K ersteigert im Auftrag seines Freundes F auf einer Auktion ein Bild. Jurastuden-
tin J mahnt für ihren rechtlich unerfahrenen Bekannten einen von dessen Schuldnern. Nachbar N führt
den Hund des verreisten A aus.

Die **Unentgeltlichkeit** des Auftrags ist – wie auch bei der Schenkung – eng zu verstehen, d.h., auch ein geringes Entgelt für die Tätigkeit führt zur Entgeltlichkeit und damit
in den Bereich des Geschäftsbesorgungs-, Makler-, Dienst- oder Werkvertrags.

*Hinweis: Von der Entgeltlichkeit ist jedoch der Anspruch auf Ersatz der Aufwendungen ge-
mäß § 670 zu trennen, weil es sich dabei nicht um eine synallagmatische Leistungsverpflich-
tung handelt.*

II. Vertragsschluss

Die erforderliche Einigung über die vorzunehmende Tätigkeit richtet sich nach der allgemeinen Rechtsgeschäftslehre, vgl. die §§ 104 ff.

3

---

1 §§ ohne Gesetzesangabe sind solche des BGB.

Aus der Verpflichtung, die Ablehnung eines Auftrags unter bestimmten Voraussetzungen gemäß § 663 anzuzeigen, ergibt sich nicht, dass bloßes Schweigen auf das Angebot zu einem Vertragsschluss führt. Wird die Verpflichtung zur Ablehnungsanzeige verletzt, führt dies vielmehr zu einem Schadensersatzanspruch des potentiellen Auftraggebers wegen Verletzung vorvertraglicher Pflichten,[2] §§ 311 Abs. 2, 241 Abs. 2, 280 Abs. 1.

4   Der Auftragsvertrag ist grundsätzlich **formfrei.**

Ausnahmen können sich ergeben, wenn der Beauftragte ein formbedürftiges Rechtsgeschäft vornehmen soll. So bedarf z.B. der Auftrag zum Grundstückserwerb in der Regel gemäß § 311 b der notariellen Beurkundung, weil der Auftraggeber sich hier schon bei der Beauftragung bindet und deshalb die Warnfunktion des § 311 b vorverlagert werden muss.

III. Abgrenzung von anderen rechtsähnlichen Vereinbarungen

5   Der Auftrag ist abzugrenzen:

- ■ Vom **Geschäftsbesorgungs-, Makler-, Dienst- oder Werkvertrag**, von denen er sich durch seine Unentgeltlichkeit unterscheidet.

- ■ Gegenüber dem **unentgeltlichen Leihvertrag** und einer unentgeltlichen Verwahrung, die sich in der Gebrauchsüberlassung oder der Übernahme der Obhut über bewegliche Sachen erschöpfen, während der Auftrag eine Tätigkeit des Beauftragten erfordert.[3]

- ■ Die **bloße Gefälligkeit** hat mit dem Auftrag die Fremdnützigkeit und die Unentgeltlichkeit gemein. Die Abgrenzung wird danach vorgenommen, ob ein Rechtsbindungswille erklärt worden oder nach den Umständen deshalb anzunehmen ist, weil der andere Teil aus der Zusage oder der Übernahme der Besorgung nach Treu und Glauben mit Rücksicht auf die Verkehrssitte auf einen solchen Willen schließen müsste.[4]

  Abgrenzungskriterien sind u.a. die wirtschaftliche Bedeutung der Tätigkeit, die Nachteile, die für den Begünstigten durch eine schlechte Ausführung entstehen können und das Haftungsrisiko, das für den Handelnden durch die Übernahme der Tätigkeit entsteht.

- ■ Von einer **Vollmacht** gemäß **§§ 164 ff.**, die häufig mit dem Auftragsvertrag verbunden wird. Der Auftragsvertrag gestaltet nur das **Innenverhältnis** zwischen Auftraggeber und Beauftragtem und gibt Aufschluss darüber, ob der Beauftragte im Verhältnis zum Auftraggeber zur Vornahme des Rechtsgeschäfts berechtigt ist (rechtliches Dürfen).[5]

  Die Vollmacht regelt dagegen das rechtliche Können im **Außenverhältnis** zu einem Dritten, d.h., ob der Beauftragte als bevollmächtigter Vertreter im Namen des Vollmachtgebers rechtsgeschäftliche Erklärungen mit Wirkung für und gegen den Vollmachtgeber gegenüber Dritten abgeben kann.

- ■ Vom Begriff des „Auftrags", wie er oft im Geschäftsverkehr gebraucht wird.

---

2   Looschelders Rn. 801.
3   Palandt/Sprau Einf. v. § 662 Rn. 5.
4   AS-Skript BGB AT 1 (2015), Rn. 43 ff.
5   Vgl. BGH, Urt. v. 14.11.2002 – III ZR 87/02, NJW 2003, 578 f.

Beispiele: Ein Sachverständiger wird mit der Erstellung eines Gutachtens „beauftragt" (Antrag zum Abschluss eines Werkvertrags) oder ein Händler wird von einem Kunden „beauftragt", an ihn Ware zu liefern (Antrag zum Abschluss eines Kaufvertrags). Schließlich werden auch Weisungen im Rahmen eines anderen Rechtsverhältnisses gelegentlich als „Auftrag" bezeichnet, wie z.B. die des Dienstherrn an den Angestellten, in einer bestimmten Art und Weise zu verfahren.

B. Pflichten aus dem zustande gekommenen Auftragsvertrag

Die Pflichten des Auftraggebers und des Beauftragten ergeben sich vorrangig aus der vertraglichen Vereinbarung. Fehlt diese, dann gelten die speziellen Bestimmungen der §§ 662 ff. Enthalten auch diese Bestimmungen keine für die sachgerechte Abwicklung des Auftrags erforderliche Regelung, so greifen die Vorschriften des Allgemeinen Schuldrechts (§§ 241 ff.) ein.

6

I. Pflichten des Beauftragten

Hauptpflicht des Beauftragten ist gemäß **§ 662**, das ihm übertragene **Geschäft auszuführen**. Auch wenn für den Beauftragten eine Pflicht zur Ausführung besteht, so resultiert hieraus für ihn kein Recht auf Ausführung, weil es sich um einen Gefälligkeitsvertrag allein im Interesse des Auftraggebers handelt.[6]

7

Haben die Parteien es versäumt, die sachgerechte Abwicklung der Hauptpflicht zu regeln, kommen insbesondere nachfolgende Vorschriften zur Anwendung.

- ■ Wegen der zwischen den Parteien bestehenden Vertrauensbeziehung ist es dem Beauftragten nach **§ 664 Abs. 1 S. 1** im Zweifel nicht gestattet, das Geschäft einem Dritten zu übertragen. Da es sich bei § 664 Abs. 1 S. 1 aber um eine Auslegungsregel handelt, können die Umstände ergeben, dass von einer **Höchstpersönlichkeit** abgesehen werden kann.

8

  - ■ Ist es dem Beauftragten gemäß § 664 Abs. 1 S. 2 gestattet, die Ausführung des Auftrags auf einen Dritten zu übertragen, so ist für die Übertragung erforderlich, dass dieser Dritte bei der Ausführung als „Substitut" alleinverantwortlich an die Stelle des Beauftragten tritt (sog. **Substitution**).[7]

  - ■ Wie sich aus § 664 Abs. 1 S. 3 ergibt, kann der Beauftragte, der zur persönlichen Besorgung verpflichtet ist, sich eines **Gehilfen** bedienen.

- ■ Aus **§ 665** folgt, dass der Beauftragte **Weisungen** des Auftraggebers, mit denen dieser jederzeit auch nach Vertragsschluss den Inhalt des Auftrags konkretisieren kann, beachten muss.

9

  - ■ Er kann von ihnen gemäß § 665 S. 1 nur abweichen, wenn er annehmen darf, der Auftraggeber werde die Abweichung billigen. Er muss sich also nach dem mutmaßlichen Willen des Auftraggebers richten. Gemäß § 665 S. 2 muss er den Auftraggeber **vor der Abweichung** informieren und dessen Entschließung abwarten, wenn nicht mit dem dadurch bedingten Aufschub Gefahr verbunden ist.

---

6 Palandt/Sprau § 662 Rn. 9.
7 BGH, Urt. v. 17.12.1992 - III ZR 133/91, NJW 1993, 1704, 1705.

- Konnte er wegen Vorliegens einer Gefahr keine Entscheidung des Auftraggebers mehr erlangen und ist er von einer Weisung abgewichen, muss er den Auftraggeber gemäß § 666 **nachträglich** benachrichtigen.

10 ■ Gemäß **§ 666** ist der Beauftragte weiterhin verpflichtet:

- den Auftraggeber falls erforderlich unaufgefordert zu benachrichtigen.

  Ob eine Benachrichtigung erforderlich ist, hängt von den Umständen des Einzelfalles ab. Häufigster Fall ist die geplante und erfolgte Abweichung von einer Weisung (s.o. Rn. 9);

- auf Verlangen dem Auftraggeber **Auskunft** über den Stand des Geschäfts zu erteilen.

  Der Unterschied zur Benachrichtigung liegt darin, dass sich diese eher auf Einzelinformationen bezieht, während die Auskunftspflicht das Geschäft als Ganzes betrifft.

- nach Ausführung des Auftrags gegenüber dem Auftraggeber Rechenschaft abzulegen. Der Inhalt der **Rechenschaftspflicht** ergibt sich aus **§ 259 Abs. 1** (im Wesentlichen: Rechnungslegung).

  Eine Benachrichtigungspflicht besteht unabhängig davon, ob sich der Auftraggeber auch selber die Information beschaffen könnte.

11 ■ Der Beauftragte ist gemäß **§ 667** verpflichtet, alles was er zur Ausführung des Auftrags erhalten oder aus der Geschäftsbesorgung erlangt hat, an den Auftraggeber **herauszugeben** (auch gezogene Früchte und Zubehör). Das Erhaltene ist aber nur soweit zurückzugeben, wie es nicht im Rahmen des Auftrags ordnungsgemäß verbraucht wurde.[8] Erlangte Geldmittel müssen auch dann herausgegeben werden, wenn sie beim Beauftragten zwar nicht mehr vorhanden sind, aber nicht zu dem vorgesehenen Zweck verwendet wurden.[9]

12 Bei dem Erlangten kann es sich um Eigentum oder Besitz an Sachen oder um Forderungen handeln. Aus der Geschäftsbesorgung erlangt ist jeder Vorteil, den der Beauftragte im **inneren Zusammenhang** mit der Führung des Geschäfts erhält.[10]

Beispiel 1: Der Ortskundige E soll in B für die D-GmbH ein Ladenlokal mieten, weil diese dort eine Filiale eröffnen will. Hauseigentümer H wittert ein gutes Geschäft und zahlt 2.000 € an E, damit er für die D-GmbH seine Räume anmietet, was auch geschieht. Der Geschäftsführer der D-GmbH erfährt von dem Schmiergeld und verlangt es heraus.

Gemäß § 667 ist der Beauftragte verpflichtet, alles herauszugeben, was er aus der Geschäftsbesorgung erlangt hat. Dazu gehören auch **Provisionen, Schmiergelder und Geschenke**, die dem Beauftragten von dritter Seite zugewandt worden sind und die eine Willensbeeinflussung zum Nachteil des Auftraggebers befürchten lassen.[11] Hier hat H dem E die 2.000 € gezahlt, weil er ein günstiges Geschäft witterte. E muss das Geld also nach § 667 herausgeben, denn das Schmiergeld hat seine wirtschaftliche Ursache in der Ausführung des Auftrags. Dass der Sondervorteil nicht für die D-GmbH als Auftraggeberin, sondern nach dem Willen des H ausschließlich für E gedacht war, ist dabei unbeachtlich.[12]

---

8 OLG Saarbrücken, Urt. v. 19.12.2001 – 1 U 398/01-91, NJW-RR 2002, 622, 623.
9 BGH, Urt. v. 04.11.2002 – II ZR 210/00, BGH Report 2003, 331, 332.
10 Palandt/Sprau § 667 Rn. 3.
11 BGH, Urt. v. 02.04.2001 – II ZR 217/99, NJW 2001, 2476.
12 BGH, Urt. v. 02.04.2001 – II ZR 217/99, NJW 2001, 2476.

Beispiel 2: A, ein stadtbekannter Sammler alter Uhren, bittet den B, für ihn als Strohmann beim Trödler T eine bestimmte Uhr zu kaufen, weil er annimmt, dass T ihm selbst keinen günstigen Preis machen werde. B kauft die Uhr und weil T ihn sympathisch findet, schenkt er ihm nach dem Kauf ein Buch über alte Chronometer. Als A davon erfährt, verlangt er das Buch heraus. Ein Anspruch des A gegen B aus § 667 setzt voraus, dass B das Buch aus der Geschäftsbesorgung erlangt hat. Der T hat dem B jedoch das Buch nur geschenkt, weil er ihn sympathisch fand, und nicht im inneren Zusammenhang mit der Führung des Geschäfts. Es besteht kein Anspruch aus § 667, da er das Buch **nur anlässlich** der Ausführung des Auftrags und nicht durch die Geschäftsbesorgung als solche erlangt hat.

Beispiel 3: A beauftragt den B, im eigenen Namen ein Bild für 15.000 € zu verkaufen. B verkauft an C und erzielt wider Erwarten einen Erlös von 17.000 €.
B muss gemäß § 667 an A 17.000 € herausgeben, denn dieser Erlös ist aus der Geschäftsbesorgung erlangt und nicht nur bei Gelegenheit der Durchführung.

Aus der Geschäftsbesorgung erlangt sein kann also auch der Erlös beim Verkauf einer Sache. Weitere Anspruchsgrundlagen auf **Herausgabe des Erlöses** sind: § 285 und § 816 Abs. 1 S. 1.

§ 667 hat als Anspruchsgrundlage große Bedeutung, vor allem durch die zahlreichen Verweise auf diese Vorschrift aus anderen (vertraglichen oder gesetzlichen) Schuldverhältnissen, die ebenfalls eine Geschäftsbesorgung zum Gegenstand haben. Das gilt für:

- entgeltliche Geschäftsbesorgungsverträge (§ 675 Abs. 1),

- die Geschäftsführung ohne Auftrag (§§ 681, 683),

- geschäftsführende Gesellschafter (§ 713),

- die entsprechende Anwendung im Arbeitsrecht.

So ist etwa ein Arbeitnehmer nach § 667 zur Herausgabe der auf Dienstreisen erlangten Rabattvorteile (Bonus-Meilen) verpflichtet.[13] Gleiches gilt bei der Tätigkeit in einem Krematorium in Bezug auf Edelmetallrückstände aus der Krematoriumsasche.[14]

- Gemäß **§ 668** muss der Beauftragte, wenn er Geld für sich verwendet, das er an den Auftraggeber herauszugeben oder für ihn zu verwenden hat, dieses vom Zeitpunkt der Verwendung an **verzinsen**.   **13**

- Aufgrund des besonderen Vertrauensverhältnisses zwischen den Parteien können sich aus § 241 Abs. 2 im Einzelfall weitere Pflichten ergeben, z.B. bei besonderer Sachkunde des Beauftragten eine **Prüfungs- und Warnpflicht**.[15]   **14**

- Die schuldhafte Verletzung einer solchen Pflicht kann – wie die Verletzung jeder nicht geregelten vertraglichen Nebenpflicht – zu einer Haftung aus **§§ 280 Abs. 1, 241 Abs. 2** führen. Bei unsachgemäßer Ausführung des Auftrags kann sich ein Schadensersatzanspruch aus **§§ 280 Abs. 1 und Abs. 3, 281 Abs. 1** ergeben, wenn der Beauftragte die Leistung nicht „wie geschuldet" erbringt.[16]

---

13 Lorenz JuS 2012, 6, 8.

14 BAG, Urt. v. 21.08.2014 – 8 AZR 655/13, RÜ 2015, 84.

15 Palandt/Sprau § 662 Rn. 9.

16 Looschelders Rn. 809.

II. Pflichten des Auftraggebers

Da der Auftrag einen **Gefälligkeitsvertrag** allein im Interesse des Auftraggebers darstellt, ist dieser nicht verpflichtet, den Beauftragten den Auftrag auch durchführen zu lassen, wie sich aus der jederzeitigen **Widerrufsmöglichkeit** gemäß **§ 671 Abs. 1** ergibt.

Der Auftraggeber ist allerdings verpflichtet:

15 ■ Dem Beauftragten gemäß **§ 670** die zum Zwecke der Ausführung des Auftrags gemachten **Aufwendungen**, die dieser den Umständen nach für erforderlich halten durfte, zu ersetzen. Entscheidend ist eine objektive Betrachtung aus der Sicht eines sorgfältigen Beauftragten in gleicher Lage.

16 Aufwendungen sind **freiwillige Vermögensopfer**, welche dem Interesse des anderen dienen.

Für die Frage der **Erforderlichkeit** ist auf das Interesse des Auftraggebers im Zeitpunkt, zu dem der Beauftragte die Aufwendung tätigt, abzustellen. Auf den Erfolg der Tätigkeit kommt es damit für den Anspruch nicht an,[17] sodass auch objektiv sinnlose Aufwendungen zu ersetzen sind, wenn der Beauftragte sie im Zeitpunkt der Aufwendung aufgrund sorgfältiger, den Umständen nach gebotener Prüfung für erforderlich halten durfte.

17 Aus der Unentgeltlichkeit des Auftrags folgt, dass die **Arbeitskraft** und der gewöhnliche Verschleiß von Gegenständen des Beauftragten, die genutzt werden, um den Auftrag auszuführen, keine gemäß § 670 ersatzfähigen Aufwendungen sind, denn der Aufwendungsersatz soll **nicht zu einer Tätigkeitsvergütung** für den Beauftragten führen. An der fehlenden Ersatzfähigkeit ändert sich – anders als im Rahmen der GoA – auch nichts, wenn die Geschäftsbesorgung zum Beruf oder Gewerbe des Beauftragten gehört.[18]

■ Schäden sind unfreiwillige Vermögensopfer und damit gerade keine Aufwendungen. Beruhen die Schäden auf einem Verschulden des Auftraggebers, so sind sie nach §§ 280 ff. zu ersetzen. Handelt es sich um Zufallsschäden, die der Beauftragte aus den mit der Besorgung des Geschäfts verbundenen Gefahren erlitten hat (**risikotypische Schäden**), so besteht im Ergebnis Übereinstimmung, dass auch diese zu ersetzen sind.[19]

Umstritten ist nur die dogmatische Begründung. Zum Teil[20] wird der Grundsatz der schadensgeneigten Risikozurechnung bei Tätigkeit im fremden Interesse angewendet, der in **§ 110 Abs. 1 HGB** zum Ausdruck kommt. Dieser Grundsatz wird jedoch für zu allgemein und zu unbestimmt gehalten, um die Risikoverteilung zwischen Auftraggeber und Beauftragtem zu beurteilen.[21] Die Rspr.[22] und ein Teil der Lit.[23] wenden entweder § 670 direkt oder analog an. Zwar hat der Beauftragte den Scha-

---

17 Looschelders Rn. 811.

18 Palandt/Sprau § 670 Rn. 3.

19 BeckOK/Fischer § 670 Rn. 23.

20 Jauernig/Mansel § 670 Rn. 9.

21 Vgl. Staudinger/Martinek § 670 Rn. 23.

22 BGH, Beschl. v. 07.05.1992 – III ZR 74/91, NJW 1993, 2235.

23 Staudinger/Martinek § 670 Rn. 22, 23.

den nicht freiwillig übernommen, da er selbst bei erkannter Gefahr auf einen schadensfreien Ablauf gehofft haben wird, sodass eine direkte Anwendung des § 670 ausscheidet. Es entspricht aber der Billigkeit, dem fremdnützig unentgeltlich Tätigen nicht auch noch das tätigkeitsspezifische Risiko aufzuerlegen.[24] Hierfür spricht auch der in §§ 667, 670 enthaltene Rechtsgedanke, dass der Beauftragte durch die Ausführung des Auftrags weder gewinnen noch verlieren soll.[25]

Nicht ersatzfähig sind dagegen gefahruntypische Schäden oder solche, die nur eine **Realisierung des allgemeinen Lebensrisikos** anlässlich der Geschäftsbesorgung darstellen.

Fall 1: Das Ende einer Fahrgemeinschaft

Die bei der Firma F beschäftigten B und G fahren täglich gemeinsam in dem Pkw der G zur Arbeitsstelle. B zahlt an die G dafür monatlich 60 € als „Unkostenbeitrag". Eines trüben Tages kommt es zu einem Unfall, den weder B noch G zu verschulden haben. Der Wagen der G wird erheblich beschädigt.

G verlangt von der B die Reparaturkosten in Höhe von 1.800 € ersetzt. Zu Recht?

G könnte gegen B einen Aufwendungsersatzanspruch aus **§§ 662, 670** haben.

I. Dazu müssten B und G einen Auftragsvertrag abgeschlossen haben. Da eine ausdrückliche Willensübereinstimmung nicht gegeben ist, kommt nur eine konkludente Einigung in Betracht. Dann müsste in dem Verhalten der G und der B jeweils eine konkludente Willenserklärung zu sehen sein.

1. Voraussetzung dafür ist ein **Rechtsbindungswille**. Der Wille, eine rechtsgeschäftliche Verpflichtung einzugehen und entgegenzunehmen, liegt insbesondere dann nahe, wenn erkennbar ist, dass für den Leistungsempfänger wesentliche Interessen auf dem Spiel stehen und er auf die Zusage vertraut.

18

G wusste, dass B – wie sie selbst – pünktlich zur Arbeitsstelle kommen muss, dass diese sich darauf verließ, abgeholt zu werden, und dass die B mit Rücksicht darauf davon abgesehen hat, andere Möglichkeiten zum pünktlichen Erreichen des Arbeitsplatzes in Betracht zu ziehen. Die B konnte deshalb auf den Willen der G schließen, dass diese sie mit ihrem Fahrzeug abholt und nach Arbeitsschluss wieder zurückbringt, zumal die B einen Unkostenbeitrag leistete.

Das Verhalten der G ließ also auf einen Rechtsbindungswillen schließen.

2. G hat auch zum Ausdruck gebracht, dass sie eine bestimmte Leistung erbringen, nämlich, dass sie verpflichtet sein will, die B mit zur Arbeitsstelle zu nehmen und nach Arbeitsschluss wieder mit zurückzunehmen. Folglich liegt auch ein **Geschäftswille** vor.

3. Durch die Zahlung der monatlichen Unkostenbeiträge erklärte B auch ihre Übereinstimmung mit dem Angebot, das die G ihr gemacht hat. Daher haben die Parteien einen Auftragsvertrag abgeschlossen.

---

24 Palandt/Sprau § 670 Rn. 12.
25 Staudinger/Martinek § 670 Rn. 23.

II. G kann gemäß § 670 die für die Durchführung des Auftrags erforderlichen Aufwendungen ersetzt verlangen.

1. Aufwendungen sind indes nur freiwillige Vermögensopfer, sodass die anlässlich der Durchführung des Auftrags entstandenen Schäden nicht vom Aufwendungsbegriff umfasst werden.

19   2. Allerdings findet § 670 nach h.M. bei **risikotypischen Begleitschäden** des Beauftragten entsprechend Anwendung. Eine unter normalen Bedingungen stattfindende Autofahrt ist jedoch keine risikobehaftete Tätigkeit in diesem Sinne. Im Übrigen hat sich hier kein tätigkeitsspezifisches Risiko, sondern ein allgemeines, mit der Durchführung des Auftrags verbundenes Risiko verwirklicht. Daher sind die Schäden nicht gemäß § 670 analog auszugleichen.

Abwandlung:

B und G bilden keine Fahrgemeinschaft. Da sich B wegen des Todes ihres Großvaters nicht wohl fühlt, wird sie beurlaubt und von G während der Frühstückspause nach Hause gefahren. Es kommt zu einem Unfall, den weder B noch G zu verschulden haben.

G verlangt von B Ersatz der Schäden. Zu Recht?

G könnte gegen B einen Aufwendungsersatzanspruch aus **§§ 662, 670** haben.

20   Das setzt voraus, dass B und G einen Auftragsvertrag abgeschlossen haben. Dann müsste die G der B gegenüber geäußert haben, dass sie verpflichtet sein will, sie nach Hause zu fahren. Die Auslegung ergibt indes, unter Berücksichtigung der Einzelumstände und der Verkehrsauffassung, dass die G der B eine **alltägliche Gefälligkeit** ohne Rechtsbindungswillen erwiesen hat. Wer eine Arbeitskollegin, die sich nicht wohl fühlt, während der Arbeitspause nach Hause fährt, will keine rechtliche Bindung, insbesondere werden keine Leistungspflichten vereinbart.[26]

---

21   ■ **Große Bedeutung** hat die Vorschrift des **§ 670** auch dadurch, dass zahlreiche Vorschriften auf sie verweisen.

- § 27 Abs. 3: Geschäftsführung des Vorstands beim Verein
- § 675: Geschäftsführer beim Geschäftsbesorgungsvertrag
- § 675 c: Zahlungsdienstleister (Bank) gegen den Kunden
- § 683: Geschäftsführer bei berechtigter GoA
- § 713: geschäftsführender Gesellschafter
- § 994 Abs. 2: unberechtigter Besitzer
- § 1835: Vormund

---

26   BGH, Urt. v. 14.11.1991 – III ZR 4/91, RÜ 1992, 121.

C. Haftung der Parteien bei Pflichtverletzung

Der Auftrag ist ein **unvollkommen zweiseitig verpflichtender Vertrag**, die Vertrags- **22**
pflicht des Beauftragten zur Ausführung des Geschäfts steht nämlich nicht mit den
Pflichten des Auftraggebers (z.B. Aufwendungsersatz gemäß § 670, Vorschusspflicht gemäß § 669) im Gegenseitigkeitsverhältnis.

Bei Leistungsstörungen gelten daher die §§ 275 ff. und die Sekundäransprüche aus
§§ 280 ff., **nicht** aber die **§§ 320–322**.

Erfüllen die Parteien ihre Vertragspflichten nicht oder nicht ordnungsgemäß, so haften
sie nach den allgemeinen Vorschriften (§§ 280 ff.).

Nimmt der Auftragnehmer im Rahmen der Ausführung des Auftrags Schmiergelder entgegen, so muss
er diese nicht nur herausgeben (s.o. Rn. 12), sondern haftet nach §§ 280 Abs. 1, 241 Abs. 2 auch auf Schadensersatz.

Besonderheiten bei der Anwendung der §§ 280 ff. können bestehen, soweit es bei der Verletzung der
Herausgabepflicht aus § 667 um die Herausgabe von Geld geht. Bei dieser Pflicht handelt es sich nicht
um eine gewöhnliche Geldschuld, da der Beauftragte sie nicht wirtschaftlich aus seinem eigenen Vermögen aufzubringen hat. Dementsprechend erfährt der Grundsatz, dass bei Geldschulden Unmöglichkeit nicht in Betracht kommt („Geld hat man zu haben."), eine Ausnahme. Geht das im Rahmen eines
Auftrages erlangte Geld verloren, tritt Unmöglichkeit ein. Es verbleibt ein Anspruch aus §§ 280, 283, soweit Verschulden vorliegt.[27]

■ Anders als bei anderen unentgeltlichen Verpflichtungen, z.B. der Haftung des Schen- **23**
kers (§ 521), des Verleihers (§ 599) oder des unentgeltlichen Verwahrers (§ 690), ist
der Beauftragte hinsichtlich seiner Haftung nicht privilegiert. Er haftet deshalb für
jede Fahrlässigkeit.

■ Durfte der Beauftragte das ihm aufgetragene Geschäft auf einen Dritten übertragen, **24**
so haftet er gemäß **§ 664 Abs. 1 S. 2** nur für das ihm bei der Übertragung zur Last
fallende Verschulden.

Ein solches ist gegeben, wenn der Dritte nicht für die Geschäftsbesorgung geeignet war, wenn er
nicht ausreichend instruiert worden ist oder wenn der Beauftragte selbst weiteren Überwachungs-
pflichten, die ihn trotz der Delegation aufgrund einer Parteivereinbarung treffen, nicht oder unzu-
reichend nachgekommen ist.

Durfte er sich eines **Gehilfen** bedienen, haftet der Beauftragte gemäß **§§ 664 Abs. 1
S. 3, 278** nur bei Verschulden seines Gehilfen. War dem Beauftragten eine Übertra-
gung des Geschäfts auf einen Dritten nicht erlaubt oder durfte er sich keines Gehilfen
bedienen, so haftet er für die Schäden, die durch die Übertragung bzw. durch den
Gehilfen eingetreten sind, ohne dass es für seine Haftung auf ein Verschulden des
Dritten oder des Gehilfen ankommt.

■ Der Beauftragte macht sich schadensersatzpflichtig, wenn er schuldhaft weisungs- **25**
widrig vom Auftrag abweicht und so seine Pflichten gemäß **§ 665** verletzt. Die Schadensersatzpflicht entfällt, wenn der Auftraggeber sich die Vorteile des weisungswid-
rigen Geschäfts zu Eigen macht.

---

27 BGH, Urt. v. 21.12.2005 – III ZR 9/05, NJW 2006, 986, 987 f.; Palandt/Sprau § 667 Rn. 7.

D. Beendigung des Auftragsvertrags

26   Der Auftrag endet mit der **Erfüllung** oder mit **Ablauf der vereinbarten Vertragsdauer**. Auch wenn der Vertrag für eine bestimmte Dauer abgeschlossen worden ist, kann sich jede Partei jederzeit aus **wichtigem Grund** (§ 314) vom Vertragsverhältnis lösen. Fehlt eine Vereinbarung, so gilt:

27   ■ Der Auftrag endet durch den jederzeit möglichen **Widerruf** des Auftraggebers gemäß § 671 Abs. 1 Hs. 1 oder durch **Kündigung** des Beauftragten gemäß § 671 Abs. 1 Hs. 2, die jedoch gemäß § 671 Abs. 2 S. 1 nicht zur Unzeit erfolgen darf, es sei denn, es liegt ein wichtiger Grund vor. In diesem Fall kann der Beauftragte gemäß § 671 Abs. 3 selbst dann kündigen, wenn er auf sein Kündigungsrecht verzichtet hat. Kündigt der Beauftragte zur Unzeit ohne wichtigen Grund, macht er sich gemäß § 671 Abs. 2 S. 2 schadensersatzpflichtig. Erfolgt die Kündigung zur Unzeit, so hat dies nur die Schadensersatzpflicht, nicht aber die Unwirksamkeit der Kündigung zur Folge.[28]

28   ■ Das Fortbestehen oder Erlöschen im **Falle des Todes** des Beauftragten oder des Auftraggebers ist in den **§§ 672 und 673** geregelt.

Bei Tod des Auftraggebers erlischt der Auftrag im Zweifel nicht, § 672 S. 1. Bei **Tod des Beauftragten** hingegen erlischt aufgrund der Vertrauensbeziehung zu dem Beauftragten der Auftrag im Zweifel, § 673 S. 1.

29   Im Fall der **Geschäftsunfähigkeit des Auftraggebers** ist § 672 einschlägig, sodass der Auftrag im Zweifel nicht erlischt. Wird der Beauftragte geschäftsunfähig, so wird er in dem Fall, dass er rechtsgeschäftlich tätig werden sollte, nach § 275 Abs. 1 von seiner Leistungspflicht frei. Sollte er hingegen eine tatsächliche Handlung ausführen, dürfte die Auslegungsregel des § 673 entsprechend anwendbar sein.

30   ■ Zum Schutz des Beauftragten wird, falls der Auftrag anders als durch Widerruf endet, der **Fortbestand** des Auftragsvertrags **gemäß § 674 fingiert**, bis der Beauftragte Kenntnis vom Erlöschen des Auftrags erlangt oder das Erlöschen kennen muss.

Beendigungsgründe sind z.B. Zweckerreichung, Zeitablauf, Unmöglichkeit, Tod oder Eintritt der Geschäftsunfähigkeit des Auftraggebers, falls die Zweifelsregel des § 672 S. 1 nicht eingreift.

War mit dem Auftrag eine **Vollmacht** verbunden, so besteht diese gemäß **§§ 674, 168 S. 1** fort; allerdings nicht zugunsten eines Dritten, der bei der Vornahme eines Rechtsgeschäfts das Erlöschen kennt oder kennen muss.

---

28   Brox/Walker § 29 Rn. 37.

Auftragsvertrag

Zustandekommen

Wirksame Einigung der Parteien oder der Vertreter über den Vertragsinhalt:

- Die Parteien müssen sich mit dem Inhalt des § 662 einigen, also darüber, dass der Beauftragte **unentgeltlich** ein Geschäft für den Auftraggeber besorgen soll.

- Die Einigung muss wirksam sein (§§ 104 ff.). Der Auftrag ist grundsätzlich **formfrei**.

Pflichten des Beauftragten

- Besorgung des übertragenen Geschäfts gemäß § 662; grundsätzlich persönlich (§ 664) und weisungsgemäß (§ 665)

- Benachrichtigungs-, Auskunfts- und Rechenschaftspflicht, § 666

- **Herausgabe** alles zur Ausführung des Auftrags Erhaltenen und aus der Geschäftsbesorgung Erlangten, **§ 667**

- Verzinsung verwendeten Geldes, § 668

- Nebenpflichten aufgrund eines besonderen Vertrauensverhältnisses und nach allgemeinen schuldrechtlichen Regeln

Pflichten des Auftraggebers

- **Ersatz von Aufwendungen**, die Beauftragter für erforderlich halten durfte, **§ 670**. Aufwendungen sind alle freiwilligen Vermögensopfer, die aus der Sicht des Beauftragten benötigt wurden, um den Auftrag auszuführen oder solche, die sich als notwendige Folge der Geschäftsbesorgung ergeben. Auch **tätigkeitsspezifische Schäden**, aber nicht solche, die nur Verwirklichung des allgemeinen Lebensrisikos sind.

- Nebenpflichten nach allgemeinen schuldrechtlichen Regeln

Haftung bei Pflichtverletzung

- Es gelten die Regeln für nicht synallagmatische Verhältnisse (§§ 275 ff., insbesondere §§ 280 ff., nicht aber §§ 320–322).

- Beauftragter haftet für **jede Fahrlässigkeit** und gemäß §§ 664 Abs. 1 S. 3, 278 für Verschulden seines Gehilfen. Bei erlaubter Übertragung des Geschäfts auf Dritten nur Haftung für Übertragungsverschulden.

Beendigung

- **Erfüllung** der beiderseitigen Pflichten oder Ablauf der vereinbarten Vertragszeit

- **Widerruf** des Auftraggebers oder Kündigung des Beauftragten, § 671 (aber Schadensersatzpflicht bei Kündigung zur Unzeit ohne wichtigen Grund, § 671 Abs. 2 S. 2)

- Im Zweifel durch **Tod des Beauftragten**, § 673, aber nicht durch Tod oder Geschäftsunfähigkeit des Auftraggebers, § 672

- **Fiktion des Fortbestands** gemäß § 674

2. Abschnitt: Geschäftsbesorgungsvertrag

32   Anders als beim Auftrag erhält der Geschäftsführer im Rahmen des Geschäftsbesorgungsvertrags ein **Entgelt**. Es handelt sich daher um einen **gegenseitigen Vertrag**, sodass auch die §§ 320 ff. Anwendung finden.

Im Geschäftsbesorgungsvertrag sind Elemente des Auftragsrechts sowie des Dienst- und Werkvertragsrechts miteinander verknüpft. Die Dienst- und Werkverträge, die eine Geschäftsbesorgung zum Gegenstand haben, werden gemäß § 675 nach den Regeln des Auftragsrechts abgewickelt, weil zwischen den Parteien eine auftragsähnliche Vertrauensbeziehung besteht.

A. Vertragsinhalt

33   Der Geschäftsführer muss, wie beim Auftrag, Aufgaben des Geschäftsherrn wahrnehmen. Er muss also im **Fremdinteresse** handeln.

- ▦ Doch unterscheidet sich der Geschäftsbesorgungsvertrag vom Auftrag, weil nicht alle Fremdaufgaben Gegenstand des Vertrags sein können, sondern nur solche,

  - ▪ die **wirtschaftlichen** Charakter haben, also vermögensrechtlicher Natur sind, und vom Geschäftsführer

  - ▪ **selbstständig** unter eigenverantwortlicher Willensbildung erledigt werden.

- ▦ Vom Dienst- und Werkvertrag unterscheidet sich der Geschäftsbesorgungsvertrag wiederum, weil der Geschäftsführer im fremden Interesse tätig wird und nicht nur, um eine eigene Vertragspflicht zu erfüllen.

34   Demnach ist der Gegenstand des Geschäftsbesorgungsvertrags die **entgeltliche** Tätigkeit wirtschaftlicher Natur, die nicht in der bloßen Leistung an einen anderen, sondern in der **selbstständigen** Wahrnehmung **fremder Vermögensinteressen** besteht.[29]

Indizien, die für die Einordnung eines Vertrags unter § 675 sprechen, sind das Entstehen eines Treuhandverhältnisses, ein besonders enges Vertrauensverhältnis der Parteien, die Verpflichtung zur Diskretion, eine variable, situationsangepasste Wahrung der Interessen des Geschäftsherrn durch den Geschäftsbesorger sowie der Umstand, dass das Schwergewicht auf der Wahrnehmung von Aufgaben liegt, die der Geschäftsherr sonst selbst erfüllen müsste.

Typische Sachverhalte der Geschäftsbesorgung sind Vermögensverwaltung, Treuhand-, Bank- und Kommissionsgeschäfte, Baubetreuung, die Tätigkeit von Wirtschaftsprüfern und Steuerberatern sowie die Beratung und Vertretung durch einen Rechtsanwalt.[30]

---

29   Sog. enger Geschäftsbesorgungsbegriff, vgl. Palandt/Sprau § 675 Rn. 3 f. m.N. auch zu abweichenden Begriffen.

30   OLG Düsseldorf, Urt. v. 11.06.1992 – 18 U 161/90, VersR 1993, 702, 703 zum Rechtsanwalt. Zur umfangreichen Kasuistik bzgl. der Zuordnung zu § 675 vgl. Palandt/Sprau § 675 Rn. 9 ff.

B. Pflichten aus dem Geschäftsbesorgungsvertrag

§ 675 Abs. 1 ordnet für den Geschäftsbesorgungsvertrag die entsprechende Anwendung des Auftragsrechts (mit Ausnahme der §§ 662, 664, 671 Abs. 1 S. 3) an.   **35**

I. Vorrang anderer Vorschriften

Vorrangig sind jedoch **Parteivereinbarungen** und nach ihnen die speziellen Vorschriften für gesetzlich geregelte Typen des Geschäftsbesorgungsvertrags zu berücksichtigen, beispielsweise: **36**

- Bei Verträgen mit Rechtsanwälten sind vorrangig verschiedene **Sondervorschriften** wie z.B. die Bundesrechtsanwaltsordnung (BRAO) oder das Gebührenrecht (RVG) zu beachten. Der Geschäftsbesorgungsvertrag mit einem Rechtsanwalt hat i.d.R. Dienstvertragscharakter, insbesondere bei einer Dauerberatung oder einer Prozessführung.[31] Werkvertragscharakter ist hingegen bei einem Gutachten oder bei einer Rechtsauskunft im Einzelfall anzunehmen.

- Auch bei Verträgen mit Steuerberatern ist vorrangig das Berufsrecht zu beachten.

- Es können Verträge zum Immobilienerwerb durch Treuhänder vorliegen.

- Bei Zahlungsdiensten gelten die besonderen Vorschriften der **§§ 675 c–676 c**.[32]

II. Anwendung der §§ 675, 675 a

Fehlen besondere Vereinbarungen und Regelungen in Spezialgesetzen, so sind die §§ 675, 675 a maßgebend.   **37**

- Gemäß § 675 Abs. 1 sind insbesondere die **Regeln des Auftragsrechts** anzuwenden.

  - Die **§§ 669, 670** – Vorschusspflicht und Ersatz von Aufwendungen – greifen typischerweise bei Diensten höherer Art (Steuerberater, Wirtschaftsprüfer) ein.

  Bei Werkverträgen kommen sie dagegen regelmäßig nicht zur Anwendung, da die Aufwendungen des Werkunternehmers durch die Vergütung mit abgegolten werden. Die **Vorschusspflicht** des § 669 ist unabhängig von der Fälligkeit des Vergütungsanspruches.

  - Da in § 675 nicht auf **§ 664** verwiesen wird, gelten grundsätzlich die Regeln des Werkvertragsrechts, doch ist eine analoge Anwendung des § 664 gerechtfertigt, soweit durch die Inanspruchnahme engen persönlichen Vertrauens eine mit dem Auftrag vergleichbare Interessenlage und Risikoverteilung vorliegt.[33]

- Gemäß **§ 675 a** besteht für denjenigen, der zur Besorgung von Geschäften öffentlich bestellt ist oder sich dazu öffentlich erboten hat, eine **besondere Informationspflicht** hinsichtlich der Entgelte und Auslagen der Geschäftsbesorgung.   **38**

---

31 Palandt/Sprau § 675 Rn. 23.
32 Gesetz zur Umsetzung des zivilrechtlichen Teils der ZahlungsdiensteRL v. 29.07.2009, BGBl. I 2009, 2355.
33 MünchKomm/Heermann § 675 Rn. 24.

Die Vorschrift steht im Zusammenhang mit § 663. Die (auch) danach erforderliche öffentliche Bestellung muss nicht notwendig durch staatliche Stellen erfolgen, sondern kann ebenso von (natürlichen oder juristischen) Privatpersonen ausgehen, z.B. Auskunftspersonen von Automobilclubs oder der Sekretär des Auskunftsbüros einer Gewerkschaft.[34]

III. Anwendung der allgemeinen Regeln des Schuldrechts

39 Soweit weder in Spezialvorschriften noch in den §§ 675, 675 a eine Regelung getroffen worden ist, sind die Vorschriften des Dienst- oder Werkvertragsrecht anzuwenden und falls auch dort keine Regelung getroffen worden ist, gelten die Vorschriften des allgemeinen Schuldrechts, §§ 241 ff.

IV. Haftung der Parteien bei Pflichtverletzungen

40 Im Fall der Verletzung von Vertragspflichten gelten die allgemeinen Regeln des Leistungsstörungsrechts.

- ■ Kommt es zu einer Störung der Hauptpflichten, Nebenpflichten oder Nebenleistungspflichten, greifen die **§§ 275, 280 ff.** ein, sodass beide Parteien im Fall der Unmöglichkeit, des Verzugs oder der Schlechtleistung hiernach vorgehen können. Da es sich um einen gegenseitigen Vertrag handelt, ermöglichen die Regelungen der **§§ 323–326** einen Rücktritt.

- ■ § 675 Abs. 2 regelt den Sonderfall des Rates und der Empfehlung (Auskunft). Danach ist im Fall der Auskunft eine Schadensersatzforderung ausgeschlossen, es sei denn, dass die Parteien einen **Auskunftsvertrag** abgeschlossen oder der Handelnde nach den Regeln der unerlaubten Handlung oder sonstigen gesetzlichen Vorschriften verantwortlich ist.

C. Beendigung des Geschäftsbesorgungsvertrags

41 Der Geschäftsbesorgungsvertrag endet mit **Erfüllung** (§ 362) oder mit dem Ablauf der **vereinbarten Vertragslaufzeit**, doch ist eine vorzeitige **Kündigung** bei fest bestimmter Vertragsdauer zulässig, wenn ein wichtiger Grund vorliegt, § 314.

Fehlt eine Vereinbarung, so gelten für die Kündigung im Übrigen die einschlägigen Bestimmungen des Dienst- oder Werkvertragsrechts.[35]

§ 671 Abs. 1 aus dem Auftragsrecht findet **keine Anwendung**, weil in § 675 gerade nicht darauf verwiesen wird. Ferner scheidet eine analoge Anwendung aus, da die in § 671 Abs. 1 normierte jederzeitige Kündigungsmöglichkeit vor dem Hintergrund der Unentgeltlichkeit des Auftrags gesehen werden muss. Da der Geschäftsbesorgungsvertrag aber nicht unentgeltlich ist, fehlt es an einer vergleichbaren Interessenlage.

Teilweise wird allerdings ein **sofortiges Widerrufsrecht** des Auftraggebers für zulässig erachtet, wenn die Geschäftsbesorgung allein dem Auftragsgeber dient und wegen veränderter Umstände den Interessen des Auftraggebers zuwider läuft.[36]

---

34 MünchKomm/Seiler § 663 Rn. 4.

35 Vgl. Palandt/Sprau § 675 Rn. 8.

36 Palandt/Sprau § 675 Rn. 8.

D. Zahlungsdienstleistungsrecht

Das Zahlungsdienstleistungsrecht in den §§ 675 c ff. enthält **Sonderregeln**, die die Erbringung von Zahlungsdienstleistungen zum Gegenstand haben.[37] Das gilt jedoch nicht für die Zahlung durch Ausstellung eines Wechsels oder im Wege der Postanweisung.

42

§ 675 c bestimmt, dass auf einen Geschäftsbesorgungsvertrag, der die Erbringung von Zahlungsdiensten zum Gegenstand hat, bestimmte Vorschriften des Auftragsrechts (§§ 683, 665–670, 672–674) entsprechend anzuwenden sind, soweit sich aus den §§ 675 c ff. nichts anderes ergibt. Der Zahlungsdienstleistungsvertrag ist in § 675 f geregelt und unterscheidet zwischen dem Einzelzahlungsvertrag (Abs. 1) und dem **Zahlungsdienstleisterrahmenvertrag, § 675 f Abs. 2** (wichtigstes Beispiel: Girovertrag). Dieser Rahmenvertrag ist die Grundlage für die einzelnen Zahlungsvorgänge (§ 675 f Abs. 3), insbesondere für:

■ **Überweisungen** und

■ **Lastschriftverfahren**, wobei zwei Arten zu unterscheiden sind:

43

- ■ Beim **Abbuchungsverfahren** beauftragt der Schuldner einer Forderung seine Bank, die von dem Gläubiger ausgestellte Lastschrift einzulösen. Abbuchungsaufträge werden regelmäßig auf Widerruf erteilt. Der Gläubiger zieht damit **einzelne** individuelle **Forderungen** ein, z.B. Forderungen aus verschiedenen Lieferungen.

- ■ Wesentlich häufiger ist das **Einziehungsermächtigungsverfahren**, bei dem der Schuldner dem Gläubiger die Ermächtigung erteilt, auf ihn Lastschriften zu ziehen. Dieses Verfahren ist für Massengeschäfte gedacht und eignet sich für **regelmäßig wiederkehrende Forderungen** (etwa für Monatsmieten).

  Bei der Einziehungsermächtigung beauftragt der Gläubiger seine Bank, den Geldbetrag einzuziehen. Die Gläubigerbank leitet als Inkassostelle den Auftrag an die Schuldnerbank als Zahlstelle weiter, die den Betrag vom Schuldnerkonto abbucht und an die Gläubigerbank überweist. Diese schreibt den Betrag dem Konto des Gläubigers gut.

  Im Verhältnis Schuldner–Schuldnerbank (Deckungsverhältnis) ist die Belastungsbuchung nur wirksam, wenn der Zahler zugestimmt hat **(Autorisierung)**. Die Zustimmung kann entweder als Einwilligung oder, sofern zwischen dem Zahler und seinem Zahlungsdienstleister zuvor vereinbart, als Genehmigung erteilt werden, § 675 j Abs. 1 S. 2.

  *Hinweis: Zum 09.07.2012 wurden als europaweit einheitliche Verfahren die SEPA-Lastschrift und die SEPA-Überweisung eingeführt. Mit dem **SEPA-Lastschriftmandat** ermächtigen die Bankkunden ihre Vertragspartner (z.B. eine Versicherung), Zahlungen von ihrem Konto per Lastschrift einzuziehen. Ihrer Bank geben sie die Erlaubnis, den fälligen Betrag von ihrem Konto abzubuchen und auf das Konto des Zahlungsempfängers weiterzureichen. **Anders als bei der bisherigen Einzugsermächtigung wird die Zahlung also von vornherein genehmigt.***

---

37 Köndgen JuS 2011, 481, 484.

44 Die wichtigsten Vorschriften des Zahlungsdiensterechts, §§ 675 c bis 676 c (bargeldloser Zahlungsverkehr) **im Überblick:**

- §§ 675 c, 670: Aufwendungsersatzanspruch des Zahlungsdienstleisters (Bank) gegen den Kunden

- § 675 f: Zahlungsdienstevertrag

  - § 675 f Abs. 1: Einzahlungsvertrag

  - § 675 f Abs. 2: Zahlungsdiensterahmenvertrag (Bestandteil des üblichen Girovertrags)

  - § 675 f Abs. 3 S. 1: Zahlungsvorgang ist das Bereitstellen, Übermitteln (Überweisung) oder Abheben eines Geldbetrags

  - § 675 f Abs. 3 S. 1: Zahlungsauftrag ist jeder Auftrag, den der Zahler seinem Zahlungsdienstleister zur Ausführung des Zahlungsvorgangs entweder unmittelbar oder mittelbar über den Zahlungsempfänger erteilt

- § 675 p Abs. 1: **Widerrufsmöglichkeit** des Zahlungsauftrags (stark eingeschränkt)

- § 675 j Abs. 2 S. 1: Wirksamer Widerruf führt zum nicht autorisieren Zahlungsvorgang mit der Folge, dass der Zahlungsdienstleister keinen Anspruch auf Erstattung seiner Aufwendungen gegen den Kunden hat

- § 675 z S. 1: Ansprüche des Zahlungsdienstnutzers aus §§ 675 u, 675 y abschließend

E. Haftung des Kunden bei Missbrauch von Kreditkarten

45 Besondere Haftungsprobleme ergeben sich für den Kunden bei Missbrauch von ec- oder Kreditkarten sowie anderen Zahlungsauthentifizierungsinstrumenten (z.B. TAN-Nummer beim Online-Banking, Eingabe eines Passwortes)[38] durch unberechtigte Dritte. Der Kunde ist gemäß **§ 675 l Abs. 1 S. 1** verpflichtet, unmittelbar nach Erhalt eines Zahlungsauthentifizierungsinstruments alle zumutbaren Vorkehrungen zu treffen, um die personalisierten **Sicherheitsmerkmale vor unbefugtem Zugriff zu schützen.**

Gemäß **§ 675 l Abs. 1 S. 2** hat er dem Zahlungsdienstleister den Verlust, Diebstahl oder die missbräuchliche Verwendung eines Zahlungsauthentifizierungsinstruments **unverzüglich anzuzeigen**, nachdem er hiervon Kenntnis erlangt hat.

Die **Haftung des Kunden bei missbräuchlicher Nutzung** des Zahlungsauthentifizierungsinstruments ist in **§ 675 v** geregelt. Nach § 675 v Abs. 1 kann der Zahlungsdienstleister Ersatz des hierdurch entstandenen Schadens bis zu einem Betrag von 150 € verlangen. Der Anspruch setzt kein Verschulden voraus.[39] Bei Vorsatz oder grober Fahrlässigkeit muss der Kunde nach § 675 v Abs. 2 für den gesamten Schaden haften.

Hat der Kunde das Abhandenkommen oder den Missbrauch des Zahlungsauthentifizierungsinstruments nach § 675 Abs. 1 S. 2 angezeigt, so bezieht sich die Haftung nach § 675 v Abs. 1 u. 2 nicht auf solche Schäden, die durch eine **spätere Nutzung** des Instruments verursacht wurden, § 675 v Abs. 3 S 1.

---

38 Vgl. Reymann JuS 2012, 781, 783.
39 Looschelders Rn. 830.

2. Teil: Geschäftsführung ohne Auftrag

Eine Geschäftsführung ohne Auftrag liegt vor, wenn jemand ein fremdes Geschäft für einen anderen besorgt, ohne von ihm beauftragt oder ihm gegenüber sonst dazu berechtigt zu sein, § 677. Die Geschäftsführung darf also nicht ihren Grund in einem bestehenden Schuldverhältnis, sei es gesetzlicher oder vertraglicher Art, haben.

46

Das Recht der Geschäftsführung ohne Auftrag ist ein **Ausgleichs- und Abwicklungsrecht** für all jene Fälle, in denen eine Tätigkeit vom Handelnden (zumindest auch) als Besorgung fremder Angelegenheiten betrachtet wird. Wenn im Zeitpunkt der Wahrnehmung der Aufgaben, die zum Geschäftsbereich eines anderen gehören, keine vertraglichen oder gesetzlichen Ausgleichsregeln bestehen, so gelten die §§ 677 ff.

Ihrer Rechtsnatur nach ist die Geschäftsführung ohne Auftrag als auftragsähnliches **gesetzliches Schuldverhältnis** zu qualifizieren. Dabei handelt es sich um ein unvollkommen zweiseitiges Rechtsverhältnis, weil lediglich zu Lasten des Geschäftsführers zwingend Pflichten erwachsen, die mit den etwaigen Pflichten des Geschäftsherrn (§§ 683, 684) in **keinem Gegenseitigkeitsverhältnis** stehen.[40]

Nach dem Gesetz (§§ 677 bis 687) sind im Wesentlichen **vier Fallgruppen** der Geschäftsführung ohne Auftrag (GoA) zu unterscheiden.

Zunächst wird danach differenziert, ob der Geschäftsführer überhaupt im fremden Interesse des Geschäftsherrn tätig werden will. Nur dann liegt nämlich ein Fall der **echten** Geschäftsführung ohne Auftrag vor. Innerhalb der echten Geschäftsführung ohne Auftrag ist ferner danach zu differenzieren, ob die Geschäftsführung dem tatsächlichen oder vermuteten Willen des Geschäftsherrn entsprach (echte **berechtigte** GoA) oder nicht (echte **unberechtigte** GoA).

- Gehört die erledigte Aufgabe danach **zum Geschäftsbereich eines anderen** – des Geschäftsherrn – und ist die Übernahme **interessen- und willensgemäß**, so liegt eine echte berechtigte GoA vor (1. Abschnitt, Rn. 47 ff.).

- Ist die Wahrnehmung des fremden Geschäfts **nicht** interessen- und willensgerecht, so gelten für diese echte unberechtigte GoA über den Verweis in § 684 S. 1 die Regeln des Bereicherungsrechts (2. Abschnitt, Rn. 85 ff.).

Von einer **unechten** GoA spricht man dagegen, wenn der Geschäftsführer ein fremdes Geschäft als eigenes behandelt. Hierbei ist nach der subjektiven Willensrichtung des Geschäftsführers zu unterscheiden:

- Der Geschäftsführer glaubt irrtümlich, es liege ein eigenes Geschäft vor, obwohl er ein fremdes Geschäft tätigt, sog. **irrtümliche Eigengeschäftsführung**, § 687 Abs. 1 (3. Abschnitt, Rn. 97).

- Der Geschäftsführer führt das Geschäft in Kenntnis der objektiven Fremdheit als eigenes, sog. **angemaßte Eigengeschäftsführung**, § 687 Abs. 2 (3. Abschnitt, Rn. 98 ff.).

---

40 BeckOK/Gehrlein § 677 Rn. 1.

Klausurhinweis: Bereits die Anspruchsermittlung kann nicht unerhebliche Schwierigkeiten bereiten. Dann sollten Sie zunächst den konkreten Gegenstand der GoA und die jeweilige Rolle der Beteiligten (gedanklich) herausarbeiten sowie zwischen echter/unechter und berechtigter/unberechtigter bzw. irrtümlicher/angemaßter GoA differenzieren, um so schließlich zu den möglichen Anspruchszielen und den entsprechenden Anspruchsgrundlagen zu gelangen.

Die **Anspruchsermittlung** lässt sich **in 5 Stufen** einteilen:

1. Abschnitt: Berechtigte GoA

47 ■ Hat der Handelnde Aufgaben erledigt, die (zumindest auch) zum Geschäftsbereich eines anderen gehören, und entspricht die Übernahme des Geschäfts dessen Interesse und seinem wirklichen oder mutmaßlichen Willen, dann kommt ein gesetzliches Schuldverhältnis gemäß **§§ 677, 683** zustande.

■ Mit dem Zustandekommen entstehen die gesetzlichen Pflichten der Parteien nach den Regeln der GoA und, falls dort eine Regelung fehlt, nach den Vorschriften des Schuldrechts AT, §§ 241 ff.

Berechtigte GoA
A. Voraussetzungen
I. Geschäftsbesorgung
II. für einen anderen
1. fremdes Geschäft
2. Fremdgeschäftsführungswillen
III. ohne Auftrag oder sonstige Berechtigung
IV. Übernahme des Geschäfts entspricht dem Interesse **und** dem wirklichen oder mutmaßlichen Willen des Geschäftsherrn
B. Rechtsfolgen
■ Geschäftführer hat Aufwendungsersatzanspruch gemäß § 670
■ Bei Pflichtverletzung des Geschäftsführers hat Geschäftsherr einen Schadensersatzanspruch
– bezüglich der Übernahme des Geschäfts („Ob") aus § 678,
– bezüglich der Durchführung („Wie") aus § 280 Abs. 1, da GoA ein gesetzliches Schuldverhältnis begründet.
■ Nebenpflichten des Geschäftsführers ergeben sich aus § 681
■ berechtigte GoA gibt Recht zum Besitz und ist Rechtfertigungsgrund

A. Voraussetzungen

Die Grundvoraussetzungen sind in **§ 677** geregelt (Geschäftsbesorgung, für einen anderen, ohne Auftrag). Die übrigen Voraussetzungen der berechtigten GoA ergeben sich aus **§ 683**. Liegen die Voraussetzungen des § 683 nicht vor, so greift § 684 (unberechtigte GoA) ein.   **48**

I. Geschäftsbesorgung

Der Begriff des Geschäfts i.S.d. § 677 ist **weit auszulegen**. Erforderlich ist aber jedenfalls eine Tätigkeit, bloßes Unterlassen, Dulden oder Gewährenlassen genügt grundsätzlich nicht. Dabei kann es sich um eine einzige Angelegenheit oder um eine Tätigkeit von gewisser Dauer handeln.[41] Der Geschäftsführer braucht ferner nicht in eigener Person tätig zu werden, er kann sich auch seiner Hilfspersonen oder Dritter bedienen.[42]

Kurz gesagt, umfasst die Geschäftsbesorgung **alle rechtsgeschäftlichen und tatsächlichen Handlungen**.[43]

---

41 BeckOK/Gehrlein § 677 Rn. 10.
42 BGH, Urt. v. 25.11.1976 – II ZR 201/74, BGHZ 67, 368 ff.
43 MünchKomm/Seiler § 677 Rn. 2.

Klausurhinweis: *Benennen Sie immer konkret die rechtliche oder tatsächliche Handlung des Geschäftsführers. Dieser Punkt wird oft unsauber bearbeitet. Ferner kann es wichtig sein, einen konkreten Bezugspunkt für die Prüfung der weiteren Tatbestandsmerkmale zu haben.*

II. Für einen anderen

49   Nach dem Wortlaut des § 677 muss der Geschäftsführer das Geschäft „für einen anderen" besorgen. Dazu muss ein fremdes Geschäft vorliegen und der Geschäftsführer muss mit einem entsprechenden Fremdgeschäftsführungswillen handeln.

1. Fremdes Geschäft

Fremd ist das Geschäft, wenn es objektiv zum Pflichten- oder Interessenkreis einer anderen Person gehört[44]. Dabei sind drei Fallgestaltungen zu unterscheiden:

■ **Objektiv fremdes Geschäft**

Ein objektiv fremdes Geschäft gehört schon seinem Inhalt nach und daher äußerlich erkennbar zu einem fremden Rechts- und Interessenkreis.

Beispiele: Hilfeleistung für einen Verletzten, Abwendung einer von einer fremden Sache ausgehenden Gefahr, Tilgung fremder Schulden, Veräußerung einer fremden Sache[45]

■ **Neutrales Geschäft**

Ein (objektiv) neutrales Geschäft kann äußerlich sowohl zum Rechtsbereich des Geschäftsführers als auch des Geschäftsherrn gehören. Der etwaige Fremdcharakter ergibt sich erst aus einem Fremdgeschäftsführungswillen.

Beispiel: Kauf eines Gegenstands für einen anderen

■ **Auch fremdes Geschäft**

Führt der Geschäftsführer ein Geschäft sowohl im eigenen als auch im fremden Interessenkreis (sog. auch fremdes Geschäft) schließt dies nach h.M. die Anwendung der GoA nicht aus,[46] da § 677 nicht verlangt, dass das Geschäft **nur** für einen anderen vorgenommen wird.

Beispiel: Brand in der Wohnung des Nachbarn wird gelöscht, um gleichzeitig zu verhindern, dass der Brand auf die eigene Wohnung übergreift.

2. Fremdgeschäftsführungswille

50   Der Geschäftsführer muss mit **Fremdgeschäftsführungswillen** gehandelt haben. Dazu ist erforderlich:

■ dass er **Kenntnis** von der Fremdheit hat (sonst § 687 Abs. 1) und

■ den **Willen** hat, dieses Geschäft für einen anderen zu tätigen (sonst § 687 Abs. 2).

---

44   MünchKomm/Seiler § 677 Rn. 4.

45   Palandt/Sprau § 677 Rn. 4.

46   Vgl. Palandt/Sprau § 677 Rn. 6 m.w.N.

Wer weiß, dass er ein fremdes Geschäft führt, hat grundsätzlich auch den erforderlichen Fremdgeschäftsführungswillen, es sei denn, er bringt den gegenteiligen Willen zum Ausdruck.

■ Bei einem **objektiv fremden Geschäft** wird der Fremdgeschäftsführungswille **vermutet**.

■ Streitig ist die Behandlung des Fremdgeschäftsführungswillens bei einem „**auch fremden**" **Geschäft**. Die h.M.[47] geht davon aus, dass auch in diesem Fall der Fremdgeschäftsführungswille vermutet werden kann. Nach der Gegenauffassung[48] ist es bei einem auch fremden Geschäft wahrscheinlicher, dass der Geschäftsführer allein im eigenen Interesse handelt, sodass der Fremdgeschäftsführungswille nach außen erkennbar hervortreten müsse.   **51**

Für die h.M. spricht folgende Erwägung: Wusste der Geschäftsführer, dass das Geschäft objektiv auch zu einem fremden Interessenkreis gehört, so ist davon auszugehen, dass er deshalb auch mit dem Willen handelte, das Geschäft für den anderen zu tätigen.[49] Bei einem auch fremden Geschäft kann also der Fremdgeschäftsführungswille (widerlegbar) vermutet werden.

■ Das **neutrale Geschäft** erhält seinen Fremdcharakter erst durch den Willen des Handelnden, das Geschäft vordringlich oder zumindest gleichzeitig für einen anderen zu führen. Hier besteht **keine Vermutung** des Fremdgeschäftsführungswillens, sondern dieser muss hinreichend nach außen in Erscheinung treten.[50] Die Beweislast dafür trägt der Geschäftsführer.   **52**

III. Ohne Auftrag und sonstige Berechtigung

Der Geschäftsführer muss gemäß § 677 ohne Auftrag des Geschäftsherrn und ohne sonstige Berechtigung gegenüber dem Geschäftsherrn gehandelt haben. Eine Legitimation gegenüber einem Dritten reicht nicht aus.   **53**

■ **Ohne Auftrag** handelt, wer dem Geschäftsherrn gegenüber weder aus Vertrag noch kraft Gesetzes verpflichtet ist.

Ohne Auftrag handelt auch derjenige, der aufgrund eines nichtigen Auftragsverhältnisses tätig wird.[51]

■ Eine **sonstige Berechtigung** kann sich aus einer familienrechtlichen Beziehung (Ehegatten, § 1357) oder einer Amts- bzw. Organstellung (Nachlass-, Insolvenzverwalter, Vereinsvorstand) ergeben.

Die allgemeine Hilfeleistungspflicht gemäß **§ 323 c StGB** reicht nicht aus.[52] Dafür spricht vor allem, dass das spezielle Auftragsverhältnis i.S.d. § 677 immer eine Son-

---

47 BGH, Urt. v. 02.11.2006 – III ZR 274/05, NJW 2007, 63, 64; Palandt/Sprau § 677 Rn. 6; Jauernig/Mansel § 677 Rn. 4.

48 Stamm Jura 2002, 730, 731.

49 Looschelders Rn. 849; Brox/Walker § 36 Rn. 3.

50 BGH, Urt. v. 08.07.2003 – VI ZR 274/02, NJW 2003, 3193, 3195.

51 Vgl. dazu MünchKomm/Seiler § 677 Rn. 47 f.

52 Palandt/Sprau § 677 Rn. 11; Nissen, RÜ 2012, 467, 468.

derbeziehung zwischen Geschäftsführer und Geschäftsherrn statuiert, in welcher die rechtlichen Beziehungen, insbesondere auch in Bezug auf den Aufwendungsersatz, speziell geregelt sind. § 323 c StGB begründet aber gerade keine Sonderbeziehung, sondern betrifft die Allgemeinheit.

Klausurhinweis: Zwar ist allgemein anerkannt, dass § 323 c StGB einer GoA nicht entgegensteht, es empfiehlt sich jedoch, immer kurz – soweit es um die Abwendung von Gefahren für Personen oder Sachen geht – festzustellen, dass § 323 c StGB keine sonstige Berechtigung i.S.d. § 677 begründet. Es findet sich nämlich kaum eine (offizielle) Musterlösung in der dieser Punkt nicht aufgeführt wäre.

■ Sind dem Geschäftsherrn gegenüber **mehrere Personen** verpflichtet, so ist dies für einen „Auftrag" i.S.d. § 677 ausreichend.

IV. Interessen- und Willensgemäßheit

54 Die Übernahme der Geschäftsführung muss schließlich gemäß **§ 683 S. 1** interessen- und willensgemäß sein.

■ Dem **Interesse** des Geschäftsherrn entspricht die Übernahme der Geschäftsführung, wenn sie für den Geschäftsherrn **objektiv nützlich** ist, sich also vorteilhaft auswirkt.[53]

Zu beurteilen ist dies nach der **Sachlage im Zeitpunkt der Übernahme** der Geschäftsführung. So ist etwa auch ein letztlich erfolgloser Versuch der Lebensrettung interessen- und willensgemäß, wenn nicht von vornherein feststand, dass keinerlei Rettungsmöglichkeit mehr bestand.[54]

■ **Willensgemäß** ist die Übernahme des Geschäfts nur, wenn

▪ der Geschäftsherr sich ausdrücklich oder konkludent damit einverstanden erklärt hat (wirklicher Wille) oder **hilfsweise**

▪ die Übernahme dem mutmaßlichen Willen des Geschäftsherrn entspricht.

Das ist der Wille, den der Geschäftsherr bei objektiver Beurteilung aller Umstände geäußert hätte, wenn er bei Übernahme des Geschäfts gefragt worden wäre. Dabei ist regelmäßig davon auszugehen, dass ein objektiv nützliches Geschäft auch dem Willen des Geschäftsherrn entspricht.[55]

Bei der Beurteilung der Willensgemäßheit ist der tatsächlich geäußerte Wille in den in § 679 gesetzten Grenzen entscheidend, selbst wenn er unvernünftig oder interessenwidrig ist.[56]

Klausurhinweis: Stellen Sie immer (kurz) fest, ob der tatsächliche Wille bekannt ist. Viele Klausurbearbeiter übersehen dies und gegen unmittelbar auf den mutmaßlichen

---

53 MünchKomm/Seiler § 683 Rn. 4.
54 OLG Frankfurt/Main, Urt. v. 10.01.1995 – 22 U 198/93, NJW-RR 1996, 1337.
55 BGH NJW 1971, 609, 612; MünchKomm/Seiler § 683 Rn. 10.
56 BGHZ 138, 281, 287; Palandt/Sprau § 683 Rn. 5.

Willen des Geschäftsherrn ein. Dadurch kann der Korrektor oft nicht zweifelsfrei beurteilen, ob dem Klausurbearbeiter bekannt ist, dass vorrangig auf den wirklichen Willen abzustellen ist. Das kostet Punkte.

■ Der entgegenstehende **Wille** des Geschäftsherrn ist gemäß § 679 **unbeachtlich,**   **55**

   ■ wenn der Geschäftsherr die wahrgenommene Aufgabe im öffentlichen Interesse hätte erfüllen müssen oder

   ■ eine gesetzliche Unterhaltspflicht des Geschäftsherrn nicht rechtzeitig erfüllt worden wäre.

   Zu den Unterhaltspflichten i.S.d. § 679 zählen etwa solche des Familienrechts (§§ 1360 f., 1601 ff.) und des Erbrechts (§1969).[57]

Umstritten ist, welche Bedeutung dem entgegenstehenden Willen des **Selbstmörders**   **56** zukommt.

Beispiel: H nimmt – nach reiflicher Überlegung – in einem Hotel eine Überdosis Schlaftabletten ein, um aus dem Leben zu scheiden. Der herbeigerufene Arzt F rettet den H. Kann F nunmehr Ersatz für die dabei eingesetzten Medikamente verlangen?

I. F hat mit Fremdgeschäftsführungswillen, ohne dem H gegenüber verpflichtet zu sein, ein Geschäft des H getätigt, § 677.
II. Außerdem müsste die Übernahme der Geschäftsführung interessen- und willensgemäß sein.
1. Die Tätigkeit des F war interessengemäß, da sie für den Geschäftsherrn objektiv nützlich war.
2. Der H wollte jedoch aus dem Leben scheiden, sodass die Übernahme der Geschäftsführung **nicht willensgemäß** war. Der entgegenstehende Wille des H könnte jedoch gemäß § 679 unbeachtlich sein.
a) Nach einer Auffassung ist primär auf den Willen des Geschäftsherrn, d.h. auf den des Selbstmörders abzustellen. Der einer Rettung entgegenstehende Wille des Lebensmüden soll danach nur dann unbeachtlich sein, wenn die Entschließung zum Freitod in einem Zustand erheblicher geistiger Störung erfolgt (arg. aus §§ 104, 105).[58] Da hier nicht ersichtlich ist, dass sich H in einem Zustand erheblicher geistiger Störung befand, liegen nach dieser Meinung die Voraussetzungen der berechtigten GoA nicht vor und es besteht kein Aufwendungsersatzanspruch des Arztes (zur unberechtigten GoA vgl. Rn. 85 ff.).
b) Nach h.M. ist der entgegenstehende Wille des Selbstmörders indes unbeachtlich. Die Begründungen hierfür sind unterschiedlich.
aa) Zum Teil werden für die Unbeachtlichkeit des entgegenstehenden Willens des Selbstmörders, die §§ 13, 323 c StGB, unmittelbar herangezogen.[59]
bb) Nach anderer Auffassung ist der entgegenstehende Wille des Selbstmörders analog § 679 nicht zu beachten.[60] Dabei wird die Analogie mit der Wertung des § 323 c StGB begründet.[61]

Jedenfalls ist mit der h.M. anzunehmen, dass der entgegenstehende Wille des Selbstmörders unbeachtlich ist. Mit der Anwendung der GoA-Regeln soll nämlich kein menschliches Werturteil gefällt werden, sondern einer risikogerechte Verteilung der Aufwendungen und Schäden unter Berücksichtigung der beiderseitigen Vermögensinteressen erfolgen. Vor diesem Hintergrund ist es sachgerecht, eine berechtigte GoA zu bejahen, weil andernfalls dem „ungewollten" Retter bei einem Selbstmordversuch kein Anspruch auf Aufwendungsersatz zustünde. Den Geschäftsführer allein auf einen Anspruch aus § 823 Abs. 1 unter dem Gesichtspunkt der „Herausforderung" durch den Selbstmörder zu verweisen, reicht nicht aus.

Somit kann F Ersatz für die aufgewendeten Medikamente verlangen.

---

57 Brox/Walker § 36 Rn. 34.
58 MünchKomm/Seiler § 679 Rn. 13.
59 Staudinger/Bergmann § 679 Rn. 24.
60 BeckOK/Gehrlein § 679 Rn. 6.
61 Jauernig/Mansel § 679 Rn. 2.

Klausurhinweis: Neben den Ansprüchen aus GoA können bei der Rettung eines Selbstmörders Ansprüche aus § 823 Abs. 1 bestehen, wenn bei dem zum Eingreifen herausgeforderten Retter durch die Rettung Rechte i.S.d. § 823 Abs. 1 (Körper, Gesundheit) verletzt worden sind.[62]

B. Rechtsfolgen der berechtigten GoA

57   Mit der Vornahme einer berechtigten GoA entsteht zwischen dem Geschäftsherrn und dem Geschäftsführer **kraft Gesetzes** ein pflichtenbegründendes Schuldverhältnis.

I. Ansprüche des Geschäftsführers gegen den Geschäftsherrn

58   Die Vorschriften über die GoA sind nicht anwendbar, wenn der Handelnde nach **Spezialgesetzen** einen Anspruch auf Aufwendungsersatz hat.

- Nach § 970 kann der Finder die zum Zwecke der Verwahrung oder Erhaltung der Sache oder zum Zwecke der Ermittlung eines Empfangsberechtigten gemachten Aufwendungen ersetzt verlangen.

- Wer als unrechtmäßiger Besitzer auf die fremde Sache Verwendungen macht, kann diese nach den Vorschriften der §§ 994 ff. ersetzt verlangen.

  Hinweis: Ist die Besitzergreifung eine berechtigte GoA, so macht dies den Besitz rechtmäßig.

- Nach § 1648 können die Eltern vom Kind die bei der Sorge für die Person oder das Vermögen des Kindes gemachten Aufwendungen ersetzt verlangen.

- Nach § 1835 steht dem Vormund ein Aufwendungsersatzanspruch für seine Tätigkeiten zu.

Sind keine Spezialgesetze einschlägig, so kann der Geschäftsführer gemäß den **§§ 683 S. 1, 670** „wie ein Beauftragter" vom Geschäftsherrn die erforderlichen Aufwendungen ersetzt verlangen.

- Aufwendungen sind **freiwillige Vermögensopfer**.

- **Erforderlich** sind vermögensrechtliche Maßnahmen, die der Geschäftsführer nach den Umständen des Einzelfalles für erforderlich **halten durfte**. Entscheidend ist die objektive Betrachtung aus der Sicht eines sorgfältigen Beauftragten in gleicher Lage.

- Sofern die **Tätigkeit** im Rahmen der GoA zum Beruf oder Gewerbe des Geschäftsführers gehört, ist die Tätigkeit **entsprechend § 1835 Abs. 3** zu vergüten.[63] Anders als beim Auftrag fehlt es nämlich bei der GoA an einer Vereinbarung über die Unentgeltlichkeit der Geschäftsbesorgung.

- Nach h.M. umfasst der Aufwendungsbegriff im Rahmen der GoA auch die **risikotypischen Schäden**, weil der Geschäftsführer das mit der Geschäftsführung verbundene Schadensrisiko **freiwillig** auf sich genommen hat.[64] Dafür spricht ferner der Rechtsgedanke des § 110 Abs. 1 HGB.

  Da es sich insoweit um einen Schadenersatzanspruch handelt, ist entsprechend **§ 254** ein etwaiges **Mitverschulden des Geschäftsführers** anspruchsmindernd zu berücksichtigen.[65]

---

62 Vgl. AS-Skript Schuldrecht BT 4 (2015).

63 BeckOK/Gehrlein § 683 Rn. 4.

64 BGH Urt. v. 04.05.1993 – VI ZR 283/92, RÜ 1993, 357 f.; Palandt/Sprau § 670 Rn. 11.

65 Palandt/Sprau § 670 Rn. 12.

Dabei muss aber ggf. wiederum die Wertung des § 680 Berücksichtigung finden. Nach dieser Vorschrift hat der Geschäftsführer nur Vorsatz und grobe Fahrlässigkeit zu vertreten, wenn die Geschäftsführung die Abwendung einer dem Geschäftsherrn drohenden dringenden Gefahr bezweckt. **§ 680** gilt direkt für die Haftung des Geschäftsführers gegenüber dem Geschäftsherrn, begrenzt darüber hinaus jedoch auch das Risiko eigener Verluste, sodass dann ein **Mitverschulden des Geschäftsführers nur bei Vorsatz und grober Fahrlässigkeit** zur Kürzung des Anspruchs führt.[66]

Fall 2: Nichts ist umsonst

Bestattungsunternehmer B verlangt von F, der Ehefrau des Verstorbenen, die Kosten der Bestattung für ihren verstorbenen Ehemann, von dem sie getrennt lebte. Sie ist nicht Erbin des Verstorbenen, aber nach dem anwendbaren Landesbestattungsgesetz vorrangig bestattungspflichtig.

Nach der Überführung der Leiche in die Bestattungshalle des B kam es zu einem Treffen mit der F und einer der Töchter des Verstorbenen, bei dem F es ablehnte, die anfallenden Bestattungskosten zu übernehmen. Als B von F die erforderlichen Bestattungskosten verlangt, beruft sich diese vor allem auf ihre fehlende Leistungsfähigkeit und auf den Umstand, dass sie nicht Erbin geworden ist.

Kann B von F die Übernahme der Bestattungskosten verlangen?

A. Ein Anspruch des B gegen F auf Übernahme der Bestattungskosten könnte sich aus **§ 631 Abs. 1** ergeben.

Dann müsste zwischen den Beteiligten ein als Werkvertrag zu qualifizierender Bestattungsvertrag abgeschlossen worden sein. In einem solchen Fall gilt die Vergütung als stillschweigend vereinbart, wenn die Herstellung des Werkes den Umständen nach nur gegen eine Vergütung zu erwarten ist, **§ 632 Abs. 1**. Da im vorliegenden Fall die Frage der Vergütung Gegenstand des zwischen den Parteien geführten Gespräches war und F dabei die Zahlung einer Vergütung ausdrücklich unter Hinweis auf ihre fehlende Leistungsfähigkeit abgelehnt hat, ist kein Werkvertrag zustande gekommen.

B. B könnte gegen F einen Anspruch aus **§§ 677, 683 S. 1, 670** haben.

    I. Die Bestattung ist eine tatsächliche Handlung und damit ein **Geschäft i.S.d § 677**.

    II. Ferner müsste B das **Geschäft für F** geführt haben. Dazu müsste es in den Pflichten- oder Interessenkreis der F fallen. Die Bestattung könnte kein Geschäft für F sein, weil sie nicht Erbin ist und daher gemäß § 1968 nicht für die Beerdigungskosten haftet.

    Entscheidend für die Person des Geschäftsherrn ist jedoch nicht die Stellung als Erbe, sondern die Verpflichtung, für die Beerdigung zu sorgen. Die öffentlich-rechtliche Verpflichtung ergibt sich hier aus dem Landesrecht. Auch die Wahr-

---

66 MünchKomm/Seiler § 680 Rn. 8.

nehmung einer Verpflichtung aus dem öffentlichem Recht kann einen Anspruch auf Geschäftsführung ohne Auftrag begründen. Die §§ 677 ff. sind nämlich nur dann nicht anwendbar, wenn Vorschriften des öffentlichen Rechts eine **abschließende Regelung** enthalten und die Aufgabenerfüllung ausschließlich in die Zuständigkeit einer Behörde fällt. Dies ist jedoch bei Bestattungsverpflichtungen nicht der Fall, weil diese primär von den Angehörigen des Verstorbenen zu erfüllen sind und eher subsidiär von der Gemeinde.[67]

B hat mit der Erfüllung der öffentlich-rechtlich begründeten Bestattungspflicht der F also ein objektiv fremdes Geschäft geführt.

Der **Fremdgeschäftsführungswillen** wird bei einem objektiv fremden Geschäft vermutet. Eine Widerlegung der Vermutung ist hier nicht ersichtlich.

III. B handelte auch ohne Auftrag oder sonstige Berechtigung, da mit F kein Bestattungsvertrag zustande gekommen ist.

IV. Gemäß **§ 683** muss die Übernahme der Geschäftsführung dem **Interesse** und dem wirklichen oder **mutmaßlichen Willen** des Geschäftsherrn entsprechen. Die Übernahme der Geschäftsführung entspricht dem Interesse des Geschäftsherrn, wenn sie objektiv nützlich ist.

Dies ist hier der Fall, da B die Bestattungspflicht der F erfüllte. Die Übernahme der Geschäftsführung entsprach aber nicht dem Willen der F, da sie unter Hinweis auf ihre mangelnde Zahlungsfähigkeit den Abschluss eines Bestattungsvertrags ausdrücklich abgelehnt hat. Der entgegenstehende Wille der F ist jedoch gemäß **§ 679 unbeachtlich**, denn für die Bestattung eines Verstorbenen besteht ein dringendes öffentliches Interesse.

Auch die mangelnde Leistungsfähigkeit der Beklagten schließt die Anwendung des § 679 nicht aus, da ihr ein Kostenerstattungsanspruch aus § 74 SGB XII zusteht.[68]

V. B kann von F gemäß § 670 die **Aufwendungen** ersetzt verlangen, die er den Umständen nach für **erforderlich** halten durfte. Dies ist der Betrag, der üblicherweise für eine würdige, den üblichen Gepflogenheiten entsprechende, einfache Beerdigung anfällt (Sozialbestattung). Da B das fremde Geschäft im Rahmen seines Gewerbes als Bestattungsunternehmer durchgeführt hat, umfasst der Aufwendungsersatzanspruch entsprechend § 1835 Abs. 3 auch die übliche Vergütung.

B hat gegen F einen Anspruch auf Zahlung der Bestattungskosten aus §§ 677, 683 S. 1, 670.

C. Ein Anspruch aus **§ 1968**, wonach der Erbe die Kosten der Beerdigung des Erblasser trägt, scheidet aus, da F nicht Erbin ist.

---

67 BGH, Urt. v. 17.11.2011 – III ZR 553/11, RÜ 2012, 75 f.

68 § 74 SGB XII lautet: „Die erforderlichen Kosten einer Bestattung werden übernommen, soweit den hierzu Verpflichteten nicht zugemutet werden kann, die Kosten zu tragen. Der mittellose Bestattungspflichtige hat gegen den Sozialhilfeträger Anspruch auf Kostenerstattung nach § 74 SGB XII."

Begründet der Geschäftsführer zum Zwecke der Aufgabenerfüllung eine eigene Verbindlichkeit, so kann er gemäß §§ 683 S. 1, 670, **257**, soweit das geschuldete Entgelt nicht geleistet wurde, **Befreiung von der Verbindlichkeit** verlangen.[69]

Beispiel: Der Geschäftsführer füttert das dem Geschäftsherrn entlaufene Tier. Dabei schließt er im eigenen Namen einen Kaufvertrag über Tierfutter ab, bezahlt aber nicht, sondern fordert den Geschäftsherrn auf, den Kaufpreis zu zahlen.

Schließt der Geschäftsführer im Namen des Geschäftsherrn als **Vertreter ohne Vertretungsmacht** einen Vertrag ab und genehmigt der Geschäftsherr den Vertragsschluss nicht, so ist der Geschäftsherr verpflichtet, den Vertreter ohne Vertretungsmacht von der Verbindlichkeit aus § 179 zu befreien.

Beispiel: H ist im Urlaub. In einer Sturmnacht deckt der Wind einen Teil des Hausdaches ab. Der Nachbar, Studienrat F, bestellt im eigenen Namen den Dachdecker D, der das Dach instand setzt.

I. Der F hat mit dem Abschluss des Werkvertrags über die Hauseindeckung ein Geschäft des H mit Fremdgeschäftsführungswillen getätigt, ohne dazu beauftragt worden zu sein. Diese Geschäftsführung war interessen- und willensgemäß.
II. F kann die erforderlichen Aufwendungen ersetzt verlangen. Da der F zum Zwecke der Durchführung der Geschäftsführungsaufgaben eine Verbindlichkeit begründet hat, kann er gemäß §§ 683 S. 1, 670, 257 Befreiung verlangen.
Hinweis: Hätte F den Werkvertrag im Namen des H ohne Vertretungsmacht abgeschlossen und H die Genehmigung verweigert, dann hätte H den F von der Verbindlichkeit aus § 179 befreien müssen. Ein Anspruch des Geschäftsführers F gegen den Geschäftsherrn H auf Genehmigung des schwebend unwirksamen Vertrags besteht dagegen nicht.[70]

II. Pflichten des Geschäftsführers gegenüber dem Geschäftsherrn

Der Geschäftsführer muss bei der Durchführung der berechtigten GoA die im Verkehr erforderliche **Sorgfalt** beachten.   59

Hinsichtlich der weiteren Ansprüche des Geschäftsherrn gegen den Geschäftsführer gelten gemäß **§ 681 S. 2** die Regeln des Auftragsrechts.

■ Der Geschäftsführer hat die **Übernahme** der Geschäftsführung, sobald es tunlich ist, dem Geschäftsherrn **anzuzeigen** und, soweit mit dem Aufschub keine Gefahr verbunden ist, dessen Entschließung abzuwarten (§ 681 S. 1).

■ Gemäß §§ 681 S. 2, 666 ist der Geschäftsführer ferner zur **Auskunft** und **Rechenschaft** verpflichtet.

■ Der Geschäftsführer muss außerdem gemäß §§ 681 S. 2, 667 das in Ausführung der Geschäftsführung Erlangte herausgeben. Die **Herausgabepflicht** erstreckt sich auch auf den erzielten Gewinn.

Dazu gehören alle Sachen und Rechte, die der Geschäftsführer von einem Dritten infolge der Geschäftsbesorgung erhalten hat, die also mit der Geschäftsbesorgung in einem inneren Zusammenhang stehen,[71] also auch Schmiergelder.

---

69 BGH, Urt. v. 11.03.2005 – V ZR 153/04, NJW-RR 2005, 887, 890.

70 Staudinger/Bergmann § 683 Rn. 49; jurisPK/Lange § 683 Rn. 29; MünchKomm/Seiler § 683 Rn. 27.

71 Palandt/Sprau § 667 Rn. 3.

- Schließlich muss der Geschäftsführer das herauszugebende **Geld**, das er für sich verwendet hat, **verzinsen**, §§ 681 S. 2, 668.

- Vindikationsansprüche nach §§ 987 ff. scheiden aus, da die berechtigte GoA ein Recht zum Besitz begründet (s.o. Rn. 57).

- Ansprüche aus §§ 812 ff. kommen ebenfalls nicht in Betracht, da die berechtigte GoA einen Rechtsgrund bildet.

III. Rechtsfolgen bei Pflichtverletzungen

1. Pflichtverletzung des Geschäftsführers

60
- Verletzt der Geschäftsführer die Sorgfaltspflicht, die Geschäftsführung im Interesse und mutmaßlichen oder wirklichen Willen des Geschäftsherrn auszuführen, so haftet er nach **§ 280 Abs. 1**.

- Auch weitere Pflichtverletzungen, wie sie sich aus den **Nebenpflichten** des § 681 direkt oder i.V.m. §§ 666–668 ergeben können, haben eine Schadensersatzpflicht nach § 280 Abs. 1 zur Folge.

  So muss ein Geschäftsführer dem Geschäftsherrn etwa den Schaden ersetzen, der aus einer verspäteten Anzeige der Übernahme der Geschäftsführung entsteht, §§ 280 Abs. 1, 681 S. 1.

  Beispiel: Ein Netzbetreiber liefert Strom auf eigene Rechnung an einen Endverbraucher, nachdem der eigentliche Stromlieferant dazu wegen Insolvenz nicht mehr in der Lage war. Der Endverbraucher zahlt weiter an den Lieferanten, weil der Netzbetreiber ihm die Insolvenz des Lieferanten und das damit zusammenhängende eigene Eintreten in die Stromlieferung nicht mitteilt. Da der Endverbraucher das rechtsgrundlos weitergezahlte Geld vom Lieferanten nicht mehr zurückerhalten kann, ist ihm ein Schaden infolge der verspäteten Anzeige der Geschäftsübernahme durch den Netzbetreiber entstanden. Diesen Schaden kann der Endverbraucher dem Aufwendungsersatzanspruch des Netzbetreibers für die eigenen Lieferungen aus § 683 S. 1 durch Aufrechnung (§ 389) entgegenhalten.[72]

61
- Im Fall der Verletzung von Rechten oder Rechtsgütern des Geschäftsherrn kommt zudem eine Haftung nach **§ 823 Abs. 1** in Betracht.

  I.d.R. ist aber davon auszugehen, dass die berechtigte Geschäftsführung ohne Auftrag dem Verhalten des Geschäftsführers die Widerrechtlichkeit nimmt (s.u.).[73]

62
- Es gelten folgende **Haftungserleichterungen** und **Haftungsausschlüsse** für den Geschäftsführer:

  - Bezweckt die Geschäftsführung die Abwendung einer dem Geschäftsherrn drohenden **dringenden Gefahr,** so hat der Geschäftsführer nur Vorsatz und grobe Fahrlässigkeit zu vertreten, **§ 680**.

    Beispiel: Der Geschäftsführer will den bei einem Unfall verletzten Geschäftsherrn ins Krankenhaus fahren. Als der Geschäftsführer den Geschäftsherrn zum Wagen trägt, fügt er ihm infolge leichter Unachtsamkeit eine weitere Verletzung zu.

    Der Geschäftsführer haftet nicht für diese leicht fahrlässige Verletzungshandlung.

---

72 BGH, Urt. v. 26.01.2005 – VIII ZR 66/04, NJW-RR 2005, 63, 64 f.
73 Looschelders Rn. 866.

- Ist der Geschäftsführer **geschäftsunfähig** oder in der Geschäftsfähigkeit beschränkt, so ist er nur nach den Vorschriften über den Schadensersatz wegen unerlaubter Handlung oder über die Herausgabe einer ungerechtfertigten Bereicherung verantwortlich, **§ 682**.

- Sofern der Geschäftsführer im Rahmen der berechtigten GoA in die Rechte des Geschäftsherrn eingreift, kann er dafür nicht haftbar gemacht werden. Die GoA stellt einen **Rechtfertigungsgrund** dar.

  Beispiel: In der Wohnung des Geschäftsherrn bricht ein Brand aus. Der Nachbar löscht den Brand. Durch das Löschwasser werden andere Sachen des Geschäftsherrn beschädigt.

  Dem Geschäftsherrn stehen gegen den Geschäftsführer keine Ansprüche aus § 280 Abs. 1 oder aus § 823 zu, weil die Handlung, die zur Rechtsgutverletzung geführt hat, im Rahmen der GoA geboten und somit nicht rechtswidrig war.

2. Pflichtverletzung des Geschäftsherrn

Erfüllt der Geschäftsherr den Aufwendungsersatzanspruch des Geschäftsführers verspätet, so haftet er nach den Regeln des Verzugs, §§ 280 Abs. 1, 2, 286.

63

3. Ansprüche des Geschäftsführers und des Geschäftsherrn

64

Fall 3: Arm um Arm

H, der auf dem Rhein bei Düsseldorf segelt, wird durch eine grobe Unachtsamkeit eines anderen Seglers gegen einen Brückenpfeiler gedrängt. Das Segelboot kentert, H treibt im Wasser und ruft um Hilfe.

Finanzberater F, der diesen Vorfall vom Ufer des mondänen Medienhafens aus beobachtet, macht in aller Eile seine Jacht los, um H zur Hilfe zu kommen. Beim Ablegen beschädigt er dabei sein Boot infolge leichter Unachtsamkeit. Als F den H an Bord der Jacht nehmen will, verletzt sich F erheblich am Arm.

F verlangt nunmehr vom H den Ersatz der Benzinkosten, die Zahlung einer Vergütung für den Rettungsdienst sowie Ersatz für die Reparatur des Bootes und Ersatz der Arztkosten für die Behandlung des Arms.

Auch H ist durch die Rettungsbemühungen des F am Arm verletzt worden. Er verlangt Schadensersatz für die entstandenen Arztkosten und Schmerzensgeld, da F bei seinen Rettungsbemühungen nicht sorgfältig vorgegangen sei. F meint, dass ihn kein Verschulden treffe, da es ihm in der Eile nicht möglich gewesen sei, anders zu handeln.

Bestehen die von F und H geltend gemachten Ansprüche?

A. **Ansprüche des F gegen H**

F könnte gegen H einen Anspruch auf Aufwendungsersatz gemäß §§ 677, 683 S. 1, 670 haben.

I. Da es zum Interessenkreis des H gehörte, die ihm drohende Gefahr des Ertrinkens und des Untergangs des Bootes selbst abzuwenden, hat F mit der Übernahme der Rettungshandlung ein objektiv **fremdes Geschäft** für H getätigt.

II. Der **Fremdgeschäftsführungswille** wird bei einem objektiv fremden Geschäft vermutet. Eine Widerlegung der Vermutung ist hier nicht ersichtlich.

III. F war gegenüber dem H nicht zum Handeln verpflichtet. Er hat ohne Auftrag gehandelt. Die allgemeine Hilfeleistungspflicht gemäß **§ 323 c StGB reicht nicht aus**.

IV. Die Rettung ist objektiv nützlich und damit interessengemäß. Ferner entspricht sie dem durch die Hilferufe des H geäußerten Willen. Darauf, dass H am Arm verletzt wurde, darf nicht abgestellt werden. Entscheidend ist, dass die **Übernahme** des Geschäfts **interessen- und willensgemäß** war.

II. Als **Rechtsfolge** kann F wie ein Beauftragter die **erforderlichen Aufwendungen** ersetzt verlangen, §§ 670, 683 S, 1.

1. F kann Ersatz der **Benzinkosten** verlangen, weil er dieses Benzin – freiwillig – zum Zwecke der Durchführung des Auftrags verbraucht hat.

2. Zwar kann eine **Tätigkeitsvergütung** vom Geschäftsführer verlangt werden, wenn die vorgenommene Tätigkeit zum Beruf oder Gewerbe des Geschäftsführers gehört (§ 1835 Abs. 3 entsprechend). Jedoch gehörte die Rettungsfahrt nicht zu der beruflichen Tätigkeit des Finanzberaters F.

3. Nach h.M. umfasst der Aufwendungsbegriff im Rahmen der GoA auch **Schäden**, die dadurch entstehen, dass sich das **typische Risiko** der übernommenen Geschäftsführung realisiert hat.

   Die von F vorgenommene Rettungshandlung erforderte schnelles Handeln und hatte zur Folge, dass für die Rechtsgüter des F ein erhöhtes Risiko entstand. Da sich mit dem Schaden an der Jacht und der Körperverletzung ein typisches, mit der Geschäftsführung verbundenes Risiko verwirklicht hat, kann F von H Schadensersatz verlangen, also die Reparatur- und Arztkosten.

   Ein Aufwendungsersatzanspruch in Form des Schadensausgleiches ist in den Fällen eines „Mitverschuldens" entsprechend **§ 254** zu kürzen.[74]

   Wenn der Geschäftsführer aber zur Abwendung einer drohenden Gefahr tätig wird, muss der Rechtsgedanke des **§ 680** in die Wertung einbezogen werden. Das bedeutet, dass dem Geschäftsführer ein Mitverschulden nur dann anzurechnen ist, wenn er grob fahrlässig oder mit Vorsatz gehandelt hat.[75]

   Da F den Bootsschaden und seine Verletzung am Arm nicht durch grobe Fahrlässigkeit oder Vorsatz verursacht hat, ist der Anspruch nicht entsprechend § 254 zu kürzen.

F kann also von H die Benzinkosten und seine Schäden ersetzt verlangen.

---

74 Palandt/Sprau § 670 Rn. 12.
75 Looschelders Rn. 870.

B. Ansprüche des H gegen F

I. Ein Anspruch auf Schadensersatz aus **§ 678** scheidet aus, da eine berechtige GoA vorliegt

II. H könnte gegen F einen Schadensersatzanspruch aus **§ 280 Abs. 1** haben.

   1. Die berechtigte GoA ist ein Schuldverhältnis i.S.d. § 280.

   2. Ferner ist in der Verletzung des Arms objektiv eine Pflichtverletzung i.S.v. § 677 Hs. 2 zu sehen.

III. Fraglich ist indes, ob F diese Pflichtverletzung auch **zu vertreten** hat. Dies wird gemäß **§ 280 Abs. 1 S. 2** so lange vermutet, bis der Schuldner sich exkulpiert. Hier macht F geltend, dass ihn kein Verschulden treffe, da es ihm in der Eile nicht möglich gewesen sei, anders zu handeln. Legt man hierfür den Maßstab des § 276 zugrunde, haftet F aber bereits bei **leichtester Fahrlässigkeit**.

Da die Rettungsmaßnahme des F aber die Abwendung einer dem H drohenden dringenden Gefahr bezweckte, hat F gemäß **§ 680** nur Vorsatz und grobe Fahrlässigkeit zu vertreten. F handelte hier nur leicht fahrlässig, sodass er sich erfolgreich exkulpiert hat.

H hat gegen F keinen Anspruch aus § 280 Abs. 1.

IV. Ein Schadensersatzanspruch des H gegen F aus **§ 823 Abs. 1** besteht nicht. Zwar liegt eine Körper- und Gesundheitsschädigung in Form der Verletzung des H vor. Die echte berechtigte GoA schließt jedoch die Rechtswidrigkeit i.S.v. § 823 aus.[76] Ferner wird im Rahmen des § 823 das Haftungsprivileg des § 680 analog angewandt, um Wertungswidersprüche zu vermeiden.

H hat daher keine Ansprüche gegen F.

C. Klausurtypische Fallgestaltungen

Tätigt der Geschäftsführer ein für ihn fremdes Geschäft, dessen Wahrnehmung aber **auch** ihm obliegt, oder hat er die Gefahr, zu deren Abwendung er tätig geworden ist, mitverursacht, so können die Regeln der GoA trotz der **Mitverpflichtung** oder der **Mitverursachung** eingreifen. Klausurrelevant sind insbesondere die folgenden Fallkonstellationen:

■ Der Geschäftsführer will eine Verbindlichkeit gegenüber einem Dritten erfüllen (Rn. 66 ff.).

■ Ein erwarteter Vertragsschluss schlägt fehl (Rn. 72 ff.).

■ Der Geschäftsführer will eine vermeintliche Verbindlichkeit gegenüber dem Geschäftsherrn erfüllen (Rn. 73 ff.).

65

---

76 BeckOK/Gehrlein § 677 Rn. 20.

■ Der Geschäftsführer ist neben anderen Personen auch zur Wahrnehmung der Aufgabe verpflichtet (sog. Mitverpflichtung) (Rn. 78).

I. Geschäftsführer will Verbindlichkeit gegenüber Drittem erfüllen

66   Erledigt der Handelnde zur Erfüllung einer Vertragspflicht gegenüber seinem Gläubiger Aufgaben, die auch zum Interessen- und Geschäftsbereich eines Dritten – des Geschäftsherrn – gehören, so kann der Handelnde grundsätzlich

■ von seinem Vertragspartner die vertragliche Vergütung für die Tätigkeit und

■ von demjenigen, dessen Aufgaben auch wahrgenommen worden sind, unter den Voraussetzungen der GoA den Ersatz seiner Aufwendungen verlangen. Dies gilt nach h.M. jedoch nur, soweit der Vertrag, aus dem sich die Verpflichtung des Geschäftsführers ergibt, die Entgeltfrage nicht umfassend regelt.

Beispiel: Ein Reinigungsunternehmen, dass von der Gemeinde mit der Reinigung der Straße beauftragt worden ist, kann gegen den Verursacher der Straßenverschmutzung nicht aus GoA vorgehen.[77]

Fall 4: Der Abschlepper

Abschleppunternehmer F hat mit der Polizei P einen Vertrag geschlossen, wonach er auf Abruf verunglückte Pkw von der Autobahn abschleppen soll. Nach Aufforderung durch P holt F das Fahrzeug des H, das bei einem Unfall erheblich beschädigt worden ist, von der Autobahn ab.

F verlangt nunmehr von H die Abschleppkosten i.H.v. 350 €. Zu Recht?

A.   Ein **vertraglicher Vergütungsanspruch** steht dem F gegen H nicht zu, weil die Polizei den Auftrag zum Abschleppen des Wagens nicht als Vertreter des H, sondern im eigenen Namen erteilt hat. Der F hat deshalb mit der P und nicht etwa mit H einen Werkvertrag abgeschlossen.

B.   F könnte gegen H einen Anspruch i.H.v. 350 € gemäß **§§ 677, 683 S. 1, 670** haben.

   I.   Das Abschleppen des Wagens ist eine tatsächliche Handlung und somit eine Geschäftsbesorgung i.S.d. § 677.

   II.   F müsste das Geschäfts ferner für H besorgt haben.

   1.   H war als Eigentümer des Pkw privat- und öffentlich-rechtlich verpflichtet, die durch den Unfall verursachte Störung zu beseitigen. Er hätte also den Wagen selbst nach Hause oder in eine Werkstatt schaffen müssen. Daher hat F mit dem Abschleppen des Wagens ein Geschäft des H besorgt.

   Gleichzeitig hat F aber **auch** ein **eigenes Geschäft** getätigt, weil er seiner Vertragspflicht gegenüber der Polizei nachkommen wollte.

---

77   Vgl. dazu BGH, Urt. v. 21.06.2012 – II ZR 275/11, RÜ 2012, 550 ff.

Mit dem Abschleppen des Pkw hat F somit sowohl ein fremdes als auch ein eigenes Geschäft besorgt – sog. **auch fremdes Geschäft**.

2. Fraglich ist, ob dies der Anwendung der Regeln der GoA entgegensteht.

a) Nach h.M.[78] sind die Vorschriften über die GoA auch dann anwendbar, wenn der Geschäftsführer eine wirksame vertragliche Verpflichtung gegenüber einem Dritten erfüllen will. Nimmt der Geschäftsführer ein objektiv fremdes Geschäft wahr, so wird der Aufgabencharakter nicht dadurch geändert, dass eine wirksame vertragliche Beziehung zu einem Dritten – hier der Polizei – besteht.

67

Eine Ausnahme von diesem Grundsatz wird nur dann gemacht, wenn die Verpflichtung auf einem mit dem Dritten wirksam geschlossenen Vertrag beruht, der die Rechte und Pflichten des Geschäftsführers und insbesondere die **Entgeltfrage umfassend regelt**.[79]

b) Die Lit. lehnt hingegen in diesen Fällen die Anwendung der GoA-Vorschriften grundsätzlich ab.

68

aa) Teilweise wird die Auffassung vertreten, dass derjenige, der mit der Geschäftsführung eigene Vertragspflichten erfüllt, in erster Linie eine Leistung an seinen Vertragspartner erbringen will und daher kein fremdes Geschäft i.S.d. § 677 besorge.[80]

bb) Andere begründen den Ausschluss der Regeln der GoA damit, dass der Privatunternehmer, der von Behörden durch Werkverträge zur Beseitigung von Störungen oder Gefahren eingesetzt werde, eine Aufgabe der Behörde wahrnehme, für die allein öffentlich-rechtliche Vorschriften maßgebend seien.[81]

c) Gegen die Auffassung der Lit. spricht jedoch, dass allein der Umstand, dass ein Vertrag mit einem Dritten vorliegt, nicht ausschließt, dass es sich auch um ein fremdes Geschäft handelt.

Damit scheiden in diesem Fall Ansprüche aus GoA nur dann aus, wenn die vertragliche Beziehung des F mit der Polizei die Entgeltfrage umfassend regelt. Grund für diese Ausnahme ist, dass die GoA nicht dazu bestimmt ist, dem vertraglich verpflichteten Geschäftsführer das Insolvenzrisiko für seinen Vertragspartner (Dritten) abzunehmen.

Nach dem Sachverhalt bestehen keine Anhaltspunkte dafür, dass die Entgeltfrage umfassend geregelt ist. Zwar gilt bei einem Werkvertrag gemäß § 632 Abs. 1 eine Vergütung als stillschweigend vereinbart, wenn – wie hier – zu erwarten ist, dass die Herstellung des Werkes nach den Umstän-

---

78 BGH, Urt. v. 16.11.2007 – V ZR 208/06, NJW-RR 2008, 683, 685; Schwark JuS 1984, 321, 328.

79 BGH, Urt. v. 21.10.2003 – X ZR 66/01, NJW-RR 2004, 82, 83; Staudinger/Bergmann Vorb v §§ 677 ff. Rn. 324.

80 Schubert AcP 178, 425, 439 ff.; Schwerdtner Jura 1982, 593, 599.

81 AG Krefeld, Urt. v. 05.04.1978 – 10 C 85/78, NJW 1979, 722 f.; Medicus JZ 1967, 63 f.; Berg JuS 1975, 681, 684.

den nur gegen Entgelt erfolgt. Die Vermutung des § 632 ist jedoch einer umfassenden Regelung der Entgeltfrage nicht gleichzustellen.

Der Vertrag mit der Polizei steht damit einer Anwendung der GoA-Vorschriften nicht entgegen.

3. F müsste ferner mit **Fremdgeschäftsführungswillen** gehandelt haben. Ob dieser, wie bei einem fremden Geschäft, ebenso bei einem „auch fremden Geschäft" vermutet werden kann, ist umstritten.

69
a) Teilweise[82] wird davon ausgegangen, dass der Fremdgeschäftsführungswille aufgrund konkreter Anhaltspunkte bewiesen werden muss und nicht aufgrund einer bloßen Vermutung gefolgert werden kann. Entscheidend sei hierfür, ob der Geschäftsführer fremdnützig tätig wird oder lediglich aus Eigennutz handelt.[83] Bei Vornahme eines auch eigenen Geschäfts spreche deshalb eine Vermutung dafür, dass der Handelnde ausschließlich mit Eigengeschäftsführungswillen gehandelt habe. Grund für diese restriktive Auslegung ist, dass eine übermäßige Ausdehnung des Anwendungsbereichs der GoA verhindert werden soll. Vorliegend geht F seiner beruflichen Tätigkeit als Abschleppunternehmer nach. Hierbei handelt er auch im eigenen Interesse, sodass nach dieser Auffassung nicht auf seinen Fremdgeschäftsführungswillen geschlossen werden kann.

70
b) Nach h.M.[84] kann auch bei einem auch fremden Geschäft der Fremdgeschäftsführungswille vermutet werden.

Für diese Auffassung spricht, dass sich bei einem auch fremden Geschäft der Fremdgeschäftsführungswille regelmäßig aus den Umständen ergibt. Wenn der Geschäftsführer nämlich weiß, dass er im fremden Rechtskreis tätig wird, so kann davon ausgegangen werden, dass er auch für den anderen handeln will.

Da keine Anhaltspunkte für eine Widerlegung der Vermutung vorliegen, wird der Fremdgeschäftsführungswille des F vermutet.

III. F hat **ohne Auftrag** des H gehandelt. Er war nämlich nicht H, sondern P gegenüber zur Geschäftsführung verpflichtet.

71
IV. Die Geschäftsführung des F für H war **objektiv nützlich** und entsprach daher dem Interesse des H. Da kein gegenteiliger Wille erkennbar ist, handelte F auch willensgemäß. Im vorliegenden Fall würde zudem ein entgegenstehender Wille gemäß § 679 überwunden. Denn der H war privatrechtlich verkehrssicherungspflichtig und öffentlich-rechtlich als Störer verpflichtet, den Wagen von der Autobahn zu entfernen.

---

82 Gießen Jura 1996, 225, 230.

83 Staudinger/Bergmann Vorb v § 677 f. Rn. 35 f.

84 BGH, Urt. v. 16.11.2007 – V ZR 2008/08, Urt. v. 08.11.2001 – III ZR 294/00, NJW 2000, 422, 423; Palandt/Sprau § 677 Rn. 6.

V. F kann vom H gemäß § 670 die **erforderlichen Aufwendungen** ersetzt verlangen. Da F gewerbsmäßig Fahrzeuge abschleppt, steht ihm in entsprechender Anwendung des **§ 1835 Abs. 3** auch eine Tätigkeitsvergütung zu.

II. Erwarteter Vertragsschluss schlägt fehl

Macht eine Person Aufwendungen, um einen Vertragsschluss herbeizuführen, so hat sie im Fall des Nichtzustandekommens **keinen Vergütungsanspruch** aus GoA oder Bereicherungsrecht, denn das Risiko, dass der Vertrag nicht zustande kommt, muss jede Seite selbst tragen.

72

Beispiel: Erbensucher F forscht gewerblich nach Erben, die das Nachlassgericht nicht ermitteln konnte. Hierbei macht F ganz erhebliche Aufwendungen. Als er den Erben H findet, bietet er diesem seine Dienste gegen 20% des Nachlasswertes an. H lehnt das Angebot jedoch ab und ermittelt den ihm zustehenden Nachlass selbst. Ansprüche des F?

I. Aufwendungsersatzanspruch gemäß §§ 677, 683 S. 1, 670?

Im sog. **Erbensucherfall** lehnte der BGH einen Anspruch des Erbensuchers aus GoA ab.[85] Die **GoA** sei nach der Risikozuordnung des Privatrechts auf derartige Fallgestaltungen von vornherein **unanwendbar**. Nach den Grundsätzen des bürgerlichen Rechts liege das Scheitern von Vertragsverhandlungen im Risiko des Anbietenden. Ein tatsächlicher geäußerter Wille der Parteien zum Leistungsaustausch habe nicht vorgelegen. Der **Grundsatz der Privatautonomie** dürfe nicht durch Zubilligung von Aufwendungsersatzansprüchen aus GoA umgangen werden. Ein nicht bestehendes Vertragsverhältnis zum Geschäftsherrn könne insofern nicht über die Regeln der GoA überwunden werden.

Der BGH hat im Erbensucherfall nicht entschieden, ob überhaupt ein auch fremdes Geschäft vorliegt und ob ein in diesem Fall vermuteter Fremdgeschäftsführungswille widerlegt ist. Hierauf kommt es nach Ansicht des BGH im vorliegenden Fall gar nicht mehr an, da die GoA unanwendbar ist.

Kritik der Literatur: Einerseits wurde in der Lit. begrüßt, dass der BGH der bisher üblichen weiten Anwendung der GoA nunmehr skeptisch gegenüber steht und diese daher vorliegend nicht zur „Vertragsfalle" wird.[86] Da er aber auf die Voraussetzungen der GoA gar nicht mehr eingeht, habe der BGH andererseits die Chance verpasst, die Anforderungen an eine objektive Auch-Fremdgeschäftsführung zu präzisieren.[87] Zudem sei es bedauerlich, dass der BGH ausschließlich und ausgerechnet den an sich schützenswerten Erbensuchern, die in dem „Dilemma" stehen, kraft Berufes Vorleistungen für einen nicht bekannten Vertragspartner erbringen zu müssen, Ansprüche aus GoA versagt.[88]

II. Bereicherungsrechtliche Ansprüche aus **§ 687 Abs. 2 i.V.m. §§ 684 S. 1, 812** oder **§§ 812 Abs. 1 S. 1, 818 Abs. 2** kommen nach Auffassung des BGH aus denselben Erwägungen nicht zur Anwendung.[89] Zudem hat F kein angemaßtes, sondern ein auch fremdes Geschäft geführt, auf das § 687 Abs. 2 nicht anwendbar ist.

F bekommt seine Aufwendungen also nicht ersetzt.

---

85 BGH, Urt. v. 23.09.1999 – III ZR 322/98, NJW 2000, 72, 73; vgl. hierzu Emmerich JuS 2000, 604; Schulze JZ 2000, 523; Götz JZ 2000, 523; Hau NJW 2001, 2864.
86 Emmerich JuS 2000, 603, 604.
87 Hau NJW 2001, 2863, 2864.
88 Götz JZ 2000, 523, 525; Falk JuS 2003, 833, 837.
89 BGH, Urt. v. 23.09.1999 – III ZR 322/98, NJW 2002, 72, 73.

III. Geschäftsführer will eine vermeintliche Verbindlichkeit gegenüber dem Geschäftsherrn erfüllen

73 Ist der Anspruchsteller aufgrund eines **unwirksamen** Dienst-, Werk- oder Geschäftsbesorgungsvertrags für den Anspruchsgegner tätig geworden, so erledigt er auch Aufgaben, die zum **Geschäftsbereich des Anspruchsgegners** gehören. Der Anspruchsteller will mit dem Tätigwerden zum einen seiner vermeintlichen Vertragspflicht nachkommen und zum anderen erledigt er damit Aufgaben des Anspruchsgegners. Ob in diesen Fällen die Regeln der GoA Anwendung finden, wird nicht einheitlich beurteilt.

74 Während nach einer in der Lit. vertretenen Auffassung nichtige Verträge ausschließlich nach den Regeln der Leistungskondiktion abzuwickeln sind, geht die Rspr. davon aus, dass die GoA anwendbar ist.[90]

> **Fall 5: Fehlplanung**
>
> Architekt A erstellt auftragsgemäß für die Firma B verschiedene Pläne zur Errichtung eines Hochhauses. Nach etwa einem halben Jahr stellt sich die Unwirksamkeit des Vertrages heraus. B nimmt Abstand von der Errichtung des Hochhauses und beruft sich, als A Bezahlung verlangt, darauf, dass die Pläne für ihn wertlos seien.
>
> Hat A gegen B einen Anspruch auf Aufwendungsersatz?

A könnte gegen B einen Anspruch auf Ersatz seiner Aufwendungen gemäß **§§ 677, 683 S. 1, 670** haben.

I. Da A aufgrund eines unwirksamen Vertrags für B tätig geworden ist, könnten die Regeln der §§ 812 ff. und nicht die der **GoA anzuwenden** sein.

75 1. Nach einer in der Lit. vertretenen Auffassung sind **nichtige Verträge ausschließlich** nach den Regeln der **Leistungskondiktion** abzuwickeln, weil bei Anwendung der Regeln der GoA die bereicherungsrechtlichen Ausschlussvorschriften gemäß den §§ 814, 815, 817 keine Beachtung finden können. Eine solche Bevorzugung des Anspruchstellers, der aufgrund eines nichtigen Vertrags Tätigkeiten erbracht habe, sei nicht gerechtfertigt.[91]

76 2. Nach der Ansicht der Rspr. sind die **Regeln der GoA** immer dann anwendbar, wenn der Anspruchsteller berechtigterweise im Geschäftsbereich eines anderen mit Fremdgeschäftsführungswillen tätig geworden ist, unabhängig davon, ob die Tätigkeit aufgrund eines unwirksamen Vertrags oder aus einem anderen Grund vorgenommen worden ist.[92]

Auch aus dem Umstand, dass der BGH beim sog. Erbensucherfall die GoA für unanwendbar hält, lässt sich nicht der Schluss ziehen, dass dies ebenso für nichtige Verträge gelten soll. In der Entscheidung stellt der BGH vielmehr ausdrücklich

---

90 BGH, Urt. v. 28.10.1992 – VIII ZR 210/91, RÜ 1993, 83; Berg JuS 1972, 193, 195; a.A. MünchKomm/Seiler § 677 Rn. 48; Lorenz NJW 1996, 883 f.; Eidenmüller JZ 1996, 889 ff.

91 MünchKomm/Seiler § 677 Rn. 48; BeckOK/Gehrlein § 677 Rn. 1; Lorenz NJW 1996, 883 ff.

92 BGH, Urt. v. 28.10.1992 – VIII ZR 210/91, RÜ 1993, 83.

klar, dass bei der Erfüllung unerkannt nichtiger Verträge die Regeln über die GoA weiter anwendbar sind.[93]

Für die Ansicht der Rspr. spricht, dass derjenige, der aufgrund eines nichtigen Vertrags im Geschäftsbereich eines anderen berechtigterweise tätig wird, nicht schlechter gestellt sein darf, als derjenige, der ohne Vereinbarung für einen anderen tätig geworden ist.

Die Regeln der GoA sind mithin anwendbar.

II. Außerdem müssten die **Voraussetzungen der GoA** gegeben sein. 77

   1. A hat ein **fremdes Geschäft** wahrgenommen. Die Erstellung der Baupläne gehört nämlich zu dem Geschäftsbereich des Bauherrn B.

   2. A hatte auch den erforderlichen **Fremdgeschäftsführungswillen**. Zwar wollte er seine Verpflichtung aus dem vermeintlichen Werkvertrag erfüllen, doch wollte A gleichzeitig auch ein Geschäft der Firma B wahrnehmen.

   3. Zudem ist A **ohne Auftrag** tätig geworden, da der der Geschäftsführung zugrunde liegende Werkvertrag nichtig war.

   4. Die Übernahme des Geschäfts war auch **interessen- und willensgemäß**.

III. Rechtsfolge ist, dass A **Aufwendungsersatz** verlangen kann. Analog § 1835 Abs. 3 zählen zu den Aufwendungen auch die Dienste des Geschäftsführers, die zu seinem Gewerbe oder seinem Beruf gehören. A kann daher von B die übliche Vergütung verlangen.

IV. Geschäftsführer ist neben anderen Personen auch zur Wahrnehmung der Aufgabe verpflichtet (Mitverpflichtung)

Sind mehrere Personen privatrechtlich oder öffentlich-rechtlich zur Wahrnehmung bestimmter Aufgaben verpflichtet und erledigt eine von diesen Personen die Aufgabe, so stellt sich die Frage, ob und in welchem Umfang der Ausgleich unter den Mitverpflichteten zu erfolgen hat. 78

▪ Sind die Verpflichteten Gesamtschuldner, so kommt ein Anspruch aus GoA nicht in Betracht, da die Ausgleichsregel des **§ 426** eine **vorrangige Sonderregelung** ist.

▪ Besteht zwischen mehreren Mitverantwortlichen keine Gesamtschuld, so gibt es vor allem folgende Möglichkeiten:

   ▪ Es liegt eine **gestufte Verantwortlichkeit** vor (s. Rn. 79 ff.).

   ▪ Es handelt sich um den Sonderfall der **Selbstschädigung** (s. Rn. 83).

   ▪ Es ist lediglich ein **Reflexvorteil** gegeben (s. Rn. 84).

---

93 BGH, Urt. v. 23.09.1999 – III ZR 322/98, NJW 2000, 72, 73.

1. Ausgleich unter Mitverpflichteten bei gestufter Verantwortlichkeit

79

Fall 6: Feuer in Fulda

Zur Bonifatiusfeier schmückt H den Turm des Domes in Fulda mit kleinen Lämpchen und bringt eine bengalische Beleuchtung an. Eigentümer des Domes ist der bischöfliche Stuhl B. Bei den Anschlussarbeiten verursacht H fahrlässig einen Brand. Der Turm des Domes wird erheblich beschädigt. F ist als kirchenbaulastpflichtiger Fiskus verpflichtet, die Schäden zu beheben.

1. H beseitigt die Schäden und verlangt zumindest einen Teil der Kosten von F ersetzt, weil auch F verpflichtet gewesen sei, die Schäden zu beseitigen.

2. F hat auf Bitten des B den Turm wieder hergestellt und verlangt vom H Ersatz der Aufwendungen. H meint, F habe lediglich eine eigene Pflicht erfüllt. Er, der H, sei ausschließlich gegenüber B verantwortlich gewesen.

A. Ansprüche des H gegen F

I. Ein Ausgleichsanspruch des H gegen F gemäß **§ 426 Abs. 1** und **Abs. 2** kommt nur in Betracht, wenn zwischen H und F im Verhältnis zum geschädigten B eine **Gesamtschuldnerschaft** bestand.

Eine Gesamtschuld kann hier mangels gesetzlicher Anordnung oder vertraglicher Vereinbarung nur angenommen werden, wenn die allgemeinen Entstehungsvoraussetzungen gemäß **§ 421** vorliegen.

Erforderlich ist nach h.M., dass von mehreren Schuldnern jeder eine Leistung in vollem Umfang allein erbringen kann, der Gläubiger sie nur einmal zur Befriedigung des gleichen Leistungsinteresses fordern darf und zusätzlich die verschiedenen Schuldner **gleichstufig** haften.[94]

Schuldner haften gleichstufig, wenn in ihrem Innenverhältnis grundsätzlich ein wechselseitiger Regress möglich ist. An der Gleichstufigkeit fehlt es, wenn ein Schuldner grundsätzlich **primär verpflichtet** ist.[95]

Im Verhältnis zum Träger der Kirchenbaulast ist der Verursacher des Brandes für den Schaden im Innenverhältnis allein verantwortlich. Zwischen H und F besteht keine Gesamtschuld.[96]

Ein Ausgleichsanspruch aus **§ 426 Abs. 1** und **Abs. 2** scheidet demnach aus.

II. H könnte gegen F einen Aufwendungsersatzanspruch gemäß **§§ 670, 683 S. 1, 677** haben.

80

Dazu müsste H mit der Wiederherstellung ein fremdes Geschäft, d.h. ein Geschäft des F geführt haben. Zwar ist auch der Träger der Kirchenbaulast zur Beseitigung

---

94 Dazu AS-Skript Schuldrecht AT 2 (2014), Rn. 479 ff.
95 AS-Skript Schuldrecht AT 2 (2014), Rn. 484.
96 A.A. Stamm Jura 2002, 730, 731, der die Regeln der §§ 421 ff. anwendet.

der Schäden verpflichtet, H ist jedoch als Verursacher des Brandes letztlich allein für den Schaden verantwortlich. Kommt der Letztverantwortliche seiner Verpflichtung nach, führt er lediglich ein **eigenes Geschäft**.[97]

Mithin hat H gegen F keinen Anspruch aus §§ 670, 683 S. 1, 677.

B. **Ansprüche des F gegen H**

I. Mangels einer Gesamtschuld bestehen keine Ausgleichsansprüche gemäß **§ 426 Abs. 1** und **Abs. 2** (s.o.).   81

II. F könnte gegen H einen Aufwendungsersatzanspruch gemäß **§§ 670, 683 S. 1, 677** haben.   82

Dazu müsste F mit der Wiederherstellung des Turms ein **fremdes Geschäft**, d.h. ein Geschäft des H geführt haben.

1. Stellt man nur auf die Tätigkeit ab, führt F mit der Wiederherstellung auch ein Geschäft des Letztverantwortlichen H.[98]

2. Nach h.M. ist indes entscheidend, ob mit der Beseitigung der Schäden auch die Verpflichtung des Letztverantwortlichen erfüllt wird. Nach dem **normativen Schadensbegriff** kommen aber Leistungen Dritter dem Schädiger grundsätzlich nicht zugute. Die Leistung des kirchenbaulastpflichtigen F führt nicht zur Tilgung der Ansprüche des B gegen den H.[99] Deshalb führt F kein Geschäft des H.

F hat gegen H keinen Anspruch aus §§ 670, 683 S. 1, 677.

2. Ausgleichsanspruch bei Selbstschädigung

Beschädigt der Handelnde seine Rechtsgüter, um einen Schaden von den Rechtsgütern eines anderen abzuwenden, für dessen Ausgleich er verantwortlich und schadensersatzpflichtig gewesen wäre, dann nimmt der Handelnde **ausschließlich** ein **eigenes Geschäft** wahr. Wer verhindern will, dass er aus unerlaubter Handlung oder aus Gefährdungshaftung in Anspruch genommen wird, kann wegen der Verletzung seiner eigenen Rechtsgüter keine Ansprüche aus GoA geltend machen.   83

Wenn der Handelnde hingegen den Schadenseintritt an den Rechtsgütern eines anderen verhindert, für den er nicht verantwortlich gewesen wäre, nimmt er (zumindest auch) ein **fremdes Geschäft** wahr. Dann kann der Geschäftsführer unter den Voraussetzungen der GoA Ersatz verlangen.

Deshalb ist im Rahmen des Merkmals „fremdes Geschäft" inzident zu prüfen, ob der Geschäftsherr gegen den Geschäftsführer einen Schadensersatzanspruch gehabt hätte.

---

97 MünchKomm/Seiler § 677 Rn. 29.
98 MünchKomm/Seiler § 677 Rn. 29.
99 Schubert AcP 178, 425, 450; Stamm Jura 2002, 730, 731.

Beispiel: F befährt mit seinem Rennrad den rechten Streifen eines geteilten Radwegs. Auf der Gegenseite kommt ihm der Fahrradfahrer H entgegen. Unmittelbar bevor die beiden Radfahrer einander passieren, wird H von einem in eine Einfahrt biegenden Auto abgedrängt. H findet keinen Ausweg und biegt unvermittelt und unmittelbar vor F nach links ab. F reißt den Lenker herum und touchiert den Bordstein, er kann das Gleichgewicht nicht mehr halten und stürzt. F wird nicht verletzt, aber das Rennrad schwer beschädigt. F verlangt von H Ersatz.

In Betracht kommt ein Aufwendungsersatzanspruch gemäß **§§ 670, 683 S. 1, 677**.

I. F müsste ein fremdes, nämlich ein Geschäft des H besorgt haben.
Eine Geschäftsbesorgung des F für H kann in dem Herumreißen des Lenkers zum Zwecke der Abwendung eines Schadens von H gesehen werden. Auch tatsächliche Handlungen – das Herumreißen eines Lenkers – können Geschäftsbesorgung i.S.d. § 677 sein.

Fraglich ist der **Fremdcharakter** dieser **Geschäftsbesorgung**. Dies muss unter Berücksichtigung der Einzelumstände danach bestimmt werden, zu wessen Interessen- und Pflichtenkreis die Schadensabwendungsmaßnahme gehört.

1. Wenn F mit dem Ausweichen einen Schadensersatzanspruch von sich abgewandt hat, so hat er eine ihm obliegende Aufgabe wahrgenommen. Dass diese Schadensabwendungsmaßnahme einem anderen zugute gekommen ist, stellt dann lediglich einen Reflex des Eigengeschäfts dar.
Nach den Gesamtumständen ist hier davon auszugehen, dass F dem H, wenn es zum Unfall gekommen wäre, weder nach **§ 823** (kein Verschulden) noch nach **§ 7 StVG** (bereits im Anwendungsbereich ausgeschlossen) auf Schadensersatz hätte haften müssen. Die Fahrweise des F war nämlich objektiv verkehrsgerecht, weil er nicht damit zu rechnen brauchte, dass H von einem in eine Einfahrt abbiegenden Auto abgedrängt wird und unvermittelt und unmittelbar vor F nach links abbiegt.

Daher hat F mit dem Ausweichen nicht lediglich ein eigenes Geschäft wahrgenommen.

2. F hat durch das Herumreißen seines Rades verhindert, dass der H überfahren wurde und damit eine Tätigkeit ausgeführt, die zum Interessenkreis des H gehört. F hat somit auch ein **fremdes Geschäft** getätigt.[100]

II. F hat auch mit **Fremdgeschäftsführungswillen** gehandelt. Es ist zwar davon auszugehen, dass ihm kaum Zeit verblieb, über sein Handeln nachzudenken, weil er spontan den Lenker herumgerissen hat. Der dieser spontanen Reaktion zugrunde liegende **natürliche Wille** des F kam jedoch – zumindest auch – aus dem Bestreben heraus, den anderen nicht zu überfahren, also in seinem Interesse zu handeln.[101]

III. F war dem H gegenüber zu einer solchen Rettungshandlung weder vertraglich noch gesetzlich verpflichtet. Das straßenverkehrsrechtliche Rücksichtnahmegebot aus § 1 StVO verpflichtet nicht dazu, einen Unfall unter ganz erheblicher Eigengefahr abzuwenden.

IV. Die Rettungshandlung war objektiv nützlich und entsprach deshalb dem Interesse des H. Es ist zudem davon auszugehen, dass die Rettungshandlung des F wegen ihrer Nützlichkeit für H auch dem mutmaßlichen Willen des H entsprach, sodass die Geschäftsführung berechtigt war.

V. Nach § 670 kann F **Aufwendungsersatz** verlangen. Zu den Aufwendungen zählen auch die Schäden, die aus einer mit der Geschäftsführung verbundenen typischen Gefahrenlage entstanden sind. Danach kann F den Ersatz des Rennrades von H verlangen, weil die Beschädigung des Rades einen **risikotypischen Schaden** darstellt. Fraglich ist jedoch, ob dabei ein **Mitverschulden des F i.S.d. § 254** berücksichtigt werden muss. Dagegen könnte der Rechtsgedanke des **§ 680** sprechen, weil F eine drohende dringende Gefahr von H abgewendet hat. F und H haben jedoch durch ihr Verhalten gleichermaßen die Gefahrenlage geschaffen, nämlich durch ihre Teilnahme am Straßenverkehr. H ist ferner infolge der Behinderung durch das Auto schuldlos in Gefahr geraten. Außerdem ist zu berücksichtigen, dass F mit dem Ausweichen auch eine Gefahr von sich angewendet hat.

---

100 Martinek/Theobald JuS 1997, 805, 808.
101 BGH, Urt. v. 27.11.1962 – VI ZR 217/61, BGHZ 38, 270, 277.

In solchen Fällen entsteht in der Person des Retters deshalb kein voller Aufwendungsersatzanspruch. Der Geschäftsführer kann nur eine angesichts seines **Verursachungsbeitrags** angemessene Entschädigung verlangen.[102] Da im vorliegenden Fall die Verursachungsanteile für H und F als gleichrangig anzusehen sind, erscheint eine Schadensteilung angemessen, sodass F von H **nur die Hälfte** des Sachschadens verlangen kann.

3. „Reflexvorteil"

Wenn die Erledigung eines **eigenen Geschäfts** sich für einen anderen lediglich **mittel-** 84
bar als Reflex vorteilhaft auswirkt, so liegt keine Mitbesorgung eines fremden Geschäfts vor.[103] Es handelt sich dann um einen bloßen **„Reflexvorteil"**, der keine Aufwendungsersatzansprüche aus §§ 670, 683 S. 1, 677 begründet.

Beispiel: Der Eigentümer (E) einer Wiese umzäunt diese, um zu verhindern, dass sein Vieh auf die Bahngleise läuft. Die Kosten verlangt er von der Bundesbahn mit der Begründung ersetzt, er habe sie vor Schadensersatzansprüchen bewahrt, die nach § 1 HaftpflichtG entstünden, wenn sein Vieh auf den Bahnkörper laufe und dort von einem Zug getötet oder verletzt werde.

Es besteht kein Anspruch aus §§ 670, 683 S. 1, 677 auf Aufwendungsersatz. Die Einzäunung der Wiese zum Schutz der Tiere ist ausschließlich Aufgabe des Eigentümers E.
E hat also kein Geschäft der Bahn getätigt, selbst wenn er für diese handeln wollte.
Allein der Geschäftsbesorgungswille des E macht dieses Geschäft nicht zu einem fremden Geschäft.

---

102 Vgl. eingehend und m.w.N. MünchKomm/Seiler § 683 Rn. 23.
103 BGH, Urt. v. 04.07.1978 – VI ZR 95/77, BGHZ 72, 151, 153.

Anspruch aus berechtigter GoA

Voraussetzungen

- **Geschäftsbesorgung**

  - Der Begriff „Geschäft" umfasst alle rechtsgeschäftlichen und tatsächlichen Handlungen.

  - Bloßes Unterlassen, Dulden oder Gewährenlassen genügt grundsätzlich nicht.

- **Für einen anderen**

  - Geschäft muss (zumindest auch) **fremd** sein; auch fremd, wenn aufgrund eines Vertrags mit einem Dritten gehandelt wird, eine Mitverpflichtung besteht oder das Geschäft aufgrund eines nichtigen Vertrags besorgt wird.

  - Geschäftsführer muss die Fremdheit kennen und den Willen haben, das Geschäft für einen anderen zu tätigen. Der **Fremdgeschäftsführungswille** wird beim fremden und nach h.M. ebenso beim auch fremden Geschäft vermutet.

- **Ohne Auftrag und ohne sonstige Berechtigung**

  - Keine Verpflichtung gegenüber dem Geschäftsherrn aus Vertrag oder Gesetz

  - Keine sonstige Berechtigung zum Handeln (familienrechtliche Beziehung, Amts- oder Organstellung)

- **Interessen- und willensgemäß**

  - Interessengemäß, wenn **objektiv nützlich** für den Geschäftsherrn

  - Willensgemäß, wenn dem geäußerten oder – bei dessen Fehlen – dem mutmaßlichen Willen des Geschäftsherrn entsprechend; entgegenstehender Wille unter den Voraussetzungen des **§ 679** unbeachtlich

Rechtsfolgen

- **Pflicht des Geschäftsherrn:** Ersatz der erforderlichen Aufwendungen des Geschäftsführers (§§ 670, 683 S. 1)

  - **Aufwendungen** sind freiwillige Vermögensopfer zur Durchführung der Geschäftsführungsmaßnahmen.

  - **Erforderlich** sind die Maßnahmen, die der Geschäftsführer nach den Umständen dafür halten durfte.

  - **Tätigkeitsvergütung:** Nach h.M. nur dann, wenn die Geschäftsbesorgung zum Beruf/Gewerbe gehört (§ 1835 Abs. 3 analog).

  - Ersatz von **Schäden:** Nur bei Realisierung des **typischen Risikos** der Geschäftsführung.

- **Pflichten des Geschäftsführers**

  - Ordnungsgemäße Erledigung der übernommenen Aufgaben, § 677

  - Anzeige-, Auskunfts- und Rechenschaftspflicht gegenüber Geschäftsherrn, §§ 666, 681

  - **Herausgabe des** durch die Geschäftsführung **Erlangten**, inkl. Verzinsung, §§ 667, 681 S. 2

2. Abschnitt: Unberechtigte GoA

■ Eine unberechtigte GoA liegt vor, wenn ein fremdes Geschäft mit Fremdgeschäftsführungswillen ausgeführt wird und die Übernahme der Geschäftsführung **nicht dem Interesse und dem Willen** des Geschäftsherrn entspricht und dieser die Geschäftsführung auch nicht genehmigt hat, **§ 684**.

85

■ Dem Interesse des Geschäftsherrn entspricht die Geschäftsführung, wenn sie für den Geschäftsherrn objektiv nützlich ist, sich also vorteilhaft auswirkt.

■ Willensgemäß ist die Übernahme der Geschäftsführung nur, wenn

- der Geschäftsherr sich ausdrücklich oder konkludent damit einverstanden erklärt hat oder

- sie hilfsweise dem mutmaßlichen Willen des Geschäftsherrn entspricht.

Liegt eine unberechtigte Geschäftsführung vor, so hat dies im Wesentlichen folgende **Rechtsfolgen**:

86

■ Der unberechtigte Geschäftsführer ohne Auftrag kann **nicht** gemäß §§ 677, 683 S. 1, 670 wie ein Beauftragter **Aufwendungsersatz** verlangen. Ihm steht **lediglich** der bereicherungsrechtliche Anspruch gemäß **§§ 684, 812 ff.** zu. Bei der Verweisung in § 684 S. 1 handelt es sich nach h.M. um einen Rechtsfolgenverweis, sodass die Tatbestandsvoraussetzungen der §§ 812 ff. nicht vorzuliegen brauchen.[104]

*Hinweis: Die Regeln der GoA sind nicht anwendbar, wenn **vorrangige Sonderregeln** eingreifen. Bei einer unberechtigten Selbstvornahme im Kaufrecht kann der Käufer nach der Rspr. des BGH vom Verkäufer weder Ersatz der ersparten Aufwendungen aus §§ 684, 812 noch aus § 326 Abs. 2 S. 2 analog verlangen. Der BGH sieht das kaufrechtliche Prinzip des Rechts des Verkäufers zur zweiten Andienung als vorrangig an.[105]*

■ Fraglich ist, welche Rechte dem **Geschäftsherrn** zustehen. Nach früher h.M. entstand bei einer unberechtigten GoA weder ein gesetzliches Schuldverhältnis noch trafen den Geschäftsführer die Nebenpflichten aus § 681.[106] Da der Geschäftsherr bei einer unberechtigten GoA nicht schlechter stehen darf als bei einer berechtigten, wird jedoch verstärkt vertreten, dass auch hier ein gesetzliches Schuldverhältnis entsteht und den Geschäftsführer ebenso die Nebenpflichten aus § 681 treffen.[107]

87

■ Wenn der **unberechtigte Geschäftsführer** seine Nichtberechtigung bei Übernahme des Geschäfts hätte erkennen können, haftet er dem Geschäftsherrn auch ohne weiteres Verschulden auf **Schadensersatz**, § 678.

88

---

104 Vgl. BeckOK/Gehrlein § 684 Rn.1 m.w.N.; a.A. MünchKomm/Seiler § 684 Rn. 4.

105 BGH, Urt. v. 23.02.2005 – VIII ZR 100/04, NJW 2005, 1348, 1349 f.

106 Staudinger/Wittmann § 681 Rn. 1, 2 (12. Aufl.).

107 MünchKomm/Seiler § 681 Rn. 2; BeckOK/Gehrlein § 681 Rn. 1.

Fall 7: Direktor's Cut

Für einen Fernsehfilm wird eine Szene gedreht, bei der Schauspieler H in einem brennenden Haus am Fenster steht und um Hilfe ruft. Auf die Dreharbeiten war großflächig durch Plakate und Absperrungen aufmerksam gemacht worden. F, ein pensionierter Regierungsdirektor, denkt dennoch, die Szene wäre echt, und überwindet die Absperrungen, um H zu retten. Auch durch Zurufe des H und Lautsprecherdurchsagen des wild gestikulierenden Regisseurs, es handele sich nur um einen Film, lässt F sich von seinen Rettungsbemühungen nicht abhalten.

Als F den sich heftig wehrenden H aus dem Fenster ziehen will, verletzt er nicht nur sich, sondern auch den H erheblich am Bein. Durch die Störung der Dreharbeiten fällt der Drehtag aus, weshalb H keine Gage bekommt. Rechtslage?

1. Teil: Ansprüche des H gegen F

A. H könnte gegen F einen Schadensersatzanspruch gemäß § 678 haben.

    I. F müsste als unberechtigter Geschäftsführer ohne Auftrag für H gehandelt haben.

89   1. Die **Voraussetzungen des § 677** liegen vor. Mit der Hilfsaktion führte F ein fremdes Geschäft und hatte dabei auch den erforderlichen Fremdgeschäftsführungswillen. Die Geschäftsführung erfolgte ohne Auftrag.

        2. Die Geschäftsführung müsste dem **Interesse und** dem wirklichen oder mutmaßlichen **Willen** des H **widersprochen** haben, **§ 684 S. 1**. H hat den Rettungsbemühungen des F widersprochen, sodass die Geschäftsführung nicht im Interesse des Geschäftsherrn war.

        Darauf, dass F bei der Durchführung der GoA den H am Arm verletzt hat, darf nicht abgestellt werden, da für die Prüfung der Berechtigung der GoA nur die **Übernahme** entscheidend ist.

        Eine unberechtigte GoA liegt somit vor.

90   II. F müsste **schuldhaft nicht erkannt** haben, dass er die Geschäftsführung nicht übernehmen durfte.

        Grundsätzlich gelten hier die Sorgfaltsanforderungen des **§ 276**, sodass die bereits leicht fahrlässige Übernahme einer unberechtigten GoA schadet. Für F war objektiv erkennbar, dass der sich wehrende H nicht gerettet werden wollte und dass aufgrund der offenkundigen Dreharbeiten schon gar kein Notfall vorlag.

        F handelte deshalb grob fahrlässig, sodass – unabhängig davon, dass objektiv schon gar keine Gefahr vorlag – eine Haftungsmilderung nach **§ 680** nicht in Betracht kommt.[108]

91   III. Als **Rechtsfolge** hat F dem H den aus der Geschäftsführung entstandenen Schaden zu ersetzen. Die **Ersatzpflicht** erfasst alle mit der Übernahme des Geschäftes adäquat kausal entstandenen Schäden. Somit hat F dem H den Ausfall der Gage und den durch die Körperverletzung entstandenen Schaden zu ersetzen.

---

108 Umstr. ist, ob auch eine Scheingefahr von § 680 umfasst ist; vgl. hierzu BeckOK/Gehrlein § 680 Rn. 1.

B. H könnte gegen F einen Anspruch auf Schadensersatz aus **§ 280 Abs. 1** haben.

    I. Die echte unberechtigte GoA begründet ein **gesetzliches Schuldverhältnis** i.S.d.   **92**
§ 280 Abs. 1.

    II. Bei der Ausführung des Geschäfts verletzte F den H am Bein, sodass eine **Pflichtverletzung** vorliegt.

    III. Indem F bei seinen Rettungsbemühungen ignorierte, dass H sich heftig wehrte und erkennbar nicht gerettet werden wollte, handelte er **grob fahrlässig**. Eine Haftungsprivilegierung analog § 680 kommt schon deshalb nicht in Betracht.

    IV. F ist daher zum Schadensersatz verpflichtet. Die Ersatzpflicht umfasst alle durch die Geschäftsführung entstandenen Schäden. Somit kann H von F nicht nur den Ausfall der Gage, sondern auch seine Heilungskosten verlangen.

C. Daneben steht H gegen F ein entsprechender Schadensersatzanspruch aus **§ 823 Abs. 1** zu. F hat den H am Körper verletzt, als er ihn aus dem Fenster ziehen wollte.

Die unberechtigte GoA lässt zudem die **Rechtswidrigkeit nicht entfallen**. F handel   **93**
te auch schuldhaft; das Haftungsprivileg des § 680 analog kommt schon wegen grober Fahrlässigkeit nicht in Betracht.

2. Teil: Ansprüche des F gegen H

A. Ein Anspruch des F gegen H auf Aufwendungsersatz und Ersatz seiner Heilungskosten nach **§§ 677, 683 S. 1, 670** scheidet aus, da die Geschäftsführung nicht interessen- und willensgemäß erfolgte.

B. F verbleibt somit der Anspruch aus **§ 684 S. 1**. H muss daher das herausgeben, was er durch die Geschäftsführung erlangt hat. Vorliegend hat H aber nichts erlangt. F muss seine Aufwendungen daher selbst tragen.

Fall 8: Voll und voller

Nach dem er mit ein paar Freunden sein zweites Prädikatsexamen ausgiebig gefeiert hat, will der völlig betrunkene H mit seinem Pkw nach Hause fahren. Auf Drängen der anderen Freunde setzt sich schließlich Studienfreund F ans Steuer. Nach etwa 2 km Fahrt prallt F auf den unbeleuchteten Anhänger eines abgestellten Lkw. Der Wagen des H wird total zerstört. F hatte zur Unfallzeit einen Blutalkoholgehalt von 0,9‰.

Hat H gegen F einen Anspruch auf Schadensersatz?

A. H könnte gegen F einen Schadensersatzanspruch gemäß **§ 678** haben.

    I. F müsste als unberechtigter Geschäftsführer ohne Auftrag für H gehandelt haben.

        1. Die **Voraussetzungen des § 677** liegen vor. Mit der Aushilfsfahrt führte F ein   **94**
fremdes Geschäft mit dem entsprechenden Fremdgeschäftsführungswillen. Die Geschäftsführung erfolgte ohne Auftrag; insbesondere liegt kein Gefälligkeitsverhältnis vor, weil F und H sich nicht entsprechend geeinigt haben.

2. Die Geschäftsführung müsste dem **Interesse und** dem wirklichen oder mutmaßlichen **Willen des H widersprochen** haben.

Auf den wirklichen Willen des R kann nicht abgestellt werden, da er völlig betrunken war und somit zu einer vernünftigen Willensäußerung nicht mehr in der Lage war.

Es kommt daher auf das Interesse und den mutmaßlichen Willen des H an. Dabei ist zu berücksichtigen, dass F bei der Übernahme der Fahrt 0,9‰ Alkohol im Blut hatte und somit fahruntüchtig war. Von so einer Person gefahren zu werden ist **objektiv nicht nützlich**. Mithin entsprach die Aushilfsfahrt durch F weder dem Interesse noch dem mutmaßlichen Willen des F.

Folglich liegt eine unberechtigte GoA vor.

II. F müsste ferner **schuldhaft nicht erkannt** haben, dass er die Geschäftsführung nicht übernehmen durfte.

1. Grundsätzlich gelten hier die Sorgfaltsanforderungen des § 276, sodass bereits die leicht fahrlässige Übernahme einer unberechtigten GoA schadet. Für F war durchaus erkennbar, dass er nach seinem nicht unerheblichem Alkoholgenuss nicht fahren durfte.

95   2. Wenn der Geschäftsführer aber – wie hier – tätig wird, um den Geschäftsherrn vor einer drohenden dringenden Gefahr zu bewahren, so gilt auch für das **Übernahmeverschulden** die Haftungsmilderung des **§ 680**.[109]

Bei der Prüfung der Frage, ob F mit dem Antritt der Fahrt die im **Verkehr erforderliche Sorgfalt** im groben Maße missachtet hat, ist zu berücksichtigen, dass die Gefahr, um deren Abwendung es ging, ungewöhnlich groß war: Leib und Leben des H und anderer Verkehrsteilnehmer waren nämlich gefährdet.

Da auch die anderen Freunde den F zu dieser Handlungsweise drängten, hat F deshalb nicht grob fahrlässig gehandelt, als er es in diesem Augenblick an der notwendigen selbstkritischen Prüfung seiner eigenen Fahrtüchtigkeit fehlen ließ.

Ein Anspruch aus § 678 scheidet daher aus.

B. Auch ein Anspruch aus **§ 823 Abs. 1** kommt nicht in Betracht. Ob F den unbeleuchteten Anhänger bei Anwendung äußerster Sorgfalt hätte erkennen können, kann dahinstehen. Da nämlich § 680 auch im Rahmen des § 823 Abs. 1 gilt, setzt die deliktische Haftung ebenfalls grobe Fahrlässigkeit voraus, die hier nicht vorliegt.[110]

---

109   Vgl. BGH, Urt. v. 30.11.1971 – VI ZR 100/70, NJW 1972, 475, 476.
110   Vgl. BGH, Urt. v. 30.11.1971 – VI ZR 100/70, NJW 1972, 475, 476; Palandt/Sprau § 680 Rn. 1.

3. Abschnitt: Irrtümliche Eigengeschäftsführung und angemaßte Eigengeschäftsführung

Fehlt es am Fremdgeschäftsführungswillen, so liegt eine sog. unechte GoA vor. Diese ist in **§ 687** geregelt. Dabei gilt es zwischen der irrtümlichen und der angemaßten Eigengeschäftsführung zu differenzieren.

96

A. Irrtümliche Eigengeschäftsführung

Nach **§ 687 Abs. 1** gelten die GoA-Regeln **nicht**, wenn ein Geschäft in Unkenntnis der Fremdheit geführt wird. Auch eine Genehmigung vermag die Anwendbarkeit der §§ 677 ff. nicht zu begründen.

97

Für den Ausgleich zwischen den Parteien sind dann andere Vorschriften, insbesondere die §§ 987 ff., die §§ 823 ff. und die §§ 812 ff. maßgebend.

B. Angemaßte Eigengeschäftsführung

Eine angemaßte Eigengeschäftsführung i.S.v. **§ 687 Abs. 2** liegt vor, wenn jemand ein fremdes Geschäft in **Kenntnis der Fremdheit** als eigenes führt, ohne dazu berechtigt zu sein.

98

Beispiele: Unautorisierte Veräußerung fremder Sachen; Entgegennahme von Leistungen, die nur dem Geschäftsherrn zustehen.

I. Voraussetzungen

- Es muss ein **objektiv fremdes Geschäft** geführt worden sein.

99

- Der Geschäftsführer muss **positiv wissen**, dass es sich um ein fremdes Geschäft handelt. Die Kenntnis eines Vertreters muss er sich gemäß § 166 zurechnen lassen.

- Der Geschäftsführer muss das Geschäft als eigenes führen wollen **(Eigengeschäftsführungswille)**.

- Der Geschäftsführer darf zur Geschäftsführung **nicht berechtigt** sein.

II. Rechtsfolgen

- § 687 Abs. 2 will den angemaßten Geschäftsführer nicht privilegieren. Es bleiben daher die allgemeinen Vorschriften anwendbar, z.B. die §§ 812, 816, 823, 987 ff.[111]

100

- Daneben steht dem Geschäftsherrn gemäß **§ 687 Abs. 2 S. 1** das Recht zu, den Handelnden wie einen Geschäftsführer ohne Auftrag in Anspruch zu nehmen.

  - Er kann vom Geschäftsführer das durch die Geschäftsführung **Erlangte herausverlangen**, §§ 681 S. 2, 667. Dabei ist – wie bei § 816 Abs. 1 S. 1 – das Erlangte in dem aufgrund des schuldrechtlichen Vertrags zugeflossenen Äquivalent zu sehen.

---

111 Jauernig/Mansel § 687 Rn. 3 ff.

Es erstreckt sich daher auch auf den vom Geschäftsführer erzielten Gewinn, ohne Rücksicht darauf, ob auch der Geschäftsherr diesen gezogen hätte.[112]

- Der Geschäftsherr kann ferner gemäß §§ 681 S. 2, 666 vom Geschäftsführer **Auskunft** und **Rechenschaft** verlangen.

- Außerdem haftet der Geschäftsführer gemäß § 678 auch für die **Zufallsschäden** bei der Durchführung.

101   ■ Nach § 684 S. 1 soll der **Geschäftsherr** aber auch das durch die Geschäftsführung **Erlangte an den Geschäftsführer herausgeben**. Umgekehrt kann der Geschäftsherr nach §§ 687 Abs. 2, 681 S. 2, 667 das durch die Geschäftsführung Erlangte vom Geschäftsführer fordern. Dies scheint in ein „juristisches Karussell" zu führen.[113]

§ 687 Abs. 2 S. 2 kann daher nur so verstanden werden: Wenn der Geschäftsherr vom Geschäftsführer dessen Gewinn aus der Geschäftsführung herausverlangt, muss er umgekehrt dem Geschäftsführer dessen Aufwendungen nach Bereicherungsrecht ersetzen.[114] Die Verweisung bezieht sich demnach **nur** auf Aufwendungen, die der Geschäftsführer nach Bereicherungsrecht ersetzt verlangen kann, nicht hingegen auf das sonst Erlangte, denn diesbezüglich hat der Geschäftsherr ja gerade einen Herausgabeanspruch aus §§ 687 S. 2, 681 S. 2, 667.

4. Abschnitt: GoA und Geschäftsfähigkeit

102   Ansprüche aus GoA können Schwierigkeiten bereiten, wenn der Geschäftsherr oder der Geschäftsführer in der Geschäftsfähigkeit beschränkt ist. Geregelt ist in **§ 682** lediglich die Haftung des nicht voll geschäftsfähigen Geschäftsführers.

A. Nicht voll geschäftsfähiger Geschäftsherr

103   Soweit das Gesetz auf den Willen des Geschäftsherrn abstellt (z.B. §§ 679, 683), ist aus Gründen des Minderjährigenschutzes auf den tatsächlichen oder mutmaßlichen Willen und die Erklärung des **gesetzlichen Vertreters**, also etwa der Eltern, abzustellen.[115]

B. Nicht voll geschäftsfähiger Geschäftsführer

104   Eine früher in der Lit. vertretene Ansicht setzte auch im Rahmen der GoA die Maßstäbe der §§ 104 ff. an, sodass eine (berechtigte) GoA nur unter Anwendung der allgemeinen Regeln zustande kommen konnte.[116]

Dies wird heute aber – richtigerweise – abgelehnt, weil sich Geschäftsbesorgungen vielfach in tatsächlichen Handlungen ohne rechtsgeschäftlichen Bezug erschöpfen und die Versagung des Aufwendungsersatzanspruchs eines geschäftsunfähigen oder minder-

---

112   Ebert ZIP 2002, 2296, 2300 f.

113   Medicus BR Rn. 419.

114   Medicus BR Rn. 419.

115   Vgl. Brox/Walker § 36 Rn. 38.

116   Vgl. MünchKomm/Seiler § 682 Rn. 2 m.N.

jährigen Geschäftsführers unbillig wäre.[117] Teilweise wird differenziert und nur bei Geschäftsbesorgungen rechtsgeschäftlicher Art die §§ 104 ff. hinzugezogen, während es bei Geschäften tatsächlicher Art nicht auf die Geschäftsfähigkeit ankommen soll.[118]

Überwiegend wird von dem Erfordernis der Geschäftsfähigkeit des Geschäftsführers allerdings grundsätzlich abgesehen, mit der Folge, dass der geschäftsunfähige oder beschränkt Geschäftsfähige stets nur nach **§ 682** haftet, andererseits aber Ansprüche nach § 683 und § 684 haben kann.[119]

Bei § 682 handelt es sich nämlich um eine Schutzvorschrift, die dem nicht oder nicht voll Geschäftsfähigen nicht die Eignung als Geschäftsführer absprechen, sondern ihn lediglich einer weniger strengen Haftung unterwerfen will.[120]

5. Abschnitt: Anwendung der GoA-Regeln im Öffentlichen Recht

In der Rspr. und Lit. ist weitgehend anerkannt, dass das Rechtsinstitut der GoA auch im Öffentlichen Recht Anwendung findet, entweder gemäß den **§§ 677 ff. analog** (so die h.M.) oder jedenfalls als Ausdruck eines allgemeinen Rechtsgedankens.[121] **105**

A. Abgrenzung privatrechtliche/öffentlich-rechtliche GoA

Zur Abgrenzung zwischen privatrechtlicher und öffentlich-rechtlicher GoA wird auf das Rechtsverhältnis zwischen Geschäftsherrn und Geschäftsführer[122] abgestellt oder darauf, ob das **Geschäft öffentlich-rechtlicher Natur** gewesen wäre, wenn der Geschäftsherr es selbst vorgenommen hätte.[123] Für Letzteres spricht, dass grundsätzlich für die Abgrenzung zwischen dem Öffentlichen Recht und dem Privatrecht (etwa im Rahmen des § 40 VwGO) maßgebend auf die Rechtsnatur des Rechtsverhältnisses, aus der sich der begehrte Anspruch ergibt, abgestellt wird.[124]

B. Voraussetzungen der analogen Anwendung

Eine analoge Anwendung der §§ 677 ff. BGB setzt zunächst voraus, dass eine **unbeabsichtigte Regelungslücke** besteht. Die Vorschriften des BGB gelten deshalb nicht, wenn für den geltend gemachten Aufwendungsersatz des Hoheitsträgers oder des Bürgers bereits abschließende Spezialvorschriften bestehen.[125] **106**

Beispiele: § 8 Abs. 7 a S. 2 FernstrG (Kosten der Beseitigung einer unerlaubten Sondernutzung); § 8 VwVfG (Kosten der Amtshilfe); § 10 VwVG und die entsprechenden landesrechtlichen Regelungen (Kostenersatz bei Ersatzvornahme)[126]

---

117 Looschelders Rn. 868; MünchKomm/Seiler § 682 Rn. 4 m.w.N.

118 Vgl. MünchKomm/Seiler § 682 Rnr 4 m.w.N.

119 Palandt/Sprau § 683 Rn. 5; Jauernig/Mansel § 682 Rn. 2; Staudinger/Bergmann § 682 Rn. 6.

120 BeckOK/Gehrlein § 682 Rn. 1.

121 Vgl. BVerwG, Urt. v. 28.08.2003 – 4 C 9/02, NVwZ-RR 2004, 84; OVG NRW, Urt. v. 14.03.2013 – 6A 1760/11, RÜ 2013, 393, 395; Maurer, Allgemeines VerwaltungsR, 18. Aufl. 2011, § 29 Rn. 11.

122 BGH, Urt. v. 12.12.1989 – XI ZR 117/89, NJW 1990, 1604, 1605.

123 BGH, Urt. v. 04.12.1975 – VII ZR 218/73, BGHZ 65, 354, 357; Maurer § 29 Rn. 12.

124 Zur Abgrenzung bei § 40 VwGO AS-Skript Verwaltungsrecht AT 1 (2014), Rn. 40 ff.

125 OVG NRW, Urt. v. 12.09.2013 – 20 A 433/11, RÜ 2014, 43, 45.

126 Vgl. BGH, Urt. v. 19.07.2007 – III ZR 20/07; Wolff JA 2008, 669, 670; Linke NWVBl. 2007, 451, 453 f.

Ferner ist eine **vergleichbare Interessenlage** erforderlich. Dazu bedarf es im Einzelfall der Prüfung, ob die Anwendung der Grundsätze der GoA mit dem geltenden Verfassungs- und Verwaltungsrecht in Einklang zu bringen sind.[127] Dabei gilt es im Wesentlichen **vier Fallgruppen** zu unterscheiden:

1. Hoheitsträger wird für anderen Hoheitsträger tätig

107 Bei dieser Fallgruppe scheidet i.d.R. eine analoge Anwendung der §§ 677 ff., also die Annahme einer öffentlich-rechtlichen GoA, mangels einer vergleichbaren Interessenlage aus.[128] Eine Ausnahme wird von der h.M. nur dann anerkannt, wenn ein Notfall vorliegt, d.h., wenn ein Einschreiten des zuständigen Hoheitsträgers nicht möglich oder nicht erfolgversprechend ist.

Beispiele: Stadt lässt Öllache auf Bundeswasserstraße beseitigen;[129] gemeindliche Feuerwehr beseitigt Ölspuren auf Landstraße.

2. Hoheitsträger besorgt Geschäft des Bürgers

In dieser Fallgestaltung scheidet oftmals eine analoge Anwendung der GoA-Vorschriften jedenfalls schon deshalb aus, weil **abschließende Spezialvorschriften** bestehen und es damit an der erforderlichen Regelungslücke fehlt. Schreitet etwa eine Behörde zur Gefahrenabwehr im Wege der Ersatzvornahme ein, so greifen spezialgesetzliche Regressansprüche gegen den Störer aus dem Polizei- und Vollstreckungsrecht ein.[130]

Fehlt es an solchen Spezialvorschriften oder sind ihre Voraussetzungen nicht erfüllt, wendet die Rspr. die §§ 677 ff. analog an.

Beispiele: Löschung eines Waldbrandes oder Sicherung eines umgestürzten Tankwagens durch die Feuerwehr;[131] Absperrung des Gefahrenbereichs wegen durch chemische Reaktion hervorgerufener Rauchentwicklung;[132] Leistungsgewährung eines Versorgungsträgers an Unterhaltsberechtigte eines scheinbar Verschollenen.[133]

Diese Rspr., die nicht nur bei gänzlichem Fehlen einer Spezialermächtigung, sondern auch, wenn formale Voraussetzungen der Spezialgesetze nicht erfüllt sind, eine lückenfüllende Anwendung der GoA befürwortet, wird von der ganz h.L. unter dem **Gesichtspunkt der Gesetzmäßigkeit der Verwaltung** (Art. 20 Abs. 3 GG) abgelehnt.[134] Da Kostenfragen wesentlich sind, unterfallen sie dem Grundsatz vom **Vorbehalt des Gesetzes**. Dieser Grundsatz darf durch die Anwendung der GoA-Vorschriften nicht umgangen werden.[135]

---

127 OVG NRW, Urt. v. 14.03.2013 – 6A 1760/11, RÜ 2013, 393, 395.
128 Zu den Gründen im Einzelnen vgl. AS-Skript Verwaltungsrecht AT 2 (2015), 4. Abschnitt.
129 OVG NRW, Urt. v. 12.09.2013 – 20 A 433/11, RÜ 2014, 43.
130 BeckOK/Gehrlein § 677 Rn.27.
131 Vgl. Franßen/Blatt NJW 2012, 1031.
132 OLG Hamm, Urt. v. 20.10. 2011 – 6 U 116/11, NJW 2012, 1088.
133 BGH, Urt. v. 19.09.1963 – VII ZR 12/62, NJW 1963, 2315.
134 Vgl. BeckOK/Gehrlein § 677 Rn. 27 m.w.N.
135 Vgl. Nissen, RÜ 2012, 467, 468; Schoch Jura 1994, 241, 245; Staake JA 2004, 800, 803.

3. Bürger handelt für Hoheitsträger

Wegen vergleichbarer Interessenlage wird in dieser Fallkonstellation überwiegend eine **108** analoge Anwendung der GoA-Vorschriften für möglich gehalten, sofern gerade die Aufgabenwahrnehmung durch den Privaten dem **öffentlichen Interesse** entspricht.

Umstritten sind jedoch die Anforderungen im Einzelnen:

- Teilweise wird ein öffentliches Interesse nur in echten Notfallsituationen bejaht, also bei dringender Gefahr für Leben, Gesundheit oder für andere wichtige Rechtsgüter und wenn der Verwaltungsträger zum Handeln außerstande ist oder pflichtwidrig nicht handelt.[136]

- Dagegen gelten nach der Auffassung des BVerwG geringere Anforderungen. Demnach dürfen keine spezifisch hoheitlichen Befugnisse wahrzunehmen sein (z.B. Wahrnehmung polizeilicher Aufgaben), der Bürger darf in seiner Geschäftsführung nicht ein bestehendes staatliches Ermessen unterlaufen und sofern Rechtsschutzmöglichkeiten bestehen, müssen diese vom Bürger grundsätzlich ausgeschöpft werden.[137]

Beispiele: Herstellung einer Kanalisation oder sonstiger Erschließungsanlagen durch den Bürger anstelle der Gemeinde;[138] Ausbesserung einer Uferbefestigung zum Schutz eines Tanklagers;[139] Anschaffung von Schulbüchern.[140]

4. Bürger handelt für anderen Bürger

Für den Fall, dass eine Privatperson für eine andere tätig wird, ist eine analoge Anwen- **109** dung der § 677 ff. nach h.M. ausgeschlossen. Es ist nämlich vielmehr der direkte Anwendungsbereich der GoA-Vorschriften betroffen. Das gilt selbst dann, wenn der Geschäftsführer öffentlich-rechtliche Pflichten erfüllt.[141]

Beispiele: Nachbar nimmt die öffentlich-rechtliche Verpflichtung zum Schneeräumen für den Hauseigentümer wahr; Geschäftführer erfüllt eine öffentlich-rechtlich begründete Bestattungspflicht (vgl. dazu Fall 2).

---

136 Maurer § 29 Rn. 11.

137 BVerwG, Urt. v. 06.09.1988 – 4 C 5/86, NJW 1989, 922 f.

138 BGH, Urt. v. 22.01.1998 – VII ZR 307/95, BGHZ 138, 281.

139 BVerwG, Urt. v. 06.09.1988 – 4 C 5/86, NJW 1989, 922.

140 OVG NRW, Urt. v. 14.03.2013 – 6A 1760/11, RÜ 2013, 393 ff.

141 Vgl. BGH, Urt. v. 24.10.1974 – VII ZR 223/72, NJW 1975, 207, 208; Maurer § 29 Rn. 11; Schoch Jura 1994, 242, 247.

3. Teil: Bereicherungsrecht

110 Das Bereicherungsrecht ist in den **§§ 812–822** geregelt. Außerdem verweisen zahlreiche Vorschriften des Zivilrechts auf das Bereicherungsrecht (Rn. 116 ff.). Im Unterschied zum Schadensersatzrecht ist das Bereicherungsrecht nicht darauf gerichtet, Nachteile zu ersetzen, sondern es sollen lediglich **ungerechtfertigt zugeflossene Vorteile** abgeschöpft werden.

Das Bereicherungsrecht regelt jeweils fünf Fälle der **Leistungskondiktion** und der **Nichtleistungskondiktion**. Im Verhältnis zur Leistungskondiktion ist die Nichtleistungskondiktion grundsätzlich subsidiär. Sonderfälle der Nichtleistungskondiktion enthalten die § 816 und § 822. Sie sind vorrangig vor der allgemeinen Nichtleistungskondiktion aus § 812 Abs. 1 S. 1 Alt. 2 zu prüfen.

1. Abschnitt: Anwendbarkeit der §§ 812 ff.

A. Verhältnis zu vertraglichen Ansprüchen

111 Neben einem **vertraglichen Erfüllungsanspruch** besteht kein Bereicherungsanspruch. Ferner haben die vertragliche Rückabwicklung und die Abwicklung nach den Grundsätzen der Störung der Geschäftsgrundlage (§ 313) Vorrang vor der bereicherungsrechtlichen Rückabwicklung.

Liegen die Voraussetzungen eines gesetzlichen **Rücktritts-** oder **Widerrufsrechts** vor, ist die Leistungskondiktion nicht anwendbar, da diese Vorschriften spezieller sind. Auch die Regeln über die **Sachmängelgewährleistung** (z.B. §§ 434, 634) sind legis specialis und ihre Wertung darf durch das Bereicherungsrecht nicht unterlaufen werden.

Beispiel: So kann etwa der Käufer, der einen Mangel, ohne dem Verkäufer vorher eine Frist zu setzen, eigenmächtig beseitigt, vom Verkäufer nicht Ersatz seiner ersparten Aufwendungen nach Bereicherungsrecht verlangen.

B. Verhältnis zur Geschäftsführung ohne Auftrag

Die **berechtigte GoA** ist **Rechtsgrund** i.S.d. § 812 Abs. 1, sodass Ansprüche aus den   **112**
§§ 812 ff. ausscheiden, wenn die Voraussetzungen der §§ 677, 683 vorliegen. Umstritten ist allerdings, ob bei nichtigen Verträgen, die auf eine Geschäftsführung gerichtet sind (Dienst-, Werk- oder Geschäftsbesorgungsverträge), die §§ 677 ff. oder die §§ 812 ff. anwendbar sind. Nach der Rechtsprechung ist zu unterscheiden:

- Nach Ansicht der Rspr. gelten die §§ 677 ff. auch für **nichtige Verträge**. Ergibt sich danach ein Anspruch auf Aufwendungsersatz, ist die Anwendung der §§ 812 ff. ausgeschlossen (s.o., Fall 7).

- Beruht die Nichtigkeit des Vertrags auf einem Gesetzesverstoß oder auf Sittenwidrigkeit, ergibt sich kein Anspruch des Geschäftsführers aus GoA, da er seine Aufwendungen nicht i.S.d. § 670 **für erforderlich halten durfte**. Der Geschäftsführer hat dann Ansprüche aus den §§ 812 ff.

C. Verhältnis zu sachenrechtlichen Vorschriften

Nach ganz h.M. schließen die §§ 987 ff. als Sondervorschriften eine Anwendung der   **113**
Nichtleistungskondiktion im Eigentümer-Besitzer-Verhältnis grundsätzlich aus.[142] Nicht in den §§ 987 ff. geregelt und daher auch nicht ausgeschlossen sind aber Ansprüche wegen der Veräußerung, des Verbrauchs oder der Verarbeitung der Sache. Der Eigentümer kann daher bei einer Veräußerung durch den unrechtmäßigen Besitzer Ansprüche aus § 816 Abs. 1 geltend machen, bei einem Verbrauch der Sache Wertersatz gemäß §§ 812 Abs. 1 S. 1 Alt. 2, 818 Abs. 2 verlangen und bei einer Verarbeitung gemäß §§ 951, 812 vorgehen.

Umstritten ist das Verhältnis der §§ 987 ff. zur **Leistungskondiktion**.   **114**

- Nach der Rspr. und einem Teil der Lit. sind die §§ 987 ff. Sonderregeln, die auch eine Anwendung der Leistungskondiktion grundsätzlich ausschließen.[143]

- Andere gehen hingegen davon aus, dass entweder bereicherungsrechtliche Ansprüche neben den Ansprüchen aus §§ 987 ff. bestehen oder diesen sogar vorgehen.[144]

---

142   Vgl. Palandt/Bassenge Vorb v § 987.
143   BGH, Urt. v. 19.05.2000 – V ZR 453/99, RÜ 2000, 405, 408.; Palandt/Bassenge Vorb v § 987.
144   Kindl JA 1996, 115, 120 f.; 201, 204; Roth JuS 1997, 897, 899 f.

D. § 812 bei nichtigen Dauerschuldverhältnissen

115 Bei nichtigen Dauerschuldverhältnissen entsteht häufig das Problem, dass diese bereits **in Vollzug gesetzt** wurden und die Parteien über lange Zeit ihre gegenseitigen Vertragspflichten erbracht haben. Im Fall der Rückabwicklung entstehen dann Schwierigkeiten, da der Rückaustausch der Leistungen kaum noch möglich ist.

Dennoch erfolgt bei den meisten Dauerschuldverhältnissen (z.B. Miete, Pacht, Leihe, Verwahrung) eine Rückabwicklung über die §§ 812 ff. Im Bereich des Arbeits- und Gesellschaftsrechts haben das BAG sowie der BGH jedoch die Sonderformen eines sog. **fehlerhaften Arbeitsverhältnisses** sowie einer fehlerhaften Gesellschaft geschaffen. Hierbei werden die an sich unwirksamen Vertragsbeziehungen als wirksam behandelt, sodass für den Zeitraum, in welchem ein Vollzug des nichtigen Vertrages erfolgte, eine Rückabwicklung nicht stattfindet. Insoweit finden die **§§ 812 ff. keine Anwendung**.[145]

Klausurhinweis: *Die von der Rspr. geschaffenen Institute des fehlerhaften Arbeitsverhältnisses und der fehlerhaften Gesellschaft sind systematisch als Rechtsgrund i.S.d. § 812 einzuordnen. Daher hat die Prüfung, ob ein solches Verhältnis vorliegt, an dieser Stelle zu erfolgen.*

E. Verweise auf das Bereicherungsrecht

116 Das Gesetz enthält eine Vielzahl von Vorschriften, die auf das Bereicherungsrecht verweisen (z.B. §§ 346 Abs. 3 S. 2, 347 Abs. 2 S. 2, 516 Abs. 2 S. 3, 628 Abs. 1, 682, 684 S. 1, 852 S. 1, 951 Abs. 1 S. 1, 988, 993 Abs. 1). Dabei stellt sich stets die Frage, ob es sich um einen **Rechtsgrundverweis** handelt und deshalb die Voraussetzungen eines bereicherungsrechtlichen Anspruchs zu prüfen sind, oder ob nur auf die Rechtsfolgen **(Rechtsfolgenverweis)** verwiesen wird.

Dies lässt sich selten ohne Weiteres aus dem Wortlaut entnehmen und ist im Einzelnen oftmals streitig. Nach ganz h.M. spricht jedoch eine grundsätzliche **Vermutung** für das Vorliegen eines Rechtsfolgenverweises.[146]

Wichtige **examensrelevante** Ausnahmen von diesem Grundsatz sind:

117 ■ **§ 951** gibt demjenigen, der infolge der §§ 948–950 einen Rechtsverlust erleidet, einen Anspruch auf Vergütung in Geld nach den Vorschriften über die Herausgabe einer ungerechtfertigten Bereicherung gegen denjenigen, zu dessen Gunsten die Rechtsänderung eingetreten ist. Hierbei handelt es sich nach h.M. um einen **Rechtsgrundverweis** (vgl. Rn. 297 f.).

118 ■ Ebenso wird **§ 682**, der den Geschäftsführer, der geschäftsunfähig oder in der Geschäftsfähigkeit beschränkt ist, schützt, nach h.M. als ein **Rechtsgrundverweis** auf das Bereicherungsrecht verstanden.[147]

---

145 Vgl. zu diesem Grundsatz und den Ausnahmen, in welchen auch nach Bereicherungsrecht abgewickelt wird: AS-Skript Arbeitsrecht (2014), Rn. 226 ff.; AS-Skript Gesellschaftsrecht (2014), Rn. 27 f.

146 BeckOK/Wendehorst § 812 Rn. 33; Wörlen/Leinhans JA 2006, 22, 26.

147 Palandt/Sprau § 682 Rn. 2.

■ Auch die Einordnung des **§ 852**, der für den Fall der Verjährung des Anspruchs aus **119** unerlaubter Handlung auf das Bereicherungsrecht verweist, ist streitig. Die frühere Lit. ging überwiegend von einem Rechtsgrundverweis aus, während die heute h.M. einen **Rechtsfolgenverweis** annimmt.[148]

2. Abschnitt: Leistungskondiktionen

Leistung i.S.d. §§ 812 ff. ist die **bewusste und zweckgerichtete Mehrung** fremden Ver- **120** mögens. Eine Rückabwicklung der Leistungsbeziehungen nach den §§ 812 ff. erfolgt immer dann, wenn der Leistungszweck verfehlt ist. Das Gesetz unterscheidet dabei fünf Fälle der Leistungskondiktion:

■ **§ 812 Abs. 1 S. 1 Alt.1:** Es wird eine Leistung zum Zwecke der **Erfüllung einer Verbindlichkeit** erbracht und dieser Zweck wird **von Anfang an** verfehlt (Grundtatbestand der Leistungskondiktion, Rn. 121 ff.).

■ **§ 812 Abs. 1 S. 2 Alt. 1:** Die Leistung erfolgt zum Zwecke der Erfüllung einer Verbindlichkeit. Dieser Zweck wird verfehlt, weil die Verbindlichkeit **nachträglich** wegfällt (Rn. 212 ff.).

■ **§ 812 Abs. 1 S. 2 Alt. 2:** Die Leistung hat einen **anderen Zweck** als die Erfüllung einer Verbindlichkeit und der bezweckte Erfolg tritt nicht ein (Rn. 216 ff.).

■ **§ 813:** Es wird zum Zwecke der Erfüllung einer Verbindlichkeit geleistet und dem Anspruch steht eine **dauernde Einrede** entgegen (Rn. 225 ff.).

■ **§ 817 S. 1:** Der Empfänger der Leistung verstößt gegen ein **gesetzliches Verbot** oder die **guten Sitten** (Rn. 228 ff.).

A. Bereicherungsanspruch gemäß § 812 Abs. 1 S. 1 Alt. 1

Hat der Anspruchsteller dem Anspruchsgegner zum Zwecke der Erfüllung einer **Ver-** **121** **bindlichkeit** einen Gegenstand übertragen, so kann er diesen Gegenstand gemäß § 812 Abs. 1 S. 1 Alt. 1 als das geleistete Etwas zurückverlangen, wenn der rechtliche Grund für die Leistung von Anfang an fehlt (condictio indebiti).

---

148 Wörlen/Leinhans JA 2006, 22, 25; Palandt/Sprau § 852 Rn. 2; BeckOK/Spindler § 852 Rn. 3.

Anspruch aus § 812 Abs. 1 S. 1 Alt. 1

A. Voraussetzungen

   I. Etwas erlangt: Etwas i.S.v. § 812 Abs. 1 ist jeder Vermögensvorteil

   II. Durch Leistung: Gewollte und zweckgerichtete Mehrung fremden Vermögens; Leistungszweck bei dieser Kondiktion ist die Erfüllung einer Verbindlichkeit

   III. Ohne Rechtsgrund: Wenn der Leistungszweck verfehlt wurde

B. Kein Ausschlussgrund

   I. § 814: Kenntnis der Nichtschuld; Anstandspflicht

   II. § 817 S. 2 analog: Gesetzes- oder Sittenverstoß des Leistenden

C. Rechtsfolgen

- **§ 812:** Herausgabe des Erlangten

- **§ 818 Abs. 1:** Nutzungen und Surrogate

- **§ 818 Abs. 2:** Bei Unmöglichkeit der Herausgabe, Wertersatz (objektiver Wert)

- **§ 818 Abs. 3:** Wegfall der Bereicherung

- **§ 818 Abs. 4:** Verschärfte Haftung des Bereicherungsschuldners

---

I. Voraussetzungen

1. Erlangtes Etwas

122 Erforderlich ist zunächst, dass der Bereicherungsschuldner „etwas erlangt" hat. Dies wird zwar im Regelfall ein **Vermögensvorteil** sein, Vermögen ist dabei jedoch großzügig zu begreifen und nicht nur als Vermögenswert zu verstehen.[149] Es reichen auch materiell wertlose Gegenstände (z.B. Liebesbriefe) aus.[150]

Beispiele:

123
- **Eigentum** und **Besitz** an Sachen,

- **beschränkt dingliche** Rechte, insbesondere die Hypothek oder Grundschuld sowie das Anwartschaftsrecht, Auflassung, übertragbare Mitgliedschaftsrechte, immaterielle Rechte, Forderungen usw.,

- **Kreditsicherung**,[151]

- **Gebrauchs-** oder **Nutzungsmöglichkeit** an Sachen oder Rechten,

---

149 Jauernig/Stadler § 812 Rn. 8.
150 Looschelders Rn. 1018.
151 Jauernig/Stadler § 812 Rn. 8.

■ die **Tätigkeit** für einen anderen aufgrund eines vermeintlichen Dienst-, Werk-, Geschäftsbesorgungsvertrags.

Der BGH stellt bei Gebrauchsvorteilen und Dienstleistungen darauf ab, ob Aufwendungen für diese Vorteile oder Leistungen dem Bereicherungsschuldner erspart geblieben sind. Systematisch konsequenter ist es jedoch, das **Erlangte in dem Gebrauchsvorteil oder der Dienstleistung selbst** zu erkennen und die Ersparnis von Aufwendungen sowie eine etwaige Entreicherung erst im Rahmen des § 818 BGB zu behandeln.[152]

Klausurhinweis: Sie sollten immer präzise benennen, was erlangt wurde. Der pauschale Hinweis darauf, dass ein Gegenstand (z.B. das Auto) erlangt wurde, genügt nicht. Erlangt werden kann nur die Rechtsposition, also etwa Eigentum und Besitz am Auto. Ferner brauchen Sie ggf. für die Herausgabeverpflichtung einen konkreten Bezugspunkt.

*Bei einer **Banküberweisung** hat der Empfänger einen Anspruch auf Gutschrift (§ 675 t Abs. 1) erlangt. Wenn unklar ist, ob ein Geldbetrag (z.B. 500 €) in bar oder per Überweisung gezahlt wurde, empfiehlt es sich, neutral zu formulieren: „A hat einen Vermögensvorteil i.H.v. 500 € erlangt."*

2. Leistung i.S.d. § 812 Abs. 1 S. 1 Alt. 1

Im Rahmen des Bereicherungsrechts wird Leistung als jede **bewusste und zweckgerichtete Mehrung fremden Vermögens** definiert.[153]   **124**

Bei dem Anspruch aus § 812 Abs. 1 S. 1 Alt. 1 ist der **Leistungszweck** die **Erfüllung einer Verbindlichkeit**. Der Tatbestand des § 812 Abs. 1 S. 1 Alt. 1 ist das Spiegelbild der Erfüllungslehre: Was zum Zwecke der Erfüllung einer vermeintlichen Verbindlichkeit übertragen worden ist, muss gemäß § 812 Abs. 1 S. 1 Alt. 1 zurückgewährt werden.

Zu dem bewussten Handeln des Bereicherungsgläubigers muss nach h.M. ein finales Element, nämlich die sog. **Zweckbestimmung** kommen.[154] Diese eröffnet dem Schuldner bei mehreren Verbindlichkeiten gemäß **§ 366 Abs. 1** die Möglichkeit, zu bestimmen, auf welches von mehreren Schuldverhältnissen zwischen den Parteien sich die Leistung beziehen, d.h., welches getilgt werden soll.   **125**

Umstritten ist, ob die für den Leistungsbegriff erforderliche Zweckbestimmung rechtsgeschäftlicher oder rein tatsächlicher Natur ist. Dies ist entscheidend für die Frage, ob eine nicht voll geschäftsfähige Person eine Leistung i.S.d. § 812 erbringen kann. Allerdings hat diese Streitfrage im Zwei-Personen-Verhältnis keine praktische Bedeutung. Wenn man davon ausgeht, dass der nicht voll Geschäftsfähige keine Leistung erbringen kann und damit eine Leistungskondiktion ausscheidet, ergibt sich der Anspruch nämlich aus einer Nichtleistungskondiktion (§ 812 Abs. 1 S. 1 Alt. 2).[155]

3. Ohne rechtlichen Grund

Jeder Anspruch aus § 812 hat zur Voraussetzung, dass die Vermögensverschiebung ohne rechtlichen Grund erfolgt. Dies ist i.d.R. dann der Fall, wenn ein die **Vermögens-**   **126**

---

152 Looschelders Rn. 1020 m.w.N.

153 BGH, Urt. v. 04.02.1999 – III ZR 56–98, JZ 2000, 53, 55; Palandt/Sprau § 812 Rn. 3; Erman/Buck-Heeb § 812 Rn. 10 ff.

154 BeckOK/Wendehorst § 812 Rn. 46.

155 Zur Rechtsnatur der Zweckbestimmung vgl. Erman/Buck-Heeb § 812 Rn. 13.

verschiebung rechtfertigender Grund nicht vorliegt. In den Fällen der Leistungskondiktion bedeutet die Rechtsgrundlosigkeit, dass der Leistende den mit der Leistung verfolgten Zweck nicht erreicht hat. Bei dem Anspruch aus § 812 Abs. 1 S. 1 Alt. 1 besteht der Leistungszweck in der Erfüllung einer Verbindlichkeit, sodass die Leistung ohne rechtlichen Grund erfolgt, wenn der **Zweck, die Verbindlichkeit zu erfüllen, nicht erreicht** wird.[156]

a) Nichtbestehen einer Verbindlichkeit

127 Der **häufigste** (und examensrelevanteste) **Fall** der Leistungskondiktion aus § 812 Abs. 1 S. 1 Alt. 1 ist der Fall der Zweckverfehlung wegen **Nichtbestehens einer Verbindlichkeit**. Dabei ist der Grund für das Nichtbestehen unerheblich. Er kann etwa darauf beruhen, dass

- zwischen den Parteien **keine Einigung** erzielt worden ist oder

- **Nichtigkeitsgründe** eingreifen (z.B. mangelnde Geschäftsfähigkeit, §§ 104 ff.; Formmangel, § 125; Sittenwidrigkeit, § 138; wirksame Anfechtung, § 142[157]).

b) Schuldner erbringt Leistung, ohne dass Erfüllung eintritt

Die Kondiktion gemäß § 812 Abs. 1 S. 1 Alt. 1 greift aber auch dann ein, wenn der Zweck der Erfüllung einer Verbindlichkeit aus anderen Gründen verfehlt wird.

- § 812 Abs. 1 S. 1 Alt. 1 ist etwa auch dann einschlägig, wenn ein anderer Gegenstand als der geschuldete, also ein sog. **Aliud** geliefert wird.[158]

Vor diesem Hintergrund kann sich eine problematische Überschneidung mit dem Kauf- und Werkvertragsrecht ergeben. Denn gemäß §§ 434 Abs. 3, 633 Abs. 2 S. 3 wird die **Aliud-Lieferung** einem Sachmangel gleichgestellt.

Beispiel: K kauft bei V ein Fernsehgerät für 500 €. Infolge eines Versehens des Auslieferungsfahrers liefert V ein erheblich wertvolleres Gerät einer anderen Marke. K erkennt die Verwechselung sofort und freut sich. V verlangt von K das Gerät heraus.

I. Ein Anspruch auf Herausgabe des Geräts gemäß § 985 kommt nicht in Betracht, weil V das Gerät dem K hat aushändigen lassen mit dem Willen, den Kaufvertrag zu erfüllen und das Eigentum daran zu übertragen. Somit ist das Eigentum an dem Gerät nach § 929 übergegangen.
II. Anspruch auf Herausgabe des Geräts gemäß § 812 Abs. 1 S. 1 Alt. 1
1. K hat Eigentum und Besitz an dem Gerät erlangt.
2. Dies geschah auch durch Leistung zum Zwecke der Erfüllung des Kaufvertrags.
3. Der Erwerb erfolgte ferner ohne Rechtsgrund, wenn keine Erfüllungswirkung eingetreten ist. Nach § 434 Abs. 3 steht es einem Sachmangel gleich, wenn eine andere Sache geliefert wird. Daher könnte man meinen, dass der Kaufvertrag erfüllt worden ist. Falschlieferungen stehen jedoch nur einem Sachmangel gleich, wenn aus der Sicht des Käufers der Verkäufer mit der Lieferung seine Verpflichtung aus dem Kaufvertrag erfüllen wollte.

Hier hat der Käufer erkannt, dass es sich um ein Versehen handelt, da ein höherwertiger Gegenstand geliefert worden ist. Somit ist keine Erfüllung eingetreten. Im Übrigen würde es zu unbilligen Ergebnissen führen, wenn man die Lieferung eines höherwertigen Aliuds einer Schlechtlieferung gleich-

---

156 Erman/Buck-Heeb § 812 Rn. 44.

157 H.M. Looschelders Rn. 1032; Staudinger/Lorenz § 812 Rn. 87; a.A. Palandt/Sprau § 812 Rn. 26, der von § 812 Abs. 1 S. 2 – Wegfall des rechtlichen Grundes – ausgeht.

158 jurisPK/Martinek § 812 Rn. 37.

stellen würde. Der Käufer könnte sich bei Annahme eines Mangels der Rückforderung des Verkäufers entziehen. Deshalb kann der Verkäufer bei Lieferung eines höherwertigen Aliuds dieses beim Käufer Zug um Zug gegen Lieferung des geschuldeten Gegenstands kondizieren.[159]
K ist also zur Rückübertragung des Eigentums an dem gelieferten Fernseher Zug um Zug gegen Lieferung des gekauften Gerätes verpflichtet.

Liefert hingegen der Verkäufer ein minderwertiges Aliud, so sind die Gewährleistungsregeln spezieller.[160]

■ Der **nicht voll geschäftsfähige Gläubiger**, der ohne Einverständnis des gesetzlichen Vertreters die geschuldete Leistung entgegennimmt, muss diese gemäß § 812 Abs. 1 S. 1 Alt. 1 zurückgeben, da zwar die zu erfüllende Verbindlichkeit bestand, aber die Erfüllungswirkung nach der herrschenden **Theorie der realen Leistungsbewirkung** nicht eingetreten ist, weil dem Minderjährigen die Empfangszuständigkeit fehlt.[161] | **128**

Beispiel: Der 16-jährige G bestellt mit Zustimmung seiner Eltern bei S ein Mofa, das er an seinem Geburtstag abholen soll. G holt sich jedoch ohne Zustimmung seiner Eltern schon drei Tage vorher das Mofa ab, schwänzt die Schule und unternimmt mehrere Spritztouren. Als die Eltern als Vertreter des G Lieferung eines weiteren Mofas verlangen, fordert S das bereits gelieferte Mofa zurück.

I. Der Anspruch auf Lieferung eines neuen Mofas ergibt sich aus § 433 Abs. 1. Der Kaufvertrag ist durch die Übereignung des ersten Mofas nicht erfüllt worden, da der geschäftsbeschränkte Gläubiger die geschuldete Leistung nicht selbst mit befreiender Wirkung entgegennehmen kann, da ihm die Empfangszuständigkeit fehlt. Diese hat sein gesetzlicher Vertreter.
II. Der Anspruch auf Rückgabe des von G abgeholten Mofas ergibt sich aus § 812 Abs. 1 S. 1 Alt. 1. Der G hat Eigentum und Besitz an dem Mofa erlangt. Dies geschah auch durch Leistung des S, da er gewollt und zweckgerichtet das Vermögen des G gemehrt hat.

Die Leistung erfolgte ohne Rechtsgrund, da der Zweck der Leistung, den Kaufvertrag zu erfüllen, verfehlt wurde. Mangels Empfangszuständigkeit ist die Erfüllungswirkung nicht eingetreten. Somit besteht ein Rückforderungsanspruch des S aus § 812 Abs. 1 S. 1 Alt. 1.

Eine Ausnahme von der Regel, dass an einen Geschäftsunfähigen nicht mit Erfüllungswirkung geleistet werden kann, statuiert **§ 105 a**. Danach gilt ein Vertrag, der ein Geschäft des täglichen Lebens zum Gegenstand hat und durch einen volljährigen Geschäftsunfähigen geschlossen wird, als wirksam, sobald Leistung und Gegenleistung bewirkt sind. | **129**

Beispiel: Der geisteskranke volljährige G kauft sich eine Tageszeitung, die er bezahlt und die ihm sogleich übergeben wird. Als der Zeitungshändler Z feststellt, dass dies die letzte Zeitung war, verlangt er sie von G heraus, da er sie selbst noch nicht gelesen hat.

Ein Anspruch aus § 812 Abs. 1 S. 1 Alt. 1 besteht nicht. G hat zwar Eigentum und Besitz an der Zeitung durch Leistung des Z erlangt, jedoch besteht hierfür ein Rechtsgrund. Auch wenn grundsätzlich die Willenserklärung des G hinsichtlich des Kaufvertrags nach § 105 Abs. 1 unwirksam ist, so wird der zunächst nichtige Vertrag mit ex-nunc-Wirkung wirksam, wenn Leistung und Gegenleistung bewirkt worden sind.[162] Dieser Kaufvertrag ist wirksam erfüllt worden. Dies ergibt sich zwar nicht unmittelbar aus dem Wortlaut des § 105 a, es entspricht jedoch dem Sinn der Norm, die dem geschäftsunfähigen Volljährigen einen gewissen rechtsgeschäftlichen Handlungsspielraum ermöglichen will.

Somit hat Z keinen Anspruch aus § 812 Abs. 1 S. 1 Alt. 1.

---

159 Vgl. Palandt/Weidenkaff § 434 Rn. 57.
160 Staudinger/Lorenz § 812 Rn. 89.
161 AS-Skript Schuldrecht AT 2 (2014), Rn. 8.
162 Palandt/Ellenberger § 105 a Rn. 6.

II. Ausschlussgründe

Der Anspruch aus § 812 Abs. 1 S. 1 Alt. 1 ist ausgeschlossen, wenn die Voraussetzung des § 814 oder des § 817 S. 2 analog vorliegen.

1. Ausschluss gemäß § 814

130 Nach **§ 814** kann die zur Tilgung einer Verbindlichkeit erbrachte Leistung nicht zurückgefordert werden, wenn der Leistende gewusst hat, dass er zur Leistung nicht verpflichtet war oder die Leistung einer Sitten- oder Anstandspflicht entsprach.

a) Kenntnis der Nichtschuld

131 Für den Ausschlussgrund gemäß **§ 814 Alt. 1** ist es nicht ausreichend, dass der Leistende an seiner Leistungspflicht nur gezweifelt hat. Ferner genügt es nicht, dass der Leistende nur die Umstände kennt, die ihn zur Verweigerung der Leistung berechtigen, sondern er **muss wissen**, dass er nach der Rechtslage nichts schuldet.[163]

Dass der Leistende weiß, dass er aufgrund der Rechtslage nichts schuldet, ist bei der Leistungskondiktion nur denkbar in den Fällen des § 812 Abs. 1 S. 1 Alt. 1 und des § 813. § 814 gilt also nicht für alle Leistungskondiktionen.[164] Auf die Nichtleistungskondiktion findet § 814 ebenfalls keine Anwendung.[165]

Ist das Rechtsgeschäft anfechtbar, so kann man rein begrifflich auch die Kenntnis von der Nichtschuld bejahen, da gemäß **§ 142 Abs. 2** die Kenntnis der Anfechtbarkeit der Kenntnis der Nichtigkeit des Rechtsgeschäfts gleichsteht. Es ist jedoch zu differenzieren:

132 ■ Kann nicht der Leistende, sondern lediglich der **Empfänger der Leistung** das Rechtsgeschäft anfechten und hat er dieses Recht im Zeitpunkt der Leistung noch nicht ausgeübt, so schließt § 814 die Rückforderung der Leistung **nicht** aus.[166]

Beispiel: V verkauft an K ein Pferd und täuscht ihn dabei arglistig über dessen Verwendbarkeit als Reit- und Dressurpferd. Als sich nach Übergabe herausstellt, dass es sich bei dem Pferd um einen Pflegefall handelt, erklärt K die Anfechtung. V verlangt Herausgabe des Pferdes.

Obwohl V die Anfechtbarkeit des Rechtsgeschäfts kannte, ist man sich im Ergebnis darüber einig, dass § 814 der Rückforderung nicht entgegensteht. In der Rspr.[167] wird dabei davon ausgegangen, dass bereits der von § 814 objektiv vorausgesetzte Umstand, nämlich das Fehlen einer (für den Leistenden uneingeschränkten) Leistungspflicht, nicht gegeben ist, da der Leistende sich der Leistungspflicht nicht durch eigenen Entschluss entziehen kann. Die Lit. stellt auf das subjektive Merkmal der Kenntnis von der Nichtschuld ab. Da der Leistende nicht weiß, ob die Anfechtung erfolgt, muss er im Zeitpunkt der Leistung von einem Bestehen der Leistungspflicht ausgehen.[168]

133 ■ Steht jedoch dem **Leistenden selbst** ein Anfechtungsrecht zu, so hat er die Möglichkeit, sich durch das Gestaltungsrecht seiner Leistungspflicht zu entziehen. Dem trägt die Regelung des § 142 Abs. 2 Rechnung, derzufolge die Kenntnis der Anfechtbarkeit

---

163 BGH, Urt. v. 17.10.2002 – III ZR 58/02, NJW 2002, 3772, 3773.
164 Jauernig/Stadler § 814 Rn. 2.
165 Palandt/Sprau § 814 Rn. 2.
166 BGH, Urt. v. 20.02.2008 – VIII ZR 334/07, RÜ 2008, 291.
167 BGH, Urt. v. 20.02.2008 – VIII ZR 334/07, RÜ 2008, 291.
168 Staudinger/Lorenz § 814 Rn. 3.

der Kenntnis der Nichtigkeit des Rechtsgeschäfts gleichsteht. Der Leistende soll nicht kondizieren dürfen, wenn er geleistet hat, obwohl er wusste, dass er sich von seiner Leistungspflicht wegen der Anfechtbarkeit hätte befreien können. Er würde sich zu seinem eigenen **Verhalten in Widerspruch** setzen, wenn er später das Geleistete wieder zurückfordern könnte (venire contra factum proprium). § 814 ist insofern eine besondere Ausprägung des Grundsatzes von Treu und Glauben.[169]

b) Sitten- oder Anstandspflicht

Die Leistung kann auch dann gemäß **§ 814 Alt. 2** nicht zurückgefordert werden, wenn die Leistung einer Sitten- oder Anstandspflicht entsprach. Die Voraussetzungen dieses Ausschlussgrundes sind rein **objektiv** zu bestimmen, auf die Kenntnis der konkret Beteiligten von den die Anstandspflicht begründenden Umständen kommt es nicht an.[170]   **134**

Beispiele: Die Gewährung eines angemessenen Trinkgeldes entspricht einer allgemeinen Anstandspflicht und kann daher nicht kondiziert werden. Die Gewährung von Unterhalt an Verschwägerte ist eine Sitten- oder Anstandspflicht.[171] Dagegen fallen Unterhaltsleistungen, die der Scheinvater an ein vermeintlich von ihm stammendes Kind erbringt, nicht unter § 814 Alt. 2.[172]

2. Ausschluss gemäß § 817 S. 2

Die Leistungskondiktion ist nach § 817 S. 2 ausgeschlossen, wenn der Leistende gegen ein gesetzliches Verbot oder gegen die guten Sitten verstoßen hat.   **135**

a) Anwendungsbereich

Dem Wortlaut nach bezieht sich der Ausschlussgrund in § 817 S. 2 nur auf die Kondiktion aus § 817 S. 1, nämlich: „Wenn dem Leistenden gleichfalls ein solcher Verstoß zur Last fällt". Anerkannt ist jedoch, dass § 817 S. 2 für die **übrigen Fälle der Leistungskondiktion analog** gilt.[173]

Diese Analogie lässt sich auch auf einen „Erst-recht"-Schluss stützen: Wenn im Rahmen des § 817 der Leistende auch von einem selbst sittenwidrig handelnden Leistungsempfänger die Leistung nicht zurückfordern können soll, darf er dies **erst recht** nicht gegenüber einem Empfänger, der selbst nicht sittenwidrig handelt. Anderenfalls würde § 817 S. 2 auch durch § 812 Abs. 1 S. 1 Alt. 1 umgangen werden, da ein beiderseitiger Sittenverstoß gemäß § 138 zur Nichtigkeit des Grundgeschäfts und damit zu einem Anspruch aus § 812 Abs. 1 S. 1 Alt. 1 führt.

Eine analoge Anwendung des § 817 S. 1 auf die Nichtleistungskondiktion wird dagegen zu Recht abgelehnt.[174]

---

169 MünchKomm/Schwab § 814 Rn. 2.

170 BeckOK/Wendehorst § 814 Rn. 13.

171 OLG München, Urt. v. 15.07.2004 – 29 U 2635/03, NJW-RR 2004, 1442, 1444.

172 BeckOK/Wendehorst § 814 Rn. 14.

173 Brox/Walker § 42 Rn. 11; Palandt/Sprau § 817 Rn. 2; BeckOK/Wendehorst § 817 Rn. 11; MünchKomm/Schwab § 817 Rn. 10; Staudinger/Lorenz § 817 Rn. 10.

174 BGH, Urt. v. 09.10.1991 – VIII ZR 19/91, RÜ 1992, 79.

Streitig ist, ob § 817 S. 2 **analog auch auf andere Ansprüche** aus GoA, Delikt (§ 826) oder Eigentum (§ 985) anwendbar ist.

■ Die Rspr. lehnt dies mit der Begründung ab, dass es sich bei § 817 S. 2 um eine eng auszulegende Ausnahmevorschrift handele.[175]

■ Demgegenüber geht ein Teil der Lit. von einer analogen Anwendung des § 817 S. 2 auf andere Ansprüche aus, da diese Vorschrift einen allgemeinen Rechtsschutzgedanken enthalte.[176]

■ Nach einer vermittelnden Auffassung[177] ist der Ausschlusstatbestand des § 817 S. 2 zumindest auf Ansprüche aus § 985 zu erstrecken, wenn nicht nur das Kausalgeschäft, sondern auch das dingliche Geschäft nach § 134 bzw. § 138 nichtig ist. Hierfür spricht, dass der Leistende bei einem solchen schweren Mangel nicht besser stehen soll als bei Nichtigkeit des Kausalgeschäfts.[178]

b) Voraussetzungen

136   ■ Es muss ein **objektiver Verstoß** gegen ein Verbotsgesetz oder die guten Sitten vorliegen.

■ Wegen der einschneidenden Wirkung muss nach h.M.[179] darüber hinaus noch ein **subjektives Element** hinzukommen. Der Leistende muss sich des Gesetzes- oder Sittenverstoßes bewusst sein oder sich dieser Einsicht leichtfertig verschlossen haben. Dieses Erfordernis ergibt sich nicht aus dem Wortlaut des § 817 S. 2.

*Hinweis: Entgegen der früher h.M.[180] wird der Vorschrift **kein Strafcharakter** mehr zugemessen, sondern die **heute h.M.**[181] stellt darauf ab, dass dem rechts- oder sittenwidrig Leistenden der Rechtsschutz verweigert werden soll. Außerdem wird auf den Gedanken der Generalprävention verwiesen.[182] Verhält sich der Leistende gesetzes- oder sittenwidrig, soll er damit rechnen müssen, dass er das Geleistete nicht zurückverlangen kann.[183]*

c) Umfang und Einschränkungen

137   Sind die Voraussetzungen des Kondiktionsausschlusses gemäß § 817 S. 2 gegeben, so ist die **Rückforderung des Erlangten ausgeschlossen**. Erforderlich ist dabei eine genaue Definition der Leistung, um den Umfang des Ausschlusses zu bestimmen. Ferner sind Einschränkungen durch den Grundsatz von Treu und Glauben zu beachten.

---

175   BGH, Urt. v. 09.10.1991 – VIII ZR 19/91, RÜ 1992, 79.
176   Vgl. Brox/Walker § 42 Rn. 12.
177   Looschelders Rn. 1055.
178   Looschelders Rn. 1055; Brox/Walker § 42 Rn. 12.
179   Palandt/Sprau § 817 Rn. 8; Looschelders Rn. 1052.
180   RGZ 105, 270, 271; BGHZ 39, 87, 91.
181   BGH, Urt. v. 23.02.2005 – VIII ZR 129/04, NJW 2005, 1490, 1491; Brox/Walker § 42 Rn. 7.
182   Looschelders Rn. 1052.
183   BeckOK/Wendehorst § 817 Rn. 2.

aa) Umfang des Ausschlusses

Besteht die Leistung in der **vorübergehenden Überlassung** einer Sache oder eines Gelddarlehens, so schließt § 817 S. 2 nicht die Rückforderung als solche aus, sondern nur die **vorzeitige Rückforderung**.

Beispiel: Teilzahlungsbank L gewährt dem verzweifelten E einen Ratenkredit in Höhe von 10.000 € mit einer Laufzeit von 60 Monaten. Der effektive Jahreszins soll 32% betragen. Nach Auszahlung des Darlehens erhält E von der Verbraucherzentrale die Auskunft, der Vertrag sei wegen der Zinshöhe nichtig. E verweigert daher die Zahlung der monatlich fälligen Raten. Ansprüche der L gegen E?

A. Anspruch der L auf Zahlung weiterer Raten, **§ 488 Abs. 1**

I. L und E haben sich über die Bestandteile eines Darlehensvertrags geeinigt.

II. Der Darlehensvertrag ist indes gemäß § 138 Abs. 1 nach den Grundsätzen über wucherähnliche Geschäfte nichtig. Es besteht nämlich ein auffälliges Missverhältnis zwischen Leistung und Gegenleistung und der Kreditgeber L hat – subjektiv – die schwächere Lage des E bewusst ausgenutzt. L hat sich zumindest leichtfertig der Erkenntnis verschlossen, dass sich der E nur unter dem Zwang der Verhältnisse auf den ungünstigen Vertrag einließ.[184]

Nach h.M. sind sittenwidrige Geschäfte insgesamt nichtig und nicht nur teilnichtig bezüglich der überhöhten Zinsen.[185]

Die L-Bank kann mithin von E keine weiteren Ratenzahlungen verlangen, weil der Darlehensvertrag nichtig ist.

B. Anspruch der L gegen E auf Rückzahlung des Darlehens aus **§ 812 Abs. 1 S. 1 Alt. 1**

I. Die Voraussetzungen des § 812 Abs. 1 S. 1 Alt. 1 sind gegeben, da L dem E die Darlehenssumme ohne Rechtsgrund geleistet hat.

II. Ferner dürfte dem Rückzahlungsanspruch kein Ausschlussgrund entgegenstehen.

1. Die Rückzahlung ist nicht gemäß **§ 814** ausgeschlossen. Es kann nicht davon ausgegangen werden, dass die L positive Kenntnis von der Nichtigkeit des Darlehensvertrags hatte.

2. Der Ausschlussgrund des **§ 817 S. 2** gilt nach ganz h.M. nicht nur für Ansprüche aus § 817 S. 1. Vielmehr ist § 817 S. 2 auf alle übrigen Fälle der Leistungskondiktion analog anzuwenden, und zwar auch dann, wenn nur der Leistende gesetzes- oder sittenwidrig handelt.

L hat mit der Leistung des Darlehensbetrags – objektiv – sittenwidrig gehandelt. Der subjektive Tatbestand setzt zum einen Tatsachenkenntnis und zum anderen Kenntnis der Sittenwidrigkeit voraus. Doch genügt für den letzteren Umstand, dass sich der Leistende in grob fahrlässiger Weise der Kenntnis verschlossen hat.[186] Nicht erforderlich ist aber Kenntnis von der Nichtigkeitsfolge. Da L zumindest grob fahrlässig die Sittenwidrigkeit nicht erkannt hat, ist der Tatbestand des § 817 S. 2 erfüllt.

Rechtsfolge gemäß § 817 S. 2 ist, dass die erbrachte Leistung, die endgültig in dem Vermögen des Empfängers verbleiben sollte, nicht zurückgefordert werden kann.[187] Da L den Darlehensbetrag **nicht endgültig** dem Empfänger E überlassen wollte, greift insoweit § 817 S. 2 nicht ein. Leistung i.S.d. § 817 S. 2 ist nämlich nicht die Übereignung des Geldes auf Dauer, sondern die **Kapitalüberlassung auf Zeit**. Ausgeschlossen ist daher nur die Rückforderung der Kapitalnutzung. Der Darlehensgeber muss daher dem Darlehensnehmer das Kapital für die – unwirksam – vereinbarte Laufzeit überlassen.[188]

Nach § 817 S. 2 ist damit ausgeschlossen, dass L von E die Darlehenssumme vor Beendigung der Laufzeit von 60 Monaten zurückverlangt. Da die Herausgabe des konkreten Kontoguthabens nach der Laufzeit nicht möglich ist, hat E gemäß § 818 Abs. 2 Wertersatz zu leisten.

---

184 BGH, Urt. v. 19.01.2001 – V ZR 437/99, RÜ 2001, 198, 199 f.

185 Palandt/Ellenberger § 138 Rn. 19; BeckOK/Wendehorst § 138 Rn. 31.

186 BGH, Urt. v. 15.06.1993 – XI ZR 172/92, NJW 1993, 2108.

187 Palandt/Sprau § 817 Rn. 11.

188 BGH, Urt. v. 02.02.1999 – XI ZR 74–98, NJW 1636, 1637.

Fraglich ist, ob als Gegenstand der Bereicherung des E auch die fünfjährige unentgeltliche **Kapitalnutzung** in Betracht kommt und E insoweit auch Wertersatz i.H.d. marktüblichen **Zinses** zahlen muss. § 817 S. 2 hat eine Ordnungsfunktion. Es ist daher sachgerecht, dem sittenwidrig Handelnden das Risiko seines Verhaltens aufzuerlegen, sodass E keinen Wertersatz für die Kapitalnutzung leisten muss. Andernfalls könnte die Bank risikolos arbeiten, weil ihr der übliche Zinssatz regelmäßig zugesprochen werden müsste.[189]

bb) Einschränkungen durch Treu und Glauben

Ferner ist § 817 S. 2 im Hinblick auf den Zweck des Verbotsgesetzes und nach dem Grundsatz von Treu und Glauben (§ 242) einschränkend auszulegen. Dies ist insbesondere von Bedeutung bei den sog. „Schenkkreisen", in Bezug auf den Kauf von Radarwarngeräten und bei einem beiderseitigen Verstoß gegen das Schwarzarbeitergesetz (SchwarzArbG).

■ Die Instanzgerichte[190] gehen teilweise bei den nach dem Schneeballsystem organisierten **Schenkkreisen**.[191] davon aus, dass keine Korrektur über § 242 erfolgt und daher § 817 S. 2 der Rückforderung entgegensteht. Als Grund dafür wird genannt, dass das Potenzial der zur Verfügung stehenden Mitspieler kleiner wird, wenn der Leistende weiß, dass er sein Geld nicht zurückbekommt.

Die ganz **h.M.**[192] nimmt jedoch an, dass **§ 817 S. 2** der **Rückforderung nicht entgegensteht**, da der Ausschluss der Kondiktionen einen Anreiz für den sittenwidrig handelnden Empfänger bilden würde, sein Verhalten fortzusetzen. Das Spiel zielt zugunsten einiger weniger Mitspieler darauf ab, leichtgläubige und unerfahrene Personen auszunutzen und sie zur Zahlung des Einsatzes zu bewegen. Man würde die Initiatoren solcher Spiele zum Weitermachen einladen, wenn sie das durch die sittenwidrige Methode erlangte Geld behalten dürften.

138 ■ **Keine einschränkende Auslegung** des § 817 S. 2 findet statt **beim Kauf von Radarwarngeräten** oder beim Kauf von mobilen Navigationsgeräten, die ein Radarwarngerät enthalten.[193] Obwohl der Kaufvertrag also gemäß § 138 Abs. 1 nichtig ist, kann der Kaufpreis bei einem defekten Gerät nicht zurückgefordert werden, denn durch Radarwarngeräte werden das Gemeinwohl und die Interessen anderer Verkehrsteilnehmer bedroht. Dem Leistenden ist ferner bewusst, dass er sich auf ein verbotswidriges Verhalten vorbereitet und dadurch andere Verkehrsteilnehmer gefährdet. Eine Einschränkung unter dem Gesichtspunkt des § 242 ist demnach nicht vorzunehmen, da der **Käufer** eines Radarwarngerätes **nicht schutzbedürftig** ist.

■ Auch bei einem beiderseitigen Verstoß gegen das **SchwarzArbG** versagt der BGH inzwischen die einschränkende Auslegung des § 817 S. 2.

---

189 BGH, Urt. v. 02.12.1982 – III ZR 90/81, NJW 1983, 1420, 1423.

190 OLG Köln, Urt. v. 06.05.2005 – 20 U 129/04, NJW 2005, 3290, 3291; AG Siegberg, Urt. v. 11.05.2007 – 118 C 69/07, NJW-RR 2007, 1431.

191 Vgl. BGH, Urt. v. 10.11.2005 – III ZR 42/05, NJW 2006, 45, RÜ 2006, 6.

192 BGH, Urt. v. 10.01.2005 – III ZR 72/05, NJW 2006, 44, 45; Jauernig/Stadler § 817 Rn. 4; Palandt/Sprau § 817 Rn. 18; BeckOK/Wendehorst § 817 Rn. 24; Armgard NJW 2006, 2070; Möller NJW 2006, 268; Schmidt JuS 2006, 265.

193 BGH, Urt. v. 23.02.2005 – VIII ZR 129/04, NJW 2005, 1490; Hufnagel NJW 2008, 621; Würdinger JuS 2012, 234, 238.

Fall 9: Arbeit ohne Lohn

Anfang 2014 ließ B vier Reihenhäuser errichten und beauftragte K mit den Elektroinstallationsarbeiten. Als Gegenleistung war schriftlich ein Betrag von 13.800 € vereinbart. Darüber hinaus sollte B an den K weitere 5.000 € in bar zahlen, für die keine Rechnung gestellt werden sollten.

B überwies an K zunächst 10.700 € und zahlte weitere 2.300 € in bar. Nachdem K die Arbeiten abgeschlossen hatte, stellte er im April 2014 seine Schlussrechnung über den Restbetrag i.H.v. 5.800 €. Da B den ausstehenden Betrag nicht begleichen will, erhebt K beim zuständigen Landgericht Klage.

Steht K der geltend gemachte Anspruch zu?

A. K könnte gegen B einen Anspruch auf Werklohn i.H.v. 5.800 € aus **§ 631 Abs. 1** haben.

Dann müssten K und B einen wirksamen Werkvertrag abgeschlossen haben.

I. Mit dem **Werkvertrag** verpflichtet sich der Unternehmer zur entgeltlichen Herstellung eines Erfolgs. K und B haben vereinbart, dass die Klägerin in vier Reihenhäusern des Beklagten Elektroinstallationsarbeiten vornimmt und dafür ein Entgelt i.H.v. 18.800 € erhalten soll. Die Parteien haben sich damit über den Abschluss eines Werkvertrags geeinigt.

II. Der Vertrag könnte jedoch gemäß **§ 134 BGB i.V.m. § 1 Abs. 2 Nr. 2 SchwarzArbG** nichtig sein.

1. Dazu müsste es sich bei § 1 Abs. 2 Nr. 2 SchwarzArbG um ein **Verbotsgesetz** i.S.d. § 134 BGB handeln. Dies sind Gesetze, die ein Rechtsgeschäft wegen seines Inhalts, des mit ihm bezweckten Erfolgs oder aufgrund besonderer Umstände untersagen. § 1 Abs. 2 SchwarzArbG enthält **kein ausdrückliches Verbot**. Deshalb ist durch Auslegung zu ermitteln, ob die Vorschrift ein Verbotsgesetz ist. Nach dem Zweck des Gesetzes ist ein Verbotsgesetz zu bejahen. Es will nämlich nicht nur den tatsächlichen Vorgang der Schwarzarbeit eindämmen, sondern im Interesse der wirtschaftlichen Ordnung den zugrundeliegenden Rechtsgeschäften die rechtliche Wirkung nehmen. Mithin ist § 1 Abs. 2 Nr. 2 SchwarzArbG ein Verbotsgesetz i.S.d. § 134 BGB.

2. Ferner müsste ein **Verstoß** gegen das Verbotsgesetz vorliegen. Gemäß § 1 Abs. 2 Nr. 2 SchwarzArbG leistet Schwarzarbeit, wer **Werkleistungen erbringt oder ausführen lässt** und dabei als Steuerpflichtiger seine sich daraus ergebenden steuerlichen Pflichten nicht erfüllt.

   a) **K** hat **Werkleistungen erbracht**. Er kann dabei gegen steuerliche Pflichten verstoßen haben. Gemäß **§ 14 Abs. 2 S. 1 Nr. 1 UStG** ist der Werkunternehmer bei steuerpflichtigen Werklieferungen oder sonstigen Leistungen im Zusammenhang mit einem Grundstück verpflichtet, eine Rechnung auszustellen. K hat gegen die Pflicht zur Ausstellung einer Rechnung verstoßen. Außerdem hat er mit der Abgabe einer unvollständigen Steuererklärung gegen § 370 AO verstoßen und eine Steuerhinterziehung begangen.

b) B hat Werkleistungen ausführen lassen. Auch er könnte dabei gegen steuerliche Pflichten verstoßen haben. Gemäß § 14 b Abs. 1 UStG ist der Besteller zur Aufbewahrung von Rechnungen verpflichtet, die er erhalten hat. Diese Verpflichtung trifft gemäß § 14 b Abs. 1 S. 4 UStG auch Verbraucher. Sie impliziert die Verpflichtung, sich eine Rechnung ausstellen zu lassen. Gesetzgeberisches Ziel der Rechnungsaufbewahrungspflicht war es, „Ohne-Rechnung-Geschäfte" zu verhindern und nicht nur für den Werkunternehmer, sondern **auch für den Besteller** steuerliche Pflichten zu begründen und damit die Schwarzarbeit wirksam zu bekämpfen.[194] Auch B hat also gegen steuerliche Pflichten und damit gegen § 1 Abs. 2 Nr. 2 SchwarzArbG verstoßen.

3. Der **Verstoß** gegen das Verbotsgesetz **müsste zur Nichtigkeit führen**. Ob dies der Fall ist, ist nach Sinn und Zweck der jeweiligen Verbotsnorm zu beurteilen. Entscheidend ist, ob das Gesetz sich nicht nur gegen den Abschluss des Rechtsgeschäfts wendet, sondern auch gegen seine privatrechtliche Wirksamkeit. Sinn und Zweck des SchwarzArbG ist die Bekämpfung der Schwarzarbeit (§ 1 Abs. 1 SchwarzArbG). Die Regelung in § 1 Abs. 2 Nr. 2 SchwarzArbG macht deutlich, dass dazu auch das Entstehen verheimlichter Steuertatbestände verhindert werden soll. Dieses gesetzgeberische Ziel lässt sich dadurch erreichen, dass Rechtsgeschäfte, die gegen § 1 Abs. 2 Nr. 2 SchwarzArbG verstoßen, nichtig sind.

Sind beide Parteien Adressaten des Verbotsgesetzes und haben **beide Parteien gegen das Gesetz verstoßen**, ist das Rechtsgeschäft grundsätzlich nichtig. Hier liegt ein beiderseitiger Verstoß gegen § 1 Abs. 2 Nr. 2 SchwarzArbG vor.

Die „Ohne-Rechnung-Abrede" der Parteien bezog sich nur auf einen Teil der Gesamtsumme, nämlich 5.000 € von insgesamt 18.800 €. Rechtsfolge könnte daher nur die **Teilnichtigkeit** sein. Teilnichtigkeit setzt aber ein teilbares Rechtsgeschäft voraus. Ein solches liegt jedoch hier nicht vor.

Der zwischen K und B geschlossene Werkvertrag ist gemäß § 134 BGB i.V.m. § 1 Abs. 2 Nr. 2 SchwarzArbG nichtig. K hat gegen B daher keinen Anspruch aus § 631 Abs. 1 BGB.

B. K könnte gegen B ein Anspruch auf Aufwendungsersatz aus **§§ 677, 683 S. 1, 670** zustehen.

1. Fraglich ist, ob die **§§ 677 ff. anwendbar** sind. In der Lit. wird die Auffassung vertreten, dass nichtige Verträge ausschließlich nach den Regeln der Leistungskondiktion abzuwickeln sind. Dagegen sind nach der Rspr. die Regeln über die GoA auch bei nichtigen Verträgen anwendbar. Für die Rspr. spricht, dass derjenige, der aufgrund eines nichtigen Vertrags für jemanden tätig geworden ist, nicht schlechter stehen darf, als derjenige, der aus einem anderen Grund fremdnützig tätig wurde.

---

194 BT-Drs. 15/2573, S. 34.

2. Die Vornahme der Elektroinstallationsarbeiten in den Häusern des B war für K nicht nur ein eigenes Geschäft, das sie aufgrund des Werkvertrags tätigte, sondern **auch ein fremdes Geschäft**.

3. Der erforderliche **Fremdgeschäftsführungswille** wird nach h.M. nicht nur beim objektiv fremden Geschäft, sondern ebenso beim auch fremden Geschäft vermutet.

4. Die Übernahme der Geschäftsführung war zudem interessen- und willensgemäß i.S.d. **§ 683 S. 1**.

5. Gemäß §§ 683 S. 1, 670 kann der Geschäftsführer **Ersatz der erforderlichen Aufwendungen** verlangen. Verstößt der Geschäftsführer gegen ein gesetzliches Verbot, darf er seine Aufwendungen nicht für erforderlich halten. Da K gegen das gesetzliche Verbot des § 1 Abs. 2 Nr. 2 SchwarzArbG verstoßen hat, hat er keinen Anspruch aus §§ 677, 683 S. 1, 670.

C. K könnte gegen B einen Anspruch aus **§ 812 Abs. 1 S. 1 Alt. 1** haben.

1. B hat die Werkleistungen des K und damit ein vermögenswertes **Etwas erlangt**.

2. Eine **Leistung** ist die bewusste und zweckgerichtete Mehrung fremden Vermögens. Der Leistungszweck bei der Kondiktion aus § 812 Abs. 1 S. 1 Alt. 1 muss in der Erfüllung einer Verbindlichkeit bestehen. K hat die Elektroinstallationen zum Zweck der Erfüllung eines Werkvertrags durchgeführt und damit eine Leistung an B erbracht.

3. Die Leistung erfolgte **ohne Rechtsgrund**, da der Werkvertrag gemäß § 134 BGB i.V.m. § 1 Abs. 2 Nr. 2 SchwarzArbG nichtig war.

4. Gemäß § 812 Abs. 1 S. 1 Alt. 1 ist K zur Herausgabe des Erlangten verpflichtet. Da die Werkleistung nicht herausgegeben werden kann, besteht grundsätzlich eine Verpflichtung zum **Wertersatz** gemäß § 818 Abs. 2.

5. Der Bereicherungsanspruch könnte indes gemäß **§ 814** ausgeschlossen sein. Dann müsste K gewusst haben, dass er zur Leistung nicht verpflichtet war. Im Fall des § 814 muss der Leistende positive Kenntnis davon haben, dass er nach der Rechtslage nichts schuldet. Nach der früheren Rspr. des BGH zu der Rechtslage vor Inkrafttreten des aktuellen SchwarzArbG hatte die Vereinbarung einer „Ohne-Rechnung-Abrede" lediglich die Teilnichtigkeit zur Folge. Auch diese Rechtsfolge wurde durch die Anwendung des § 242 weitgehend verändert und sowohl Gewährleistungsansprüche des Bestellers als auch Wertersatzansprüche des Unternehmers für die Werkleistung anerkannt. Es kann daher nicht angenommen werden, dass K positive Kenntnis davon hatte, dass er nicht zur Leistung verpflichtet war. Der Anspruch ist nicht gemäß § 814 ausgeschlossen.

6. Der Anspruch könnte aber gemäß **§ 817 S. 2** ausgeschlossen sein.

a) Dem Wortlaut nach bezieht sich der Kondiktionsausschluss in § 817 S. 2 nur auf die Kondiktion aus § 817 S. 1, d.h. auf Fälle in denen der Leistungsempfänger gegen ein gesetzliches Verbot oder die guten Sitten verstoßen hat. § 817 S. 2

gilt aber erst recht dann, wenn nur der Leistende gegen ein gesetzliches Verbot oder die guten Sitten verstoßen hat. Die Vorschrift ist damit auch im Rahmen einer Leistungskondiktion aus § 812 Abs. 1 S. 1 Alt. 1 **anwendbar**.

b) K müsste mit der Leistung gegen ein gesetzliches Verbot verstoßen haben. K hat vereinbarungsgemäß Elektroinstallationsarbeiten ausgeführt. Die Erbringung derartiger Leistungen als solche ist wertneutral. Ein **Verstoß gegen das Verbotsgesetz des § 1 Abs. 2 Nr. 2 SchwarzArbG** ergibt sich jedoch daraus, dass K die bereits bei Abschluss der vertraglichen Vereinbarung mit B zutage getretene Absicht hatte, die sich aufgrund seiner Werkleistung ergebenden steuerlichen Pflichten nicht zu erfüllen. Durch das SchwarzArbG soll nicht allein der Steuerhinterziehung begegnet und damit ein fiskalischer Zweck verfolgt werden; mit der gesetzlichen Regelung soll vielmehr auch die mit der Schwarzarbeit einhergehende Wettbewerbsverzerrung verhindert oder zumindest eingeschränkt werden. Sie dient damit auch dem Schutz gesetzestreuer Unternehmer und Arbeitnehmer.[195] Entsprechend dieser Zielsetzung verstößt nicht nur die § 1 Abs. 2 Nr. 2 SchwarzArbG widersprechende vertragliche Vereinbarung der Parteien gegen ein gesetzliches Verbot, sondern auch die in Ausführung dieser Vereinbarung erfolgte Leistungserbringung durch K.

c) Der Anwendung des § 817 S. 2 könnten die Grundsätze von Treu und Glauben entgegenstehen. Nach früherer Rspr. wurde § 817 S. 2 bei Wertersatzansprüchen des gegen das SchwarzArbG verstoßenden Werkunternehmens gemäß § 242 korrigiert. Es wurde angenommen, dass der Ausschluss von Bereicherungsansprüchen nicht erforderlich sei, da bereits der Ausschluss vertraglicher Ansprüche, verbunden mit der Gefahr der Strafverfolgung und der Nachzahlung von Steuern und Sozialabgaben zur Durchsetzung des SchwarzArbG ausreiche. Diese Sichtweise hat der BGH aufgegeben, da die Schwarzarbeit insbesondere in der Form der Ohne-Rechnung-Abrede nicht abgenommen, sondern stark zugenommen hat. Schwarzarbeit habe in Deutschland ein alarmierendes Niveau und sei kein Kavaliersdelikt, sondern handfeste Wirtschaftskriminalität.[196] Für die effektive Durchsetzung des Verbots der Schwarzarbeit ist ein Kondiktionsausschluss gemäß § 817 S. 2 erforderlich. Die Vorschrift des § 817 S. 2 ist **nicht nach § 242** zugunsten des Schwarzarbeiters **einzuschränken**.

D. Ein Wertersatzanspruch ergibt sich auch nicht aus **§ 817 S. 1**, da der Rückforderung jedenfalls § 817 S. 2 entgegensteht.

---

195 Vgl. BT-Drs. 15/2573 S. 17.
196 BGH, Urt. v. 10.04.2014 – VII ZR 241/13, NJW 2014, 1805, RÜ 2014, 409.

III. Rechtsfolgen des Bereicherungsanspruchs

Die Ausführungen zu den Rechtsfolgen des Bereicherungsanspruchs gelten nicht nur für die Kondiktion aus § 812 Abs. 1 S. 1 Alt. 1, sondern **grundsätzlich für alle bereicherungsrechtlichen Ansprüche**. Auf Besonderheiten hinsichtlich der Rechtsfolgen wird im Zusammenhang mit der jeweiligen Kondiktion hingewiesen.

Zunächst ein **Überblick** über die möglichen Rechtsfolgen eines bereicherungsrechtlichen Anspruchs. In Klausuren liegen nicht selten die eigentlichen Probleme der Prüfung auf der Rechtsfolgenseite der Kondiktion.

- **§ 812 Abs. 1:** Empfänger muss das **Erlangte herausgeben** (vgl. Rn. 140).

- **§ 818 Abs. 1:** Er muss zudem die gezogenen **Nutzungen** und **Surrogate** herausgeben (vgl. Rn. 141 ff.).

- **§ 818 Abs. 2:** Soweit die Herausgabe des Erlangten, der Nutzungen oder der Surrogate unmöglich ist, besteht die Verpflichtung zum **Wertersatz** (vgl. Rn. 147 ff.).

- **§ 818 Abs. 3:** Es besteht keine Herausgabe- oder Wertersatzpflicht, wenn der Empfänger **entreichert** ist (vgl. Rn. 153 ff.).

- **§ 818 Abs. 4** (§§ 819, 820): **Verschärfte Haftung** des Bereicherungsschuldners nach den allgemeinen Vorschriften (vgl. Rn. 194 ff.).

139

1. Herausgabe des Erlangten

Nach § 812 Abs. 1 S. 1 muss der Bereicherungsschuldner das ohne rechtlichen Grund erlangte herausgeben. Dies gilt nicht nur für den Bereicherungsanspruch aus § 812 Abs. 1 S. 1 Alt. 1 (Grundfall der Leistungskondiktion), sondern auch für die Bereicherungsansprüche aus § 812 Abs. 1 S. 2 Alt. 1 (Wegfall des rechtlichen Grundes), § 812 Abs. 1 S. 2 Alt. 2 (Zweckverfehlung) und § 813. Den **weiteren Umfang** des Bereicherungsanspruchs bestimmt **§ 818**.

140

2. Herausgabe von Nutzungen und Surrogaten

Gemäß § 818 Abs. 1 erstreckt sich die Verpflichtung zur Herausgabe auch auf Nutzungen und Surrogate.

a) Nutzungen

Gemäß **§ 100** sind Nutzungen die Früchte einer Sache oder eines Rechts sowie die Gebrauchsvorteile (z.B. Bewohnen eines Hauses). Nach h.M. sind gemäß § 818 Abs. 1 grundsätzlich nur die **tatsächlich gezogenen Nutzungen herauszugeben**.[197] Wurden Nutzungen entgegen den Regeln einer ordnungsgemäßen Wirtschaft nicht gezogen, so sind sie nur bei verschärfter Haftung des Bereicherungsschuldners ersatzfähig, §§ 818 Abs. 4, 292 Abs. 2, 987 Abs. 2 (vgl. Rn. 201).

141

---

197   Vgl. Looschelders Rn. 1105; BeckOK/Wendehorst § 818 Rn. 15 m.w.N.

Beispiele: Gezogene Nutzungen von erlangtem Geld sind die erzielten Zinsen; gleiches gilt für die erzielten Erträge eines Grundstücks oder eines Betriebes.[198]

Die Reichweite des Nutzungsersatzes gemäß § 818 Abs. 1 korrespondiert mit der Frage, was das erlangte „Etwas" ist. Sieht man die tatsächlich gezogenen Nutzungen als „erlangt" an, so ergibt sich die Herausgabeverpflichtung (bereits) aus § 812 Abs. 1. Diese Abgrenzung zwischen § 818 Abs. 1 und § 812 Abs. 1 wird insbesondere bei der Rückabwicklung nichtiger Gebrauchsüberlassungsverträge virulent.[199]

b) Surrogate

142 Surrogate sind die durch die **bestimmungsgemäße Ausübung** eines Rechtes erlangten Gegenstände sowie der Ersatz für die Zerstörung, Beschädigung oder Entziehung des erlangten Gegenstandes (z.B. bei der Beschädigung oder Abhandenkommen einer Sache die Versicherungssumme).

143 Der **Veräußerungserlös** ist kein Surrogat i.S.d. § 818 Abs. 1 Hs. 2,[200] da er nicht anlässlich der bestimmungsgemäßen Ausübung des Eigentumsrechts, sondern aufgrund eines selbstständigen Rechtsgeschäfts mit dem Erwerber erlangt worden ist. Die Übertragung eines Rechts ist nicht dessen bestimmungsgemäße Ausübung.

Fall 10: Geschenkt, genutzt und weiterveräußert

L schenkt seiner Tochter E eine Eigentumswohnung und überträgt ihr das Eigentum. E zieht ein. Ein Jahr später veräußert sie die Wohnung an X für 140.000 € – objektiver Wert 120.000 €. Nunmehr stellt sich die Unwirksamkeit des Schenkungsvertrags heraus. L verlangt von E die Herausgabe der Wohnung, hilfsweise 140.000 € Veräußerungserlös sowie die verkehrsübliche Miete i.H.v. 800 € monatlich für ein Jahr. Die E macht geltend, sie hätte ohne die Schenkung allenfalls 300 € für Miete aufgewandt. X hat bereits angekündigt, die Wohnung auf keinen Fall zurückzuveräußern.

Steht L gegen E der geltend gemachte Anspruch zu?

A. L könnte gegen E einen Anspruch aus **§ 812 Abs. 1 S. 1 Alt. 1** haben.

    I. E hat Eigentum und Besitz an der Wohnung durch Leistung des L ohne Rechtsgrund erlangt.

    II. Rechtsfolge des § 812 Abs. 1 S. 1 Alt. 1 ist grundsätzlich die Herausgabe des Erlangten.

        1. Da E das Eigentum an der Wohnung aber nicht an L zurückübertragen kann, ihr also diese Pflicht aus § 812 Abs. 1 S. 1 Alt. 1 unmöglich geworden ist, muss sie nach § 818 Abs. 2 **Wertersatz** leisten, also den objektiven Wert der Wohnung i.H.v. 120.000 € ersetzen. Der darüber hinaus erzielte Erlös i.H.v. 20.000 € verbleibt bei ihr.

---

198 Jauernig/Stadler § 818 Rn. 7.
199 Vgl. dazu eingehend MünchKomm/Schwab § 818 Rn. 21.
200 BeckOK/Wendehorst § 818 Rn. 9; MünchKomm/Schwab § 818 Rn. 42.

2. Gemäß § 818 Abs. 1 Hs. 2 erstreckt sich die Herausgabepflicht auf die **Surrogate**, d.h. auf dasjenige, was der Empfänger aufgrund eines erlangten Rechts oder als Ersatz für die Zerstörung, Beschädigung oder Entziehung des erlangten Gegenstands erworben hat. Surrogat in diesem Sinne ist jedoch nur dasjenige, was dem Empfänger anlässlich der **bestimmungsgemäßen Ausübung** des Rechts zugeflossen ist.

144

Da der Veräußerungserlös nicht anlässlich der bestimmungsgemäßen Ausübung des Eigentumsrechts, sondern aufgrund eines selbstständigen Rechtsgeschäfts mit dem Erwerber erlangt worden ist, stellt der **Veräußerungserlös kein Surrogat** i.S.d. § 818 Abs. 1 Hs. 2 dar.[201]

3. E hat die Wohnung genutzt. Die dadurch erlangten Gebrauchsvorteile sind **Nutzungen** i.S.d. § 100 und müssen gemäß § 818 Abs. 1 herausgegeben werden.

a) Da die Herausgabe der Gebrauchsvorteile unmöglich ist, muss gemäß **§ 818 Abs. 2** der objektive Wert ersetzt, d.h. die verkehrsübliche Miete gezahlt werden.[202]

145

b) E braucht nur die **Bereicherung** herauszugeben. Bereichert ist sie nur insoweit, als sie **Aufwendungen erspart** hat, vgl. § 818 Abs. 3. Da sie – ohne Übertragung der Wohnung – allenfalls einen Betrag von 300 € aufgewandt hätte, ist sie nur in Höhe dieses Betrags bereichert. Sie ist also nur zum Wertersatz i.H.v. 3.600 € (12 x 300 €) verpflichtet.

B. L könnte gegen E einen Anspruch auf Herausgabe des Erlöses aus **§ 816 Abs. 1 S. 1** haben.

Dies setzt voraus, dass E als Nichtberechtigte verfügt hat. L hat jedoch wirksam Eigentum an sie übertragen. Die Unwirksamkeit des Schenkungsvertrags führt nämlich nicht zur Unwirksamkeit der Übereignung. E hat als Berechtigte an X verfügt.

Mithin scheidet ein Anspruch gemäß § 816 Abs. 1 S. 1 aus.

Abwandlung zu Fall 10:

L hat der E insgesamt 100.000 € geschenkt. E hat damit einen Kredit mit einem 13%igen Zinssatz abgelöst. Kann L die Herausgabe der ersparten Zinsen verlangen, wenn der Schenkungsvertrag unwirksam ist?

Nach § 818 Abs. 1 erstreckt sich die Herausgabeverpflichtung auf die gezogenen **Nutzungen**, d.h. auf die Sach- und Rechtsfrüchte und sonstigen Gebrauchsvorteile (§ 100).

I. Hierzu zählen die **Zinserträge**, die dem Bereicherungsschuldner aus einer kapitalvermehrenden Anlage des erlangten Geldbetrags zugeflossen sind.[203]

146

---

201 Staudinger/Lorenz § 818 Rn. 17; MünchKomm/Schwab § 818 Rn. 42.

202 Palandt/Sprau § 818 Rn. 17; Staudinger/Lorenz § 818 Rn. 26.

203 Palandt/Sprau § 818 Rn. 11.

II. E hat jedoch die erlangte Zahlung nicht zinsbringend angelegt, sondern zur Tilgung eigener Darlehensverpflichtungen verwandt und sich somit die Zahlung von Sollzinsen erspart. Nach h.M. sind aber auch **ersparte Darlehenszinsen** als gezogene Nutzungen i.S.d. § 818 Abs. 1 anzusehen. Bei wirtschaftlicher Betrachtungsweise liegt kein Unterschied darin, ob der Bereicherungsschuldner das erlangte Geld zinsbringend anlegt und damit sein Vermögen vermehrt oder ob er eine Verminderung des Vermögens vermeidet, indem er eine eigene verzinsliche Schuld ablöst.[204]

---

3. Wertersatz

147　Soweit die Herausgabe wegen der Beschaffenheit des Erlangten nicht möglich oder der Bereicherungsschuldner aus einem anderen Grunde zur Herausgabe außerstande ist, hat er gemäß **§ 818 Abs. 2** den Wert zu ersetzen.

Beispiele: Dienstleistungen, Beförderungen (Flugreise) oder Gebrauchsvorteile einer Wohnung können wegen der „Beschaffenheit" des Bereicherungsgegenstandes nicht herausgegeben werden.

Nach ganz h.M.[205] ist für den Ersatzanspruch der **objektive Wert** maßgebend. Dabei ist auf den Zeitpunkt abzustellen, in dem der Anspruch auf Wertersatz entstanden ist, also auf den Zeitpunkt der Unmöglichkeit der Herausgabe.[206]

*Hat der Bereicherungsschuldner Besitz an Geldscheinen erlangt (sogenannte Besitzkondiktion) und diese später verbraucht, stellt sich im Rahmen des § 818 Abs. 2 BGB die Frage, ob dem Besitz als solchem ein zu erstattender eigenständiger Wert zukommt. Nach Auffassung des BGH kommt dem **Besitz als solchem** – neben aus der Sache gezogenen Nutzungen – **kein eigenständiger Wert** zu, der den Bestand des Besitzes überdauern oder bei Austauschgeschäften durch die erhaltene Gegenleistung ersetzt werden könnte.[207]*

148

> ### Fall 11: Unwirksame Endrenovierungsklausel
>
> V vermietete im Jahre 1999 an M eine Wohnung. Der Mietvertrag, den V im Schreibwarenhandel gekauft hatte, enthielt eine unwirksame Endrenovierungsklausel, was V weder wusste noch erkennen konnte. Beim Auszug renovierte M die Wohnung und verlangt nunmehr von V Erstattung der für das Streichen der Wände und Decken getätigten Aufwendungen, da er erfahren hat, dass die Endrenovierungsklausel unwirksam ist.
>
> Hat M gegen V einen entsprechenden Erstattungsanspruch?

204　BGH, Urt. v. 06.03.1998 – V ZR 244–96, RÜ 1998, 321, 322; Staudinger/Lorenz § 818 Rn. 11.

205　Vgl. Palandt/Sprau § 818 Rn. 19 m.w.N.

206　BGH, Urt. v. 05.07.2006 – VIII ZR 172/05, NJW 2006, 2847, 2851 f.; Palandt/Sprau § 818 Rn. 20; Änderung der Rspr.! A.A. noch BGH, Urt. v. 14.01.2002 – II ZR 354/99, NJW 2002, 1340, 1341.

207　BGH, Urt. v. 20.11.2013 – XII ZR 19/11, RÜ 2014, 78, 80.

A. M könnte gegen V einen Anspruch aus **§§ 280 Abs. 1, 241 Abs. 2, 311 Abs. 2** haben.

   I. Vor Abschluss des Mietvertrags bestand zwischen den Parteien ein vorvertragliches Schuldverhältnis.

   II. In der Verwendung einer unwirksamen Klausel innerhalb eines Formularvertrags liegt eine vorvertragliche Pflichtverletzung.[208]

   III. V hat die Pflichtverletzung jedoch nicht zu vertreten, da er die Unwirksamkeit nicht erkennen konnte. Ein Schadensersatzanspruch aus §§ 280 Abs. 1, 241 Abs. 2, 311 Abs. 2 scheidet daher aus.

B. M könnte gegen V einen Anspruch aus **§ 539 Abs. 1 i.V.m. §§ 677, 683 S. 1, 670** haben.

   I. **§ 539 Abs. 1** enthält einen **Rechtsgrundverweis** auf die GoA, sodass deren Voraussetzungen vorliegen müssen.

   II. M müsste ein fremdes Geschäft, hier also ein **Geschäft des V geführt** haben.

      1. Dazu müsste die Renovierung zum Rechts- oder Interessenkreis des V gehört **149** haben. Im Falle einer unwirksamen Schönheitsreparaturklausel verbleibt die Erhaltungspflicht gemäß **§ 535 Abs. 1 S. 2** beim Vermieter, sodass man zumindest ein „auch fremdes Geschäft" bejahen könnte.[209] Außerdem führen Renovierungsmaßnahmen zur Verbesserung der Mietsache und kommen damit dem Vermögen des Vermieters zugute.

      2. Nach der Rspr. des BGH[210] führt der Mieter, der aufgrund einer vermeintlichen **150** vertraglichen Verpflichtung Schönheitsreparaturen in der Mietwohnung vornimmt, jedoch kein Geschäft des Vermieters, sondern wird nur im **eigenen Rechts- und Interessenkreis** tätig. Mit der Vornahme von Schönheitsreparaturen will der Mieter eine **Leistung** erbringen, die rechtlich und wirtschaftlich als Teil des von ihm für die Gebrauchsüberlassung an der Wohnung geschuldeten Entgelts anzusehen ist.

      Ebenso wenig wie die Zahlung der Miete sind damit Schönheitsreparaturen als Geschäft des Vermieters anzusehen. M hat mithin kein Geschäft des V geführt.

   M hat gegen V keinen Anspruch gemäß § 539 Abs. 1 i.V.m. §§ 677, 683 S. 1, 670.

C. M könnte gegen V einen Anspruch aus **§ 812 Abs. 1 S. 1 Alt. 1** haben.

   I. V hat den Neuanstrich der Wohnung erlangt.

   II. Dies geschah auch durch Leistung des M, also bewusst zum Zwecke der Erfüllung einer (vermeintlichen) Pflicht aus dem Mietvertrag.

   III. Die Leistung erfolgte ohne Rechtsgrund, da die Endrenovierungsklausel bezüglich der Schönheitsreparaturen unwirksam ist.

---

208 BGH, Urt. v. 27.05.2009 – VIII ZR 302/07, RÜ 2009, 48; Palandt/Weidenkaff § 535 Rn. 47a.

209 Hey JuS 2009, 400; Dötsch NZM 2008, 108, 110.

210 BGH, Urt. v. 27.05.2009 – VIII ZR 302/08, NJW 2009, 2590, 2591 f.

151   IV. Da die von M erbrachte Leistung nicht in Natur herausgegeben werden kann, muss V gemäß **§ 818 Abs. 2 Wertersatz** leisten. Fraglich ist, welcher Wert dabei zugrunde zu legen ist.

1. Teilweise[211] wird davon ausgegangen, dass die durch die Renovierungsmaßnahmen **eingetretene Wertsteigerung** der Mieträume in Form von Vorteilen auszugleichen ist, die der Vermieter aus dem erhöhten objektiven Ertragswert der Mietsache tatsächlich erzielen kann oder hätte erzielen können.

152   2. Bei rechtsgrundlos erbrachten Dienst- oder (nicht verkörperten) Werkleistungen bemisst sich der Wert der herauszugebenden Bereicherung allerdings grundsätzlich nach dem **Wert** der **üblichen**, hilfsweise der angemessenen **Vergütung**.[212]

Es kommt also nicht darauf an, ob und in welcher Höhe die Renovierung zu einer Wertsteigerung der Mietwohnung geführt hat. Zu berücksichtigen ist bei der Wertermittlung vielmehr, dass der Mieter bei Ausführung von Schönheitsreparaturen vielfach die **Arbeiten in Eigenleistung** erledigt oder sie durch Verwandte und Bekannte erledigen lässt. Somit bemisst sich der objektive Wert danach, was der Mieter billigerweise neben einem Einsatz an freier Zeit als Kosten für das notwendige Material sowie als Vergütung für die Arbeitsleistungen seiner Helfer aus dem Verwandten- und Bekanntenkreis aufgewendet hat oder hätte aufwenden müssen.[213]

M hat gegen V einen Wertersatzanspruch gemäß §§ 812 Abs. 1 S. 1 Alt. 1, 818 Abs. 2.

4. Wegfall der Bereicherung

153   § 818 Abs. 3 beschränkt die Herausgabepflicht auf die **noch vorhandene Bereicherung**. Dadurch wird der Bereicherungsschuldner gegenüber anderen Schuldnern, die z.B. aus den §§ 346, 823 ff. oder 987 ff. haften, **privilegiert**.

Nach dem Wortlaut des § 818 Abs. 3 ist eine Verpflichtung zur Herausgabe oder zum Wertersatz ausgeschlossen, soweit der Empfänger „nicht mehr" bereichert ist. Die Regelung greift aber nicht nur dann ein, wenn das Erlangte ersatzlos weggefallen ist, sondern auch wenn von Anfang eine Bereicherung fehlt.

Der Wegfall der Bereicherung gemäß § 818 Abs. 3 **gilt für alle Bereicherungsansprüche**,[214] nicht jedoch für Ansprüche außerhalb des Bereicherungsrechts.[215]

211 Bröstinghaus WuM 2005, 675, 678.
212 Palandt/Sprau § 818 Rn. 22; BeckOK/Wendehorst § 818 Rn. 30.
213 BGH, Urt. v. 27.05.2009 – VIII ZR 302/07, RÜ 2009, 481, 486.
214 Palandt/Sprau § 818 Rn. 27.
215 BGH, Urt. v. 17.06. 2003 - XI ZR 195/02, NJW 2003, 2451, 2453.

■ Ist die herauszugebende **Sache beschädigt oder zerstört**, ohne dass der Empfänger dafür einen Ersatz erlangt hat, so ist er nicht mehr bereichert, unabhängig davon, ob er schuldhaft gehandelt hat.

154

Liegt jedoch ein gegenseitiger Vertrag vor, so ist die Wertminderung der Sache als Abzugsposten bei der Gegenleistung zu berücksichtigen (Saldotheorie, vgl. Rn. 166 ff.).

■ Wird die herauszugebende **Sache** (insbesondere Geld) **verbraucht**, so ist der Empfänger nicht mehr bereichert, wenn er keine Aufwendungen erspart hat. Das Gleiche gilt, wenn das „Herauszugebende" in einer Gebrauchsmöglichkeit oder Tätigkeit besteht (vgl. Rn. 158).

155

■ Bei den übrigen **bereicherungsrechtlichen Vermögensnachteilen** gilt es zu differenzieren (vgl. Rn. 159 ff.):

156

  ■ Der Empfänger kann Berücksichtigung der **Aufwendungen** verlangen (Vertragskosten, Verwendungen), die er im Vertrauen auf den Bestand der Bereicherung gemacht hat.

  ■ **Schäden**, die durch den Bereicherungsgegenstand entstanden sind, sind dagegen nicht zu berücksichtigen.

a) Bereicherungsgegenstand kann überhaupt nicht oder nur beschädigt zurückgegeben werden

■ Dass die herauszugebende **Sache beschädigt** wurde, steht einem Wegfall der Bereicherung grundsätzlich nicht entgegen.

Beispiel: L schenkt seinem 21-jährigen Neffen E einen Wagen. Infolge Unachtsamkeit wird der Wagen schwer beschädigt. Nunmehr stellt sich heraus, dass der Schenkungsvertrag nichtig ist. L verlangt den Wagen heraus und beansprucht Wertersatz.

Anspruch L gegen E aus **§ 812 Abs. 1 S. 1 Alt. 1**
I. E hat gemäß § 929 Eigentum und Besitz am Wagen erworben; also Etwas durch Leistung des L erlangt, weil L mit der Eigentumsübertragung eine Verpflichtung aus dem Schenkungsvertrag erfüllen wollte; dies erfolgte ferner ohne Rechtsgrund, da der mit der Übereignung des Wagens verfolgte Zweck, nämlich den Schenkungsvertrag zu erfüllen, verfehlt wurde.
II. Als Rechtsfolge muss E den – beschädigten – Wagen herausgeben, § 812 Abs. 1 S. 1 Alt. 1.
1. Da E den Wagen nur beschädigt zurückgewähren kann, besteht eine **Wertersatzpflicht** gemäß § 818 Abs. 2.
2. Doch ist E nicht mehr bereichert. Der **gutgläubige Empfänger**, der **keine Gegenleistung** schuldet, ist im Falle der ersatzlosen Beschädigung der Sache, unabhängig davon, ob er die Sache schuldhaft verschlechtert hat, **nicht** zum **Wertersatz** verpflichtet.[216]
Danach trägt der **Leistende das Risiko der Verschlechterung und des Untergangs**, obwohl er nicht die Sachgewalt über die Sache ausübt. Es wäre nicht sachgerecht, wenn der Empfänger mit diesem Risiko belastet würde, weil er für den Erwerb der Sache keinen Vermögenswert aufwenden wollte.

*Dass der Leistende das Risiko der Verschlechterung oder des Untergangs trägt, gilt **nur bei einseitigen Verträgen bzw. bei Vorleistung**. Ist es bei gegenseitigen Verträgen zu einem Leistungsaustausch gekommen, so greifen Besonderheiten ein (Saldotheorie), vgl. Rn. 166 ff.*

157

---

216 Staudinger/Lorenz § 818 Rn. 34.

■ Die herauszugebende Sache – insbesondere Geld – wird verbraucht

158 Hat der Empfänger die **zurückzugewährende Sache verbraucht**, besteht eine Bereicherung nur insoweit fort, als der Empfänger sich damit noch vorhandene Vermögensvorteile geschaffen hat, wie z.B. anderweitige Ersparnisse, Anschaffungen oder die Tilgung eigener Schulden.[217]

> **Beispiel:** L zahlt seiner geschiedenen mittellosen Ehefrau E Unterhalt aufgrund eines rechtskräftigen Urteils. Nach einem Jahr zahlt L der E irrtümlich monatlich 300 € mehr. Als er dies nach acht Monaten bemerkt, verlangt er Rückzahlung von 2.400 €. Die E macht geltend, sie habe das ganze Geld für den laufenden Unterhalt verbraucht. Sie sei davon ausgegangen, dass L mehr verdient und daher freiwillig den Betrag erhöht habe.
>
> Anspruch L gegen E gemäß **§ 812 Abs. 1 S. 1 Alt. 1**
> **I.** Die E hat acht Monate lang einen Vermögensvorteil i.H.v. 300 € durch die Leistung des L ohne Rechtsgrund erhalten.
> **II.** Als Rechtsfolge ist E gemäß § 812 Abs. 1 S. 1 Alt. 1 verpflichtet, die Zuvielzahlung zurückzugewähren. Da sie dazu nicht in der Lage ist, besteht gemäß § 818 Abs. 2 eine **Wertersatzpflicht**. Diese entfällt gemäß **§ 818 Abs. 3**, wenn die E nicht mehr bereichert ist.
> Im Zeitpunkt des Herausgabeverlangens befindet sich im Vermögen der E nur dann ein Vermögensvorteil, wenn sie die anderweitig vorhandenen Vermögenswerte wegen der Unterhaltszahlungen nicht eingesetzt hat, sodass ihr diese erhalten geblieben sind. Die E ist hingegen dann nicht mehr bereichert, wenn sie weder Aufwendungen erspart hat noch Schulden getilgt und dadurch ihren Vermögensstand verbessert hat.
> Da die E keine Schulden getilgt hat oder die Zahlungen in anderer Weise noch im Vermögen der E vorhanden sind, ist **durch den Verbrauch** der Unterhaltsgelder eine **Entreicherung** eingetreten. E ist nicht zur Rückzahlung der 2.400 € verpflichtet.[218]

b) Empfänger sind Nachteile entstanden

159 In den §§ 812, 818 Abs. 1–3 ist nur geregelt, dass der gutgläubige Empfänger die übertragene Sache und die unter Einsatz der erlangten Sache erworbenen **Vermögensvorteile** herausgeben muss, soweit sie sich noch in seinem Vermögen befinden.

Nicht geregelt ist hingegen die Frage, inwieweit auch **Vermögensnachteile** im Rahmen der bereicherungsrechtlichen Rückabwicklung Berücksichtigung finden können. Als Vermögensnachteile kommen zum einen solche in Betracht, die mit dem Bereicherungsvorgang entstanden sind, zum anderen aber auch Schäden an anderen Rechtsgütern, die durch die rechtsgrundlos erlangte Sache verursacht worden sind.

aa) Mit dem Bereicherungsvorgang entstandene Nachteile

Zu den Nachteilen, die dem Empfänger mit dem Bereicherungsvorgang entstehen und als Abzugsposten zu berücksichtigen sind, gehören unstreitig

160 ■ **Vertragskosten**, also die durch den Vertragsschluss entstehenden Kosten, sowie die Kosten für Maßnahmen, die getroffen wurden, um den Gebrauch der Sache zu ermöglichen (Transport-, Versicherungs-, Aufstellungskosten usw.; bei Grundstücken Notariats- und Eintragungskosten).

---

217 BGH, Urt. v. 07.01.2003 – V ZR 235/02, NJW 2003, 3271.
218 Vgl. BGH, Urt. v. 17.06.1992 – XII ZR 119/91, NJW 1992, 2415, 2416.

■ **Verwendungen**, also solche Vermögensopfer, die zur Instandsetzung, Wiederher-   **161**
stellung oder der Verbesserung der Sache dienen.

bb) Berücksichtigung von Schäden

Streitig ist, ob weitere Schäden, die durch die rechtsgrundlos erlangte Sache entstan-   **162**
den sind, zu berücksichtigen sind.

■ Zum Teil wird davon ausgegangen, dass alle adäquat verursachten Folgeschäden als
abzugsfähige Posten zu berücksichtigen sind.[219]

■ **Nach ganz h.M.**[220] sind solche Schäden jedoch im Rahmen des § 818 Abs. 3 **nicht zu
berücksichtigen**. Dies wird entweder damit begründet, dass kein innerer Zusammenhang zwischen Vermögenseinbuße und Bereicherung besteht, oder dass Schäden unabhängig von der Rechtsgrundlosigkeit in die **Risikosphäre des Empfängers**
fallen. Letztlich entscheidend ist folgender Aspekt: Im Bereicherungsrecht soll nur
die erfolgte Bereicherung zurückgeführt werden, ein umfassender Ausgleich sämtli-
cher Vor- und Nachteile, die nicht im inneren Zusammenhang mit dem Bereicherungsvorgang stehen, erfolgt aber nicht.

Schulbeispiel: V verkauft dem K einen Hund. Der Hund beschädigt den Teppich des K. Nunmehr
stellt sich heraus, dass der Kaufvertrag nichtig ist.

Die Schäden am Teppich – also an anderen Rechtsgütern des Empfängers – können nicht als Wegfall der Bereicherung berücksichtigt werden. Die Schäden sind nur unter den Voraussetzungen der
§§ 280, 241 Abs. 2 oder der §§ 823 ff. auszugleichen.

Fall 12: Rokoko-Vermächtnis

Die A ist verstorben. Es wird ein Testament gefunden, in dem ihr Sohn L als Erbe eingesetzt und der Nichte E eine Zimmereinrichtung aus der Zeit des Rokoko vermacht
ist. Die E lässt die Zimmereinrichtung auf Bitten des Erben L durch einen Spediteur
abholen. Sodann lässt E die Zimmereinrichtung restaurieren und reparieren. Nachdem die E das Rokoko-Zimmer sechs Monate benutzt hat, wird ein Testament neueren Datums gefunden. Darin ist nicht mehr bestimmt, dass die E das Zimmer erhalten
soll, L aber als Erbe eingesetzt.

L verlangt nunmehr das Zimmer zurück. E ist dazu bereit, möchte aber die Kosten ersetzt haben. Zu Recht?

A. L könnte gegen E einen Anspruch auf Herausgabe der Zimmereinrichtung gemäß
§ 985 haben.

Dann müsste L Eigentümer sein. Mit dem Erbfall hat L gemäß **§ 1922** das Eigentum
von A an der Zimmereinrichtung erworben. Als L der E gestattete, das Zimmer abzu-
holen, brachte er zum Ausdruck, dass er der E zum Zwecke der Erfüllung der Vermächtnisforderung aus **§ 2174** die Zimmereinrichtung übereignen wollte. Somit ist
das Eigentum gemäß § 929 durch Einigung und Übergabe von L auf die E übergegangen.

---

219 Palandt/Sprau § 818 Rn. 39 (70. Aufl.); BeckOK/Wendehorst § 818 Rn. 65 m.w.N.
220 BeckOK/Wendehorst § 818 Rn. 67; Jauernig/Stadler § 818 Rn. 33; Staudinger/Lorenz § 818 Rn. 40.

Dass der E tatsächlich keine Vermächtnisforderung zustand, berührt die Wirksamkeit der abstrakten Eigentumsübertragung nicht. Ein Anspruch des L gegen die E aus § 985 scheidet somit aus.

B. L könnte gegen E einen Anspruch aus **§ 812 Abs. 1 S. 1 Alt. 1** haben.

I. E hat Eigentum und Besitz an der Zimmereinrichtung durch Leistung des Erben L erlangt, weil L mit der Übereignung die vermeintliche Verpflichtung aus dem Vermächtnis erfüllen wollte. Mangels Wirksamkeit des Vermächtnisses konnte der Zweck nicht erreicht werden. E hat die Einrichtung ohne Rechtsgrund erlangt.

II. Nach § 812 Abs. 1 S. 1 Alt. 1 muss E das Eigentum und den Besitz an den Möbeln zurückübertragen.

163   III. E hat die Möbel benutzt und somit Gebrauchsvorteile erlangt, sodass diese **gezogenen Nutzungen** (§ 100) herauszugeben sind, § 818 Abs. 1.

1. Da die Herausgabe der Nutzungen indes nicht möglich ist, muss E gemäß **§ 818 Abs. 2 Wertersatz** leisten. Nach h.M. muss der objektive Wert ersetzt werden, d.h., es muss der Betrag gezahlt werden, der üblicherweise für die Benutzung einer solchen Zimmereinrichtung gezahlt wird.[221]

164   2. Die Wertersatzpflicht ist gemäß **§ 818 Abs. 3** ausgeschlossen, soweit der Empfänger nicht mehr bereichert ist. Um den Wert der Gebrauchsvorteile ist E nur noch bereichert, wenn sie Aufwendungen erspart hat, d.h., wenn sie für den Fall, dass sie das Zimmer nicht durch den Bereicherungsvorgang erworben hätte, ein anderes Zimmer gekauft oder angemietet hätte. Den Umständen nach ist davon auszugehen, dass sie kein anderes Zimmer angeschafft, also keine Aufwendungen gemacht hätte. Sie hat somit **keinen Vorteil mehr** in ihrem Vermögen und ist nicht mehr bereichert.

165   IV. E hat, um das Zimmer benutzen zu können, Transport- und Instandhaltungskosten gehabt. Sie hat also Vertragskosten und Verwendungen bezahlt. Diese **Kosten** sind infolge der erforderlichen bereicherungsrechtlichen Rückabwicklung **nutzlos**; sie hat also infolge des Bereicherungsvorgangs Nachteile erlitten. Fraglich ist, ob diese Nachteile berücksichtigungsfähig sind.

Nach dem Wortlaut des § 818 Abs. 3 ist die Verpflichtung zur Herausgabe oder zum Ersatz des Werts ausgeschlossen, soweit der Empfänger nicht mehr bereichert ist. Die Vorschrift enthält **keine Regelung** darüber, wer die übrigen, mit dem Bereicherungsvorgang verbundenen **Nachteile** zu tragen hat. Es besteht somit eine Regelungslücke, die unter Berücksichtigung der Interessen der Parteien im Wege der Wertung zu schließen ist. Es fragt sich, wer das **Risiko** dafür tragen muss, dass die **Aufwendungen**, die zum Erwerb und zur Instandhaltung des Bereicherungsgegenstands gemacht worden sind, nutzlos sind.

---

221   Vgl. Palandt/Sprau § 818 Rn. 19; a.A. Erman/Buck-Heeb § 818 Rn. 19 f.: Danach soll der Empfänger nur zum Ersatz des Wertes verpflichtet sein, den das Erlangte gerade für ihn konkret individuell hat – subjektiver Wert.

Nach Sinn und Zweck der Regelung in § 818 Abs. 3 soll der „Bereicherte", der für das erlangte Etwas **keine Gegenleistung** erbringen wollte, nur zur Herausgabe der **Vorteile** verpflichtet sein, aber keine Schäden erleiden, sodass ihm alle Nachteile, die im Zusammenhang mit dem Bereicherungsvorgang stehen, zu ersetzen sind. Damit ist gewährleistet, dass nicht der Bereicherungsschuldner, sondern der **Leistende** das Risiko für beim Bereicherten eingetretene Nachteile trägt und die Schäden des Bereicherten auszugleichen hat.

L trifft hinsichtlich der entstandenen Kosten eine Ausgleichpflicht im Rahmen der bereicherungsrechtlichen Rückabwicklung. E kann diese Nachteile daher als **Wegfall der Bereicherung i.S.d. § 818 Abs. 3** in Rechnung stellen.[222]

E ist nur verpflichtet, das Zimmer Zug um Zug gegen Zahlung der Vertrags- und Verwendungskosten herauszugeben.

Hinweis: *E steht nach § 818 Abs. 3 kein selbstständiger Anspruch auf Ersatz der ihr entstandenen Nachteile – Verwendungen und Transportkosten – zu. Die Vorschrift des § 818 Abs. 3 ist **keine Anspruchsgrundlage**, sondern sie gewährt dem Empfänger nur das Recht, die Herausgabe solange zu verweigern, bis ihm die Nachteile ersetzt sind.[223]*

E kann die Restaurierungskosten (= die Verwendungen) ersetzt verlangen, obwohl sie dafür keine selbstständige Anspruchsgrundlage hat.

- *Ein Verwendungsersatzanspruch aus § 994 scheidet aus, weil E Eigentümerin war.*

- *Ein Verwendungsersatzanspruch aus GoA, §§ 677, 683, kommt nicht in Betracht, weil sie mit der Instandsetzung ein eigenes Geschäft tätigte.*

- *Ein selbstständiger Anspruch aus § 812 Abs. 1 S. 1 Alt. 1 wäre nur insoweit gegeben, als L nach Rückabwicklung bereichert wäre.*

Auch die Transportkosten kann E im Rahmen des § 818 Abs. 3 in Rechnung stellen, obwohl auch hierfür keine selbstständige Anspruchsgrundlage besteht.

5. Besonderheiten bei gegenseitigen Verträgen – Saldotheorie

a) Hintergrund der Saldotheorie

Legt man das Gesetz zugrunde, so stehen sich bei der Rückabwicklung gegenseitiger Verträge **zwei Kondiktionen** gegenüber (strenge Zwei-Kondiktionen-Theorie). Jedem Vertragspartner steht ein eigenständiger Bereicherungsanspruch zu, wobei beide Ansprüche gemäß §§ 273, 274 Zug um Zug zu erfüllen sind. Probleme ergeben sich, wenn ein Bereicherungsgegenstand beschädigt oder zerstört wird.

166

---

222 Staudinger/Lorenz § 818 Rn. 37 f.
223 MünchKomm/Schwab § 818 Rn. 119.

Beispiel: V verkauft an K eine Motorjacht für 5 Mio. €. Bei einem Brand, dessen Gründe nicht geklärt sind, wird diese völlig zerstört. Nunmehr stellt sich heraus, dass der Kaufvertrag unwirksam ist.
Nach der gesetzlichen Regelung hat V gegen K einen Anspruch auf Herausgabe der zerstörten Jacht und K kann von V den gezahlten Kaufpreis i.H.v. 5 Mio. € zurückverlangen.

Bei der gesetzlichen Regelung trägt danach derjenige das **Risiko für den Untergang** der Sache, der die Sache nicht in Besitz hat. Bei einem unwirksamen gegenseitigen Vertrag stünde also der Empfänger der Leistung besser da, als er bei Wirksamkeit des Vertrags gestanden hätte, denn dann hätte er das Risiko für den Untergang tragen müssen.

167 ■ Nach der **strengen Zwei-Kondiktionen-Theorie** bleibt es bei diesem Ergebnis.[224] Danach hat jeder Vertragspartner einen Anspruch auf Herausgabe des Erlangten, unabhängig vom Anspruch des anderen Vertragspartners. Die beiden Ansprüche können (nur) durch die Geltendmachung eines Zurückbehaltungsrechts, § 273, bzw. bei gleichartigen Ansprüchen durch Aufrechnung, § 389, miteinander verknüpft werden.

168 ■ Um den Empfänger der Leistung mit dem Risiko des Untergangs zu belasten, wird in der Lit. die **modifizierte Zwei-Kondiktionen-Theorie** vertreten. Wer eine Sache willentlich in sein Vermögen einordnet, soll demnach auch das Risiko der Verschlechterung und des Untergangs tragen müssen.[225] Bezüglich der **Risikoverteilung wird auf § 346 Abs. 2 S. 1 Nr. 3, Abs. 3 S. 1 Nr. 3 rekurriert**, um insoweit die Regeln des Rücktritts- und Bereicherungsrechts zu harmonisieren.

■ Nach der st.Rspr.[226] und h.Lit.[227] greift bei der Rückabwicklung gegenseitiger Verträge hingegen die **Saldotheorie**. Diese enthält drei Aussagen.

　■ Danach kann **jede Partei nur so viel zurückverlangen, wie sie ihrerseits zurückgewähren kann.** Der Wertverlust an der empfangenen Sache wird als Wegfall der Bereicherung i.S.v. § 818 Abs. 3 bei der Rückforderung der Gegenleistung abgezogen.

　■ Leistung und Gegenleistung sowie alle **übrigen Vor- und Nachteile** sind miteinander zu verrechnen („zu saldieren"), ohne dass eine Aufrechnung erforderlich ist.

　■ Soweit keine Verrechnung möglich ist, wird zur Leistung **Zug um Zug** verurteilt, ohne dass die Geltendmachung eines Zurückbehaltungsrechts i.S.v. § 273 erforderlich ist.

169 ■ Ein Teil der Lit., die die Saldotheorie vertritt, lehnt die generelle Risikoverteilung zulasten des Leistungsempfängers ab. Die Wertminderung bzw. der Untergang der Sache soll dem Empfänger nur dann zugerechnet werden, wenn er die Beschädigung bzw. den Untergang „verschuldet" hat.[228] Dabei wird die **Wertung des § 346 Abs. 3 S. 1 Nr. 3 hinzugezogen**.[229]

---

224 Früher h.M., vgl. dazu Medicus Schuldrecht II Rn. 1184.
225 Flume JZ 2002, 321.
226 RGZ 54, 137, 141; BGHZ 145, 42, 54; 146, 298, 306.
227 Palandt/Sprau § 818 Rn. 48; Jauernig/Stadler § 818 Rn. 40 f.; Staudinger/Lorenz § 818 Rn. 44.
228 Staudinger/Lorenz § 818 Rn. 44.
229 Staudinger/Lorenz § 818 Rn. 44.

b) Ausgleich bei Beschädigung oder Untergang des Leistungsgegenstands nach der Saldotheorie

Fall 13: Billiger Baukran

Baumaschinenhändler V veräußert an Bauunternehmer K einen Baukran (Wert: 82.000 €) für günstige 75.000 €, die er von K als Barzahlung erhält. Bei der Inbetriebnahme reißt aus ungeklärten Gründen ein Drahtseil. Der Kran kippt um und eine Wertminderung i.H.v. 25.000 € tritt ein.

Nunmehr stellt sich heraus, dass der Kaufvertrag nichtig ist. Ansprüche der Beteiligten?

A. K könnte gegen V einen Anspruch auf Rückzahlung des Kaufpreises gemäß **§ 812 Abs. 1 S. 1 Alt. 1** haben.

I.   K hat zum Zwecke der Erfüllung des Kaufvertrages den Kaufpreis an V gezahlt. Da der Kaufvertrag nichtig ist, hat V ohne Rechtsgrund Eigentum und Besitz an dem gezahlten Kaufpreis erlangt.

II. K hat deshalb gegen V einen Anspruch auf Herausgabe des Erlangten. Dies bedeutet für V, dass er seinerseits alles zurückgewähren muss, was er von K erhalten hat, K aber nicht den von V erhaltenen unbeschädigten Baukran zurückgewähren kann. Auch Wertersatz nach § 818 Abs. 2 muss K nicht leisten, da er entreichert ist, § 818 Abs. 3.

Legt man also den Wortlaut des Gesetzes zugrunde, so hat K gegen V einen Anspruch auf Rückzahlung des Kaufpreises und V bekommt lediglich den beschädigten Kran zurück. Dies hat zur Folge, dass derjenige, der die Sache nicht in Besitz hat, hier also der V, das **Risiko für den Untergang** trägt.

1. Nach der **strengen Zwei-Kondiktionen-Theorie** bleibt es bei diesem Ergebnis. Danach hat jeder Vertragspartner einen Anspruch auf Herausgabe des Erlangten, unabhängig von dem Anspruch des anderen Vertragspartners. Die beiden Ansprüche können (nur) durch die Geltendmachung eines Zurückbehaltungsrechts, § 273, bzw. bei gleichartigen Ansprüchen durch Aufrechnung miteinander verknüpft werden.   **170**

2. Um den Empfänger der Leistung mit dem Risiko des Untergangs zu belasten, wird in der Lit. die **modifizierte Zwei-Kondiktionen-Theorie** vertreten.   **171**

   Danach wird teilweise davon ausgegangen, dass derjenige, der eine Sache willentlich in sein Vermögen einordnet, auch das Risiko der Verschlechterung und des Untergangs tragen muss.[230] K könnte sich nicht auf den Wegfall der Bereicherung berufen, sondern müsste in Höhe der Beschädigung Wertersatz leisten.

3. Nach der Rspr. und einem Teil der Lit. muss jedoch bei der **Rückabwicklung gegenseitiger Austauschverträge** berücksichtigt werden, dass zwischen der   **172**

---

230 Flume JZ 2002, 321.

erbrachten Leistung und der erhaltenen Gegenleistung ein tatsächliches Abhängigkeitsverhältnis – **faktisches Synallagma** – besteht.

173   Danach kann jede Partei nur so viel zurückverlangen, wie sie ihrerseits zurückgewähren kann – **Saldotheorie**. Der Wertverlust an der von K empfangenen Leistung, nämlich dem Baukran, wird nach § 818 Abs. 3 als Abzugsposten bei der zurückgeforderten Gegenleistung – dem Kaufpreis – berücksichtigt, mit der Folge, dass grundsätzlich der **Empfänger der Leistung** das **Risiko** der bei ihm eingetretenen Wertminderung bzw. des Untergangs trägt.

Der Empfänger der Leistung, K, erhält also die erbrachte Gegenleistung, also den Kaufpreis, nur unter Abzug des bei ihm am Baukran eingetretenen Wertverlustes zurück, unabhängig davon, ob er den eingetretenen Wertverlust verschuldet hat.[231]

Danach ergibt sich nach Verrechnung von **Leistung und Gegenleistung:** K kann nur Rückzahlung von 50.000 € verlangen.

Es besteht bezüglich Leistung und Gegenleistung von vornherein nur eine **Zug-um-Zug-Verpflichtung**, ohne dass sich eine Partei auf ein Zurückbehaltungsrecht berufen müsste.

174   4. Ein Teil der Lit., die die Saldotheorie vertritt, lehnt diese generelle Risikoverteilung zulasten des Leistungsempfängers ab. Die Wertminderung oder der Untergang der Sache soll dem Empfänger nur dann zugerechnet werden, wenn er die Beschädigung oder den Untergang „**verschuldet**" hat.[232]

Dabei wird die **Wertung des § 346 Abs. 3 S. 1 Nr. 3** herangezogen.[233] Danach haftet der Rückgewährschuldner nicht auf Wertersatz, wenn die Verschlechterung oder der Untergang eingetreten ist, obwohl er diejenige **Sorgfalt** beobachtet hat, die er **in eigenen Angelegenheiten** anzuwenden pflegt. Hierfür trägt der Schuldner die Beweislast. Legt man die Wertung des § 346 Abs. 3 S. 1 Nr. 3 zugrunde, so muss K beweisen, dass das Seil gerissen ist, obwohl er die Sorgfalt in eigenen Angelegenheiten beobachtet hat. Dies kann er nicht, da der Grund ungeklärt ist. Somit muss er auch nach dieser Ansicht das Risiko für den Untergang tragen.

Nach alledem steht fest, dass K nur die Rückzahlung von 50.000 € Zug um Zug gegen Rückübertragung des beschädigten Krans verlangen kann.

B.   V könnte gegen K einen Anspruch auf Rückübereignung des Krans gemäß **§ 812 Abs. 1 S. 1 Alt. 1** haben.

175   Die Herausgabepflicht des K besteht nur Zug um Zug gegen Rückzahlung des Kaufpreises. Zwischen den ausgetauschten Leistungen besteht ein faktisches Synallagma.

---

231 Vgl. Palandt/Sprau § 818 Rn. 48.

232 Staudinger/Lorenz § 818 Rn. 44 f.

233 Staudinger/Lorenz § 818 Rn. 44; BeckOK/Wendehorst § 818 Rn. 122.

Doch K kann nur den beschädigten – um 25.000 € im Wert geminderten – Baukran zurückgewähren. Diese bei ihm eingetretene **Wertminderung** geht zu seinen Lasten. K kann nur so viel zurückverlangen, wie er seinerseits zurückgewähren kann.

V kann den Kran von K Zug um Zug gegen Rückzahlung von 50.000 € herausverlangen. Die eingetretene Wertminderung ist also Abzugsposten, ohne dass die Aufrechnung erklärt werden muss.

---

c) Ausgleich der übrigen Vor- und Nachteile nach der Saldotheorie

176 Neben den ausgetauschten Vermögenswerten müssen im Rahmen der bereicherungsrechtlichen Rückabwicklung eines gegenseitigen Vertrags auch die mit dem Bereicherungsvorgang im Zusammenhang stehenden Vorteile (§ 818 Abs. 1) und Nachteile (§ 818 Abs. 3) miteinander verrechnet (saldiert) werden.[234]

aa) Auszugleichende Vorteile

177 Der Anspruchsgegner, der die Sache zurückübertragen muss, ist gemäß § 818 Abs. 1 verpflichtet, auch die Nutzungen und Surrogate herauszugeben. Doch ist bei der Berechnung des Umfangs der herauszugebenden Nutzungen zu berücksichtigen, dass der Anspruchsgegner eine **eigene Sache genutzt** hat und er daher nicht verpflichtet sein darf, für die Nutzung den üblichen Mietzins zu zahlen.

Der Nutzungswert ist vielmehr der sog. **Wertverzehr**.[235] Dem liegt die Erwägung zugrunde, dass derjenige, der eine rechtsgrundlos erworbene eigene Sache nutzt, hierdurch Ausgaben erspart, weil der durch den Gebrauch eintretende Wertverlust nicht zulasten des eigenen, sondern des fremden Vermögens geht. Vergleichsmaßstab ist mithin die **hypothetische Situation**, dass der Bereicherungsschuldner anstelle der rechtsgrundlos erworbenen anderweitig eine gleichartige und gleichwertige Sache angeschafft und diese für dieselbe Zeitspanne in derselben Weise genutzt haben würde.[236]

Beispiel: V liefert am 15.04.2014 eine Maschine für 820.000 € an K. Am 26.03.2015 stellt sich heraus, dass der Kaufvertrag nichtig ist. V verlangt die Rückgabe der Maschine und Ausgleich für den durch den Gebrauch der Maschine entstandenen Wertverlust i.H.v. 80.000 €. K verlangt den Kaufpreis und die von V erzielten Zinsen i.H.v. 10.000 €.

A. V kann gemäß **§ 812 Abs. 1 S. 1 Alt. 1** die Rückübertragung der Maschine Zug um Zug gegen Rückzahlung des Kaufpreises verlangen. Darüber hinaus müssen alle Vor- und Nachteile ausgeglichen werden.

I. Als Vorteil des K kommt der Gebrauch (= die Nutzung) der Maschine in Betracht.

1. Hätte K eine fremde Anlage benutzt, so müsste er als Nutzung den objektiven Wert ersetzen, also den Betrag zahlen, der üblicherweise für die Nutzung fremder Sachen entrichtet wird – regelmäßig der übliche Mietzins.

---

234 Vgl. BGH, Urt. v. 14.07.2000 – V ZR 82/99, RÜ 2000, 455 f.

235 BGH NJW 1996, 250, 251.

236 BGH, Urt. v. 25.10.1995 – VIII ZR 42/94, NJW 1996, 250, 251.

2. K, der das Eigentum von V gemäß § 929 erlangt hat, hat die Maschine jedoch als **eigene** genutzt, sodass der Nutzungswert nicht die übliche Vergütung für die Nutzung fremder Sachen ist. Vielmehr besteht der **Vorteil** des K darin, dass er den **durch die Nutzung entstandenen Wertverlust** an der Maschine nicht zu tragen hat. Denn wenn der K nicht die von V geleistete Maschine genutzt hätte, so hätte er keine andere gemietet, sondern eine andere, aber eigene Maschine genutzt. Dieser Wertverlust, der durch die Benutzung der Maschine eingetreten ist, ergibt sich aus der Differenz zwischen dem **Zeitwert** der Maschine am 15.04.2014 und dem **Zeitwert** der Maschine zum **Ende** des Gebrauchs. Der Nutzungswert ist also der sog. **Wertverzehr**.

V ist berechtigt, von K die Nutzungen in Höhe von 80.000 € – den Wertverlust – ersetzt zu verlangen.

II. K kann von V außer dem Kaufpreis auch die Zinsen (= Nutzungen) i.H.v. 10.000 € ersetzt verlangen.

III. Damit ergibt sich ein einheitlicher Bereicherungsanspruch:

V kann von K Rückgabe der Maschine verlangen Zug zum Zug gegen Rückzahlung von 750.000 € (Kaufpreis i.H.v. 820.000 € + Zinsen i.H.v. 10.000 € = 830.000 € – 80.000 € Wertverzehr = 750.000 €).

B. K kann vom V 750.000 € Zug um Zug gegen Rückgabe der Maschine verlangen.

bb) Auszugleichende Nachteile

178   Jede Partei kann beim Fehlschlagen eines Austauschvertrags gemäß § 818 Abs. 3 verlangen, dass die ihr entstandenen Nachteile, die zur Folge hatten, dass sie nicht mehr bereichert ist, ausgeglichen werden. Nicht anrechnungsfähig sind Schäden, die durch das geleistete Etwas selbst entstanden sind (s.o. Rn. 162).

Als Anrechnungsposten kommen vor allem **Aufwendungen** und **Vertragskosten** in Betracht. Welche dieser Nachteile im Einzelnen zu berücksichtigen sind, ist umstritten.

179   Nach einer Ansicht sind im Hinblick auf die Entreicherung nach § 818 Abs. 3 sämtliche Vor- und Nachteile zu verrechnen, unabhängig davon, ob es sich um notwendige oder Luxusverwendungen handelt. Denn dies seien Wertungen, die erst im Rahmen eines eigenen Aufwendungsersatzanspruchs geltend gemacht werden könnten.[237]

Die h.M. verneint dagegen eine generelle Berücksichtigung aller Vor- und Nachteile und ermittelt durch Wertung, welche der Parteien das Risiko der Entreicherung zu tragen hat. Maßgebliche Kriterien für diese **Wertung** sind:

- wer nach den gesetzlichen Vorschriften oder aufgrund einer Vereinbarung die Kosten zu tragen hat und

- in wessen wirtschaftlichem Interesse die Kosten verursacht worden sind.[238]

(1) Aufwendungen – aufgedrängte Bereicherung

Im Zusammenhang mit der Berücksichtigung von getätigten Aufwendungen kann bei der Rückabwicklung eine sog. **aufgedrängte Bereicherung** entstehen. Dabei handelt es sich um Aufwendungen, die der Bereicherungsgläubiger so nicht gemacht hätte. Mithin wird die Frage virulent, ob der Bereicherungsschuldner Aufwendungen ersetzt verlangen kann, die der Gläubiger so nicht getätigt hätte, die ihm also „aufgedrängt" worden sind.

---

237 MünchKomm/Schwab § 818 Rn. 140.
238 Jauernig/Stadler § 818 Rn. 34; BeckOK/Wendehorst § 818 Rn. 138; a.A. Staudinger/Lorenz § 818 Rn. 37.

Die herauszugebende Bereicherung bestimmt sich mit Rücksicht auf die Wertung des §818 Abs. 3 in diesen Fällen nach dem **subjektiven Ertragswert** des Bereicherungsgegenstands **für den Bereicherungsschuldner**. Kann daher dieser mit den getätigten Aufwendungen nichts anfangen, so muss er den Wert nicht ersetzen, auch wenn der Bereicherungsgegenstand objektiv einen höheren Wert erhalten hat (s. dazu Rn. 269).[239]

180

Beispiel: C und D schließen einen unwirksamen Kaufvertrag über einen Pkw, der an D wirksam übereignet wird. Als C die Rückübereignung fordert, macht D geltend, er habe das Auto mit total stylischen Zierblechen verkleiden lassen, was ihn 5.000 € gekostet habe. Er sei deshalb zur Rückübereignung erst nach Zahlung von 5.000 € bereit. Eine Wertsteigerung hat das Auto durch die Veränderung nicht erhalten.

Fraglich ist, ob die Kosten für die Zierbleche im Rahmen des §818 Abs. 3 berücksichtigt werden können. Da diesbezüglich weder eine Vereinbarung noch eine gesetzliche Regelung existiert, kommt es darauf an, in wessen wirtschaftlichem Interesse die Kosten verursacht wurden. D hat die Veränderung zu dem Zweck durchführen lassen, dass das Auto seinem ästhetischen Empfinden entsprach. Ein wirtschaftliches Interesse des C bestand hieran aber in keinem Fall. Daher sind die Aufwendungen allein im Interesse des D getätigt worden und somit nicht zu berücksichtigen.

(2) Vertragskosten

Anrechnungsfähig sind grundsätzlich die Vertragskosten, die im Falle der Wirksamkeit des Vertrags, kraft Gesetzes (§448) oder kraft Vereinbarung zu tragen wären.

- Das betrifft insbesondere die nach der Verkehrsanschauung **üblichen Erwerbskosten**, wie etwa Frachtkosten, Zölle, Maklergebühren und die Kosten der Vertragsbeurkundung.[240]

- Dagegen sind Kosten, die eine Partei **einseitig** im **eigenen Interesse** aufwendet, nicht abzugsfähig.[241] Dazu zählen beispielsweise Vermessungskosten, Eintragungskosten für die Vormerkung und Finanzierungskosten.

Beispiel: A aus München kauft bei B aus Flensburg einen Wohnwagen und holt diesen in Flensburg ab. Als A wieder in München ist, stellt sich die Unwirksamkeit des Vertrags heraus. Kann A den Wohnwagen bis zur Zahlung der Fahrtkosten zurückbehalten?

Dies ist dann der Fall, wenn er nur zu einer Zug-um-Zug-Leistung verpflichtet ist. Wann Aufwendungen zu berücksichtigen sind, ist durch **Wertung** zu ermitteln. Zwischen A und B wurden keinerlei Vereinbarungen über die Kosten der Abholung getroffen. Jedoch bestimmt **§448**, dass der Käufer die Kosten der Abnahme zu tragen hat. Fraglich ist, ob hier die Übergabe bei B – dann Käuferpflicht zur Abholung – oder aber die Übergabe bei A – dann Verkäuferpflicht zur Lieferung bei A – geschuldet war. Da nichts anderes vereinbart war, greift die gesetzliche Auslegungsregel des **§269**. Danach ist der Leistungsort beim Schuldner. Somit muss A die Sache abholen. Daher war er auch gemäß §448 zur Übernahme der Frachtkosten verpflichtet. Somit ergibt die gesetzliche Wertung, dass A kein Zurückbehaltungsrecht hat.

---

239 Vgl. Palandt/Bassenge § 951 Rn. 21.

240 Staudinger/Lorenz § 818 Rn. 37.

241 OLG Hamm, Urt. v. 21.09.1992 – 22 U 336/91, RÜ 1993, 243 f.

d) Einschränkungen der Saldotheorie

181　Ist eine Partei des unwirksamen Austauschvertrags **schutzwürdig**, so haftet diese Partei nicht nach den Regeln der Saldotheorie. Schutzwürdig sind:

- der **nicht voll Geschäftsfähige** (vgl. Rn. 182 ff.),

- der **Partner des verschärft Haftenden** (vgl. Rn. 186 ff.),

- der Empfänger einer **mangelhaften Sache** (vgl. Rn. 192),

- der **vorleistungspflichtige Gläubiger** (vgl. Rn. 193).

aa) Nicht voll geschäftsfähiger Vertragspartner

182　Ist eine Partei des unwirksamen Austauschvertrags nicht voll geschäftsfähig, so ist sie schutzwürdig. Die Saldotheorie ist **zu ihren Lasten unanwendbar**.[242]

- Dies hat zur Folge, dass sie die von ihr erbrachte Leistung **uneingeschränkt** zurückfordern kann. Es besteht keine Zug-um-Zug-Verpflichtung, es sei denn, der Partner macht gemäß §§ 273, 274 ein Zurückbehaltungsrecht geltend.

183　- Der nicht voll Geschäftsfähige trägt nicht das Entreicherungsrisiko und schuldet im Falle des Untergangs oder der Verschlechterung **keinen Wertersatz** (§ 818 Abs. 2, Abs. 3).

184　- Ferner erhält der nicht voll Geschäftsfähige **alle Vertragskosten und Verwendungen** ersetzt.

Beispiel: V verkauft dem minderjährigen M ein Mofa für 1.900 €. M bezahlt mit Geld, das er von seinem Großvater erhalten hat. Die Eltern sind mit dem Kauf nicht einverstanden. Bei einem Unfall wird das Mofa zerstört. Die Eltern verlangen im Namen des M Rückzahlung des Kaufpreises. V verlangt Wertersatz.

I. Anspruch des M, vertreten durch die Eltern, gegen V gemäß § 812 Abs. 1 S. 1 Alt. 1
1. V hat einen Vermögensvorteil i.H.d. Kaufpreises durch Leistung des M zur Erfüllung einer vermeintlichen Kaufvertragsverpflichtung, also ohne Rechtsgrund erlangt.
2. Die Rückzahlungsverpflichtung des V könnte entfallen sein, weil M das von V übereignete Mofa nicht mehr zurückübertragen, also die empfangene Leistung nicht zurückgewähren kann.
Doch M war **minderjährig**. Er ist schutzwürdig, denn das Rechtsgeschäft ist nicht genehmigt worden und M darf nicht mit dem Risiko der Verschlechterung und des Untergangs belastet werden.

185　Daher sind die **Grundsätze der Saldotheorie**, nach denen jeder seine Leistung nur insoweit zurückverlangen kann, wie er seinerseits die empfangene Gegenleistung zurückgewähren kann, **nicht anwendbar**.[243] Es gelten die Regeln der Zwei-Kondiktionen-Theorie.
M kann also, vertreten durch die Eltern, vom V den vollen Kaufpreis zurückverlangen.

II. Anspruch des V gegen M gemäß § 812 Abs. 1 S. 1 Alt. 1
1. Die Tatbestandsvoraussetzungen des § 812 Abs. 1 S. 1 Alt. 1 liegen vor, sodass V von M das Mofa Zug um Zug gegen Rückzahlung des vollen Kaufpreises herausverlangen kann.
2. M ist es unmöglich, das Mofa zurückzugewähren, sodass er gemäß § 818 Abs. 2 zum Wertersatz verpflichtet sein könnte.
3. Da M wegen der Zerstörung kein Ersatzanspruch gegenüber Dritten zusteht und er als Minder-

---

242　BGH, Urt. v. 29.09.2000 – V ZR 305/99, RÜ 2001, 4, 5 f.

243　BGH Urt. v. 04.05.1994 – VIII ZR 309/93, NJW 1994, 2021, 2022; Staudinger/Lorenz § 818 Rn. 118; BeckOK/Wendehorst § 818 Rn. 131.

jähriger nicht das Entreicherungsrisiko zu tragen hat, kann er sich auf den **Wegfall der Bereicherung gemäß § 818 Abs. 3** berufen. Er braucht nur das zerstörte Mofa herauszugeben.

III. V kann wegen dieses Anspruchs auf Herausgabe des zerstörten Mofas gegenüber dem Zahlungsanspruch des M gemäß § 273 ein Zurückbehaltungsrecht geltend machen. Übt V dieses Zurückbehaltungsrecht aus, so erfolgt eine Zug-um-Zug-Verurteilung.

Hinweis: Die strenge Zwei-Kondiktionen-Theorie gilt bei Geschäftsunfähigkeit selbst dann, wenn der Bereicherungsgegenstand noch in seinem Vermögen ist.[244] Dies hat zur Folge, dass der Geschäftsunfähige uneingeschränkt seine Leistung zurückverlangen kann, wenn der Vertragspartner sich nicht auf ein Zurückbehaltungsrecht beruft.

bb) Vertragspartner des verschärft Haftenden

Da der verschärft Haftende von vornherein damit rechnen muss, dass die beiden ausgetauschten Leistungen zurückzugewähren sind, ist es sachgerecht, ihm auch das Entreicherungsrisiko für beide erbrachten Leistungen aufzuerlegen. **186**

Der – gutgläubige – Partner ist dem verschärft Haftenden nur nach den Regeln der Zwei-Kondiktionen-Theorie verantwortlich, sodass er sich im Falle des Untergangs oder der Verschlechterung der empfangenen Leistung auf den **Wegfall der Bereicherung berufen** kann, es sei denn, er hat selbst durch vorwerfbares Handeln den Untergang bzw. die Verschlechterung verursacht.

Eine verschärfte Haftung kommt insbesondere in Betracht, wenn eine Partei **187**

- die andere arglistig getäuscht hat;

- einen Gesetzesverstoß nach § 134 bewusst verursacht;

- den Partner zu einem Wuchergeschäft nach § 138 Abs. 2 veranlasst;

- den Partner zu einem wucherähnlichen Geschäft nach § 138 Abs. 1 veranlasst.[245]

Fall 14: Getürkter Tacho

V manipuliert den Kilometerstand auf dem Tacho seines Autos um 50.000 km und verkauft es an K für 18.000 €. K verursacht grob fahrlässig einen Verkehrsunfall. Dabei wird der Wagen erheblich beschädigt. Der Wertverlust beträgt 6.000 €. Nachdem K die Anfechtung des Kaufvertrags erklärt hat, verlangt er den vollen Kaufpreis zurück. V will außer der Rückgabe des Wagens Ersatz für den Wertverlust, weil K diesen durch schuldhaftes Verhalten verursacht hat.

Bestehen die geltend gemachten Ansprüche?

A. K könnte gegen V einen Anspruch gemäß **§ 812 Abs. 1 S. 1 Alt. 1** auf Rückzahlung des Kaufpreises haben.

    I. Nach h.M. kann im Falle der Anfechtung die bereits erbrachte Leistung gemäß § 812 Abs. 1 S. 1 Alt. 1 zurückgefordert werden. Diese Einordnung gebiete § 142

---

244 BGH, Urt. v. 29.09.2000 – V ZR 305/99, RÜ 2001, 4, 6.

245 BGH, Urt. v. 19.01.2001 – V ZR 437/99, RÜ 2001, 198, 201; abl. Bodenbenner JZ 2002, 186 f.

Abs. 1, wonach der Anfechtung des Kausalgeschäfts ex-tunc-Wirkung zukomme.[246]

Nach a.A. ist § 812 Abs. 1 S. 2 Alt. 1 einschlägig, da bei wirksamer Anfechtung des Rechtsgeschäfts der Rechtsgrund gemäß § 142 rückwirkend entfalle. Im Zeitpunkt der Leistung sei tatsächlich ein Rechtsgrund vorhanden gewesen, dieser entfalle erst durch die Anfechtung.[247]

II. K hat das Geld zum Zwecke der Erfüllung des Kaufvertrags an V übereignet, sodass V durch Leistung des K das Eigentum und den Besitz an dem Geld ohne Rechtsgrund erlangt hat.

1. V hat jedoch für den erlangten Kaufpreis den Wagen an K übereignet, sodass grundsätzlich nach der Saldotheorie nur eine Zug-um-Zug-Verpflichtung besteht, mit der Maßgabe, dass jeder nur so viel zurückverlangen kann, wie er seinerseits zurückgewähren kann. Da K nur einen Wagen im Wert von 12.000 € zurückgeben kann (18.000 € Wert minus 6.000 € Wertverlust), könnte sein Rückzahlungsanspruch insoweit gemindert sein. Der K müsste also das **Risiko der Verschlechterung** tragen.

188 2. Wer das Entreicherungsrisiko tragen muss, ist im Wege der Wertung zu ermitteln.

a) Da V den K **arglistig getäuscht** hat und er gemäß **§ 142 Abs. 2** einem Bösgläubigen gleichsteht, muss er das Risiko der Verschlechterung und des Untergangs für die von ihm an den Empfänger erbrachte Leistung tragen. Es ist dem **Bösgläubigen** nicht nur verwehrt, sich bzgl. der empfangenen Leistung auf den Wegfall der Bereicherung zu berufen, sondern er trägt auch das Risiko für die erbrachte Leistung.[248] Daher kann K von V den vollen Kaufpreis zurückverlangen.

189 b) Dagegen wird teilweise eingewandt, dass zumindest dann, wenn Rücktritt und Anfechtung konkurrieren, die **Wertung des § 346 Abs. 3 S. 1 Nr. 3** im Rahmen der bereicherungsrechtlichen Rückabwicklung zu berücksichtigen sei.[249]

Anstatt die Anfechtung zu erklären, hätte K auch nach §§ 437 Nr. 2, 323, 326 Abs. 5 zurücktreten können. Danach müsste K hier Wertersatz leisten, da er den Unfall grob fahrlässig verursacht hat. Für diese Auffassung spricht, dass es häufig vom Zufall abhängt, ob die Anfechtung oder der Rücktritt erklärt wird.

190 c) Dagegen spricht jedoch entscheidend, dass der Gesetzgeber je nachdem, ob der Vertrag wirksam ist (§§ 346 ff.) oder unwirksam ist (§§ 812 ff.) zwei **unterschiedliche Rückabwicklungsregelungen** geschaffen hat. Überträgt man die Wertung der einen Rückabwicklungsregelung auf die andere,

---

246 Staudinger/Lorenz § 812 Rn. 88; BeckOK/Wendehorst § 812 Rn. 63.

247 Palandt/Sprau § 812 Rn. 26.

248 BGH, Urt. v. 26.10.1978 – VII ZR 71/76, BGHZ 72, 252, 256.

249 Staudinger/Lorenz § 818 Rn. 41; BeckOK/Wendehorst § 818 Rn. 135.

so besteht die Gefahr, dass die Unterschiede verwischt werden. Somit kann K von V den vollen Kaufpreis ersetzt verlangen.

3. Da K durch **schuldhaftes Verhalten** den Wagen verschlechtert hat, muss er einen Teil der Wertminderung selbst tragen. In welchem Umfang er für die von ihm verschuldete Wertminderung einzustehen hat, muss gemäß **§ 242** unter Berücksichtigung der beiderseitigen Verursachungsbeiträge ermittelt werden. **191**

V hat den K arglistig getäuscht und damit die Ursache für die Rückabwicklung schuldhaft gesetzt. Der K hat die geleistete Sache schuldhaft verschlechtert, sodass es gerechtfertigt ist, jede Partei zur Hälfte an der Wertminderung zu beteiligen.

Es ist letztlich Tatfrage, in welchem Umfang die eine oder andere Partei das Risiko der Wertminderung zu tragen hat.

III. Da weitere Vor- und Nachteile nach dem Sachverhalt nicht auszugleichen sind, kann K von V insgesamt **15.000 €** (18.000 € minus 3.000 €) zurückverlangen.

B. V könnte gegen K einen Anspruch gemäß **§ 812 Abs. 1 S. 1 Alt. 1** auf Rückgabe des beschädigten Wagens haben.

I. K hat rechtsgrundlos durch Leistung des V das Eigentum und den Besitz am Wagen erlangt.

II. Da V den K arglistig getäuscht hat und deshalb verschärft haftet, findet die Saldotheorie keine Anwendung. Es gelten die Regeln der Zwei-Kondiktionen-Theorie. Als Bösgläubiger trägt V für seine Leistung das Risiko der Verschlechterung und des Untergangs, sodass sich K wegen des Wertverlustes infolge des Unfalls gemäß § 818 Abs. 3 auf den **Wegfall der Bereicherung** berufen kann.

K braucht nur den beschädigten Wagen zurückzugeben.

---

cc) Empfänger einer mangelhaften Leistung

Wenn dem Anspruchsteller eine mangelhafte Sache geliefert und durch den Mangel eine Verschlechterung oder der Untergang verursacht wird, so trägt nicht der Empfänger das Risiko der Verschlechterung und des Untergangs, sondern der Anspruchsteller als Leistender.[250]

Beispiel: V verkauft dem K einen Mähdrescher für 15.000 €. Der Mähdrescher ist bei der Lieferung mangelhaft. Infolge des Mangels tritt eine Wertminderung i.H.v. 8.000 € ein. Nunmehr stellt sich heraus, dass der Kaufvertrag nichtig ist.

I. Anspruch des K gegen V auf Rückzahlung des Kaufpreises gemäß **§ 812 Abs. 1 S. 1 Alt. 1**.

1. V hat durch die Leistung des K einen Vermögensvorteil i.H.d. Kaufpreises ohne Rechtsgrund erhalten.

2. Bei Anwendung der Saldotheorie könnte K nur 7.000 € zurückverlangen – 15.000 € Kaufpreis abzüglich 8.000 € Wertminderung. K würde danach das **Entreicherungsrisiko** in Höhe von 8.000 € tragen, obwohl ihm eine mangelhafte Sache geliefert worden und infolge des Mangels die Wertminderung ein- **192**

---

250 BeckOK/Wendehorst § 818 Rn. 133.

getreten ist. Dieses unbillige Ergebnis wird in den Fällen der mangelhaften Lieferung vermieden, indem die Grundsätze der strengen Zwei-Kondiktionen-Theorie angewendet werden.

Danach steht dem K ein selbstständiger Anspruch auf Rückzahlung des Kaufpreises i.H.v. 15.000 € zu.

II. Anspruch des V gegen K auf Herausgabe des Mähdreschers gemäß **§ 812 Abs. 1 S. 1 Alt. 1.**

1. K hat durch die Leistung des V rechtsgrundlos Eigentum und Besitz am Mähdrescher erlangt.

2. Zwar kann K den Mähdrescher nicht im ursprünglichen Zustand zurückgewähren, doch findet die Saldotheorie keine Anwendung, da der Mähdrescher bereits bei der Lieferung mangelhaft war und dadurch die Wertminderung eingetreten ist. Für die eingetretene Wertminderung ist daher gemäß § 818 Abs. 2 **kein** Wertersatz zu leisten, weil K insoweit nicht mehr bereichert ist, § 818 Abs. 3.

V kann von K nur Herausgabe des **beschädigten** Mähdreschers verlangen.

III. Da jeder Partei ein Bereicherungsanspruch zusteht und diese beiden Bereicherungsansprüche auf einem einheitlichen Lebenssachverhalt beruhen, also Konnexität gegeben ist, kann jede Partei gegenüber dem Anspruch der anderen gemäß **§ 273** ein Zurückbehaltungsrecht geltend machen und dadurch die Verknüpfung der Ansprüche herstellen.

K kann Rückzahlung des vollen Kaufpreises verlangen, und falls V wegen seines Gegenanspruchs auf Herausgabe des beschädigten Mähdreschers die Einrede des Zurückbehaltungsrechts erhebt, besteht eine entsprechende Zug-um-Zug-Verpflichtung (§§ 273, 274).

dd) Rückabwicklung bei Vorleistungspflicht des Gläubigers

193 Ist bei einem gegenseitigen Vertrag eine Partei vorleistungspflichtig und hat nur sie ihre Leistung erbracht, bevor es zur Rückabwicklung kommt, gestaltet sich die Rückabwicklung problematisch.

Die Saldotheorie dient bei gegenseitigen Austauschverträgen nämlich der angemessenen Rückgewähr von Leistung und Gegenleistung. Dies setzt aber gerade voraus, dass ein Austausch der beiden Leistungspflichten erfolgt ist. War eine Partei vorleistungspflichtig, so scheidet eine Anwendung der Saldotheorie aus, da **kein faktisches Synallagma** besteht, d.h., dass die Berücksichtigung einer an der geleisteten Sache eingetretenen Wertminderung mangels Vergütungsleistung nicht als Abzugsposten in Rechnung gestellt werden kann. Auch eine Zug-um-Zug-Verurteilung bezüglich der Leistung und Gegenleistung ist nicht möglich. Streitig ist, wer in diesen Fällen das Entreicherungsrisiko zu tragen hat.

Beispiel: V verkauft dem K ein Fahrrad für 1.000 €. Der Kaufpreis soll erst in einem Monat fällig werden. Nachdem das Rad an K übereignet wurde, wird es bei K beschädigt. Der Schaden beträgt 400 €. Bevor der Kaufpreis gezahlt ist, stellt sich die Nichtigkeit des Kaufvertrags heraus. V verlangt das Rad zurück und Wertersatz i.H.v. 400 €.

I. Die Saldotheorie ist auf den vorliegenden Sachverhalt nicht anwendbar. Da die Gegenleistung noch nicht erbracht ist, kann sie bei der Rückabwicklung nicht berücksichtigt werden. Der bei K eingetretene Schaden kann keinen Abzugsposten bei dem Anspruch des K auf Rückzahlung des Kaufpreises bilden, weil kein Rückzahlungsanspruch des K besteht. Für die Vertreter der Saldotheorie ergibt sich, dass V von K nur das beschädigte Rad herausverlangen kann. K kann sich im Übrigen auf den **Wegfall der Bereicherung** berufen. Das Risiko der Beschädigung trägt demnach bei der Vorleistung der Vorleistende (V) und nicht der Inhaber der Sache (K). Mit der Vorleistung hat der Verkäufer V dieses Risiko übernommen.[251]

II. Dagegen lässt sich einwenden, dass mit der Vorleistung lediglich das Risiko der Insolvenz des Vertragspartners, nicht dagegen das Risiko des Untergangs der Sache verbunden ist.[252] Legt man diese Wertung zugrunde, so kann K sich nicht auf den Wegfall der Bereicherung berufen und muss Wertersatz leisten.

---

251 Medicus BR Rn. 226.

252 MünchKomm/Schwab § 818 Rn. 230.

IV. Verschärfte Haftung

Die Privilegierung des Bereicherungsschuldners gegenüber anderen Schuldnern ist nicht gerechtfertigt, wenn er mit der Herausgabe des Bereicherungsgegenstands rechnen musste. Der Bereicherungsschuldner haftet dann nach den allgemeinen Vorschriften. **194**

1. Voraussetzungen

■ Gemäß **§ 818 Abs. 4** haftet der Empfänger verschärft, wenn die **Klage** des Bereicherungsgläubigers gegen den Bereicherungsschuldner **rechtshängig** ist. Die Rechtshängigkeit tritt ein mit Zustellung der Klage (§§ 261 Abs. 1, 253 Abs. 1 ZPO). Im Mahnverfahren ist § 696 Abs. 3 ZPO zu beachten. **195**

■ **§ 819 Abs. 1** stellt den Eintritt der Rechtshängigkeit dem Fall gleich, dass der Empfänger den Mangel des rechtlichen Grundes bei Empfang kennt oder später davon erfährt, er also **bösgläubig** ist. Nach § 819 Abs. 2 greift die verschärfte Haftung auch ein, wenn der Empfänger durch die Annahme der Leistung gegen ein gesetzliches Verbot oder gegen die guten Sitten verstößt.

■ **§ 820 Abs. 1** regelt die verschärfte Haftung bei ungewissem Erfolgseintritt.

2. Rechtsfolgen

a) Keine Berufung auf § 818 Abs. 3

Der Bereicherungsschuldner kann sich nicht mehr auf den Wegfall der Bereicherung berufen.[253] Ihn trifft eine verschuldens- und entreicherungsunabhängige Wertersatzpflicht.[254] Der Wortlaut des § 818 Abs. 4 ist insofern zwar nicht eindeutig, da dort lediglich auf die allgemeinen Vorschriften verwiesen wird.[255] Aus dem Zweck der Haftungsverschärfung wird jedoch richtigerweise abgeleitet, dass der Bereicherungsschuldner sich (nur) nicht mehr auf § 818 Abs. 3 berufen können soll, die **Wertersatzpflicht** gemäß § 818 Abs. 2 **als solche aber weiterhin besteht**.[256] **196**

b) Haftung nach den allgemeinen Vorschriften

§ 818 Abs. 4 enthält einen **Rechtsgrundverweis** auf die „allgemeinen Vorschriften". Zu diesen Vorschriften zählen unstreitig diejenien, die **Rechtshängigkeit** voraussetzen. Zugunsten des Bereicherungsgläubigers gilt daher: **197**

■ Er hat einen Anspruch auf **Schadensersatz** nach §§ 292, 989, 990 (verschuldensabhängig);

■ ferner hat er einen Anspruch auf Herausgabe der **Nutzungen**, §§ 292 Abs. 2, 987;

■ eine Geldschuld muss **verzinst** werden, § 291;

---

253 Palandt/Sprau § 818 Rn. 53; Looschelders Rn. 1123.

254 Looschelders Rn. 1123.

255 Looschelders Rn. 1123.

256 BeckOK/Wendehorst § 818 Rn. 83; Looschelders Rn. 1123.

- die Ersatzpflicht des Bereicherungsgläubigers ist auf **notwendige Verwendungen** beschränkt, §§ 292 Abs. 2, 994 Abs. 2.

198 Nach h.M.[257] sind jedoch über den Verweis in § 818 Abs. 4 nicht nur die Vorschriften, die Rechtshängigkeit voraussetzen anwendbar, sondern auch das **allgemeine Leistungs-störungsrecht (§§ 275 ff.)**. Der verschärft haftende Bereicherungsschuldner soll nämlich nicht besser stehen als jeder andere Schuldner. Somit gilt Folgendes:

- Der Bereicherungsschuldner haftet nach **§ 285** auf Herausgabe des **Surrogats**. Damit muss er auch den bei einer Weiterveräußerung erzielten Gewinn herausgeben.

- Gerät er mit der Herausgabe des Bereicherungsgegenstandes in Verzug, so haftet er nach **§§ 280 Abs. 1, 286.**[258]

- Nach § 276 trägt er bei Gattungsschulden das **Beschaffungsrisiko.**

- Ob dieser Grundsatz auch auf **Geldschulden** anzuwenden ist, ist zweifelhaft.[259]

  Unstreitig mit unterschiedlichen Begründungen ist jedoch, dass der verschärft haftende Bereicherungsschuldner für seine finanzielle Leistungsfähigkeit einstehen und die empfangene Geldsumme zurückzahlen muss.[260]

c) Bösgläubiger Bereicherungsschuldner

199 Nicht nur in der Praxis, sondern auch im Examen von großer Bedeutung ist die Haftung des bösgläubigen Bereicherungsschuldners gemäß **§ 819 Abs. 1**, also desjenigen, der den Mangel des rechtlichen Grundes bei dem Empfang kennt oder später davon erfährt.

Fall 15: Bösgläubiger Bruder

L hat seinem Bruder E eine gebrauchte Werkzeugmaschine zur Einrichtung einer Fabrik geschenkt. Es stellt sich später heraus, dass der Schenkungsvertrag nichtig ist. Dennoch benutzt E die Maschine weiter. Dabei wird sie aus nicht zu klärenden Gründen erheblich beschädigt.

Ansprüche des L gegen E?

A. **Herausgabeansprüche**

    I. Ein Anspruch aus **§ 985** scheidet aus, da L dem E die Maschine wirksam übereignet hat. E ist Eigentümer geworden.

    II. L könnte jedoch gegen E einen Anspruch aus **§ 812 Abs. 1 S. 1 Alt. 1** haben.

        1. E hat durch Leistung des L Eigentum und Besitz an der Maschine erlangt. Dieser Erwerb war rechtsgrundlos, weil der Zweck, den Schenkungsvertrag zu erfüllen, mangels Wirksamkeit des Vertrags fehlgeschlagen ist.

---

257 BeckOK/Wendehorst § 818 Rn. 84 f.; Looschelders Rn. 1127; kritisch MünchKomm/Schwab § 818 Rn. 289 f.

258 BeckOK/Wendehorst § 818 Rn. 83.

259 BGH, Urt. v. 25.03.1982 – VII ZR 60/81, BGHZ 83, 293, 299 zu § 279 a.F.

260 BeckOK/Wendehorst § 818 Rn. 87 f.; Staudinger/Lorenz § 818 Rn. 50; MünchKomm/Schwarz § 818 Rn. 296.

2. Nach § 812 Abs. 1 S. 1 Alt. 1 ist das Erlangte herauszugeben. Da die Übereignung einer unbeschädigten Maschine nicht möglich ist, muss nach § 818 Abs. 2 in Höhe der Beschädigung Wertersatz geleistet werden.

3. Eine Berufung auf den **Wegfall der Bereicherung** (§ 818 Abs. 3) **scheidet aus**, da E im Zeitpunkt der Beschädigung der Maschine wusste, dass der Schenkungsvertrag nichtig war.

B. Schadensersatzansprüche

I. Ansprüche des L gegen E gemäß **§ 823** oder aus den **§§ 987 ff.** scheiden aus, da E zum Zeitpunkt der Beschädigung der Maschine Eigentümer war.

II. Jedoch kommt ein Anspruch aus **§§ 819, 818 Abs. 4, 292 Abs. 1, 989, 990** in Betracht.

Der bösgläubige Besitzer haftet gemäß §§ 989, 990 auf Schadensersatz, wenn er die Verschlechterung der Sache verschuldet hat. Nach h.M. ist allein die Weiterbenutzung der Sache schuldhaft, soweit sie nicht der Erhaltung der Sache dient.[261]

200

Im vorliegenden Fall steht allerdings nicht fest, dass der Schaden auf der Weiterbenutzung der Maschine beruht. Dies ist unerheblich, wenn der E gemäß §§ 818 Abs. 4, **287 S. 2** auch für eine **zufällige Beschädigung** haftet. Nach h.M. sind gemäß § 818 Abs. 4 mit dem Verweis auf die allgemeinen Vorschriften auch die **§§ 286 ff.** gemeint.[262]

Da § 818 Abs. 4 einen Rechtsgrundverweis vorsieht, sind sämtliche Voraussetzungen der Vorschriften, auf die verwiesen wird, zu prüfen.

1. Dem L steht nach § 812 Abs. 1 ein fälliger durchsetzbarer Anspruch auf Rückgabe der Maschine zu.

2. Eine Mahnung ist gemäß § 286 Abs. 1 S. 2, Abs. 2 entbehrlich.[263] Danach steht der Mahnung die Erhebung der Klage gleich, d.h., im Fall der Rechtshängigkeit braucht keine Mahnung zu erfolgen. Da im Bereicherungsrecht der Bösgläubige wie der Verklagte haftet, muss er nicht gemahnt werden.

3. Das Nichtleisten war auch zu vertreten, dies wird nach § 286 Abs. 4 vermutet.

4. Da sich E also mit der Leistung in Verzug befand, haftet er gemäß **§ 287 S. 2** auch für die zufällige Beschädigung der Werkzeugmaschine.

   L hat gegen E wegen der Beschädigung der Maschine einen Schadensersatzanspruch aus §§ 819, 818 Abs. 4, 292 Abs. 1, 989, 990.

C. Nutzungsersatzansprüche

I. Ansprüche des L gegen E aus den **§§ 987 ff.** scheiden aus, da E Eigentümer geworden ist.

---

261 OLG Saarbrücken NJW-RR 1998, 1068, 1069; MünchKomm/Medicus § 989 Rn. 8.
262 Vgl. Palandt/Sprau § 818 Rn. 54 m.w.N.
263 Staudinger/Lorenz § 819 Rn. 16; Erman/Buck-Heeb § 819 Rn. 9.

201 II. Jedoch sind die Voraussetzungen für einen Anspruch aus **§§ 819, 818 Abs. 4, 292 Abs. 2, 987, 990** gegeben. Als bösgläubiger Besitzer haftet E nicht nur auf Ersatz der gezogenen Nutzungen, sondern auch auf Ersatz der schuldhaft nicht gezogenen Nutzungen.

> **Abwandlung zu Fall 15:**
>
> E, der die Unwirksamkeit des Schenkungsvertrags kannte, veräußert die Maschine an X zu einem Preis von 17.000 €, der objektive Wert der Maschine beträgt 14.000 €. E verspielt das Geld in einer Spielbank.

A. E haftet gemäß **§§ 812, 819 Abs. 1, 818 Abs. 4, 292, 989** auf Schadensersatz, weil er die verschuldete Unmöglichkeit der Rückgabe zu vertreten hat. Danach kann L von E insgesamt 14.000 € als **Schadensersatz** verlangen.

B. L kann von E den durch die Weiterveräußerung erzielten Kaufpreis in Höhe von 17.000 € herausverlangen, wenn E gemäß **§§ 812, 819 Abs. 1, 818 Abs. 4, 285** auf Herausgabe des durch Rechtsgeschäft erzielten **Surrogats** haftet.

202 Ob und in welchem Umfang in § 818 Abs. 4 auf die allgemeinen Vorschriften des Schuldrechts verwiesen wird, wird nicht einheitlich beurteilt. Nach der Rspr. und einem Teil der Lit. können bestimmte Regeln des Schuldrechts entsprechend dem Sinn und Zweck des § 818 Abs. 4 angewandt werden. Die Verweisung auf die allgemeinen Vorschriften verfolgt den Zweck, dem Bereicherungsschuldner die durch die eingeschränkte Haftung nach § 818 Abs. 1–3 zugute kommenden Vergünstigungen zu nehmen und ihn wie jeden Schuldner zu behandeln. Daher wird die Anwendung des § 285 – zu Recht – bejaht.

L kann also vom E Herausgabe des erzielten Kauferlöses i.H.v. 17.000 € verlangen.

---

aa) Bösgläubigkeit bei Minderjährigen

203 Soweit auf der Seite des Leistungsempfängers eine unbeschränkt geschäftsfähige Person tätig wird, bereitet die Feststellung der Bösgläubigkeit keine besonderen Schwierigkeiten. Problematisch ist jedoch, auf welche Person abzustellen ist, wenn der Leistungsempfänger minderjährig ist.

204 ■ Teilweise wird die eigene Kenntnis des Minderjährigen von der Rechtsgrundlosigkeit seines Erwerbs für unbedeutend erachtet und allein auf die **Kenntnis des gesetzlichen Vertreters** abgestellt.[264] Dies folge aus dem Schutzzweck der §§ 104 ff. Zudem werde im Gesetz häufig die Bösgläubigkeit mit der Rechtshängigkeit gleichgesetzt. Rechtshängigkeit gegenüber einem Minderjährigen erfolgt aber erst mit Zustellung an dessen gesetzlichen Vertreter (§ 170 Abs. 1 S. 1 ZPO). Daher müsse auch für die

---

264 Staudinger/Lorenz § 819 Rn. 10; BeckOK/Wendehorst § 819 Rn. 8.

Kenntnis von der Rechtsgrundlosigkeit im Rahmen des § 819 Abs. 1 auf den gesetzlichen Vertreter abgestellt werden.

■ Die wohl **h.M. differenziert nach der Art der Kondiktion**. Bei der Leistungskondik-   **205**
tion handelt es sich um die Rückabwicklung nichtiger Verträge und somit wird eine
Haftungsverschärfung nur bei Kenntnis des gesetzlichen Vertreters angenommen
(§§ 104 ff.); bei der Eingriffskondiktion genügt die Kenntnis des Minderjährigen
selbst, soweit er deliktsfähig ist (§ 828 Abs. 2). Danach wird die Eingriffskondiktion
dem Deliktsrecht gleichgestellt, während bei der Leistungskondiktion als Rückabwicklung schuldrechtlicher Verpflichtungen an §§ 104 ff. anzuknüpfen ist.[265]

Beispiel: M hat zu seinem 16. Geburtstag ein Handy geschenkt bekommen. Obwohl ihm die Eltern dies
ausdrücklich untersagt haben, lädt er sich ohne deren Wissen mit großem Vergnügen Klingeltöne des
Anbieters K herunter. Der K verlangt Bezahlung.

I. Vertragliche Ansprüche kommen wegen der Minderjährigkeit des K nicht in Betracht, da die erforderliche Einwilligung seines gesetzlichen Vertreters fehlt, § 107.
II. Ein Anspruch auf Wertersatz könnte sich aus § 812 Abs. 1 S. 1 Alt. 1 ergeben.[266]
1. M hat die tatsächlich bezogenen Klingeltöne erlangt.
2. Dies geschah auch durch Leistung des Anbieters K.
3. Die Leistung erfolgte ohne Rechtsgrund, da der Klingeltonvertrag aufgrund der Minderjährigkeit des
M unwirksam war.
4. Rechtsfolge:
a) M muss das Erlangte herausgeben.
Genutzte Klingeltöne lassen sich technisch zurücksenden und auf dem Mobilfunktelefon des Nutzers
löschen. Der Klingeltonanbieter wird daran im Zweifel aber kein Interesse haben, da er durch den Empfang des Klingeltons keinen wirtschaftlichen Wert hat.[267] Anders als eine reine Dienstleistung kann der
Klingelton in der Gestalt seiner technischen Signale – wie beim Internet-Download – rückstandslos zu-
rückgegeben werden. Nur wer eine „rückstandslose" Rückgabe ausgeschlossen hat, kommt zu einem
Wertersatz nach § 818 Abs. 2 für den Klingelton selbst.
b) Gemäß § 818 Abs. 1 muss M auch die tatsächlich gezogenen Nutzungen herausgeben. Die tatsächlich genutzten Klingeltöne können jedoch nicht mehr herausgegeben werden, sodass er gemäß § 818
Abs. 2 Wertersatz zu leisten hat.[268]
c) Fraglich ist jedoch, ob der Minderjährige sich auf den Wegfall der Bereicherung berufen kann, § 818
Abs. 3. Dies ist nicht der Fall, wenn er Aufwendungen erspart hat. Da die Eltern ihm ausdrücklich untersagt haben, Klingeltöne herunterzuladen, wäre es auch anderweitig nicht zu einem wirksamen Klingel-
tonerwerb gekommen, sodass M nicht mehr bereichert ist.
d) Eine verschärfte Haftung des Minderjährigen nach den allgemeinen Vorschriften, §§ 819 Abs. 1, 818
Abs. 4, scheidet aus, da bei der Leistungskondiktion auf die Bösgläubigkeit des gesetzlichen Vertreters
abzustellen ist und dieser keine Kenntnis vom Herunterladen der Klingeltöne hatte.
Somit hat K gegen M keinen Anspruch auf Wertersatz für das Herunterladen der Klingeltöne.

bb) Bösgläubigkeit bei Hilfspersonen

Die Kenntnis muss grundsätzlich in der Person des Leistungsempfängers vorliegen.   **206**
Wird die Leistung durch einen **Vertreter** oder Personen in Empfang genommen, durch
die sich der Schuldner in ähnlicher Weise wie durch einen Vertreter repräsentieren lässt,
so schadet analog **§ 166 Abs. 2** auch deren Kenntnis.[269]

---

265 Vgl. Palandt/Sprau § 819 Rn. 4 m.w.N.
266 Dazu Mankowski/Schreier VuR 2007, 281 ff.; Derleder/Thielbar NJW 2006, 3233.
267 Mankowski/Schreier VuR 2007, 281 ff.
268 Dazu im Einzelnen Mankowski/Schreier VuR 2007, 281 ff.
269 BeckOK/Wendehorst § 819 Rn. 7.

cc) Bösgläubigkeit bei Anfechtbarkeit des Rechtsgeschäfts

207 Aufgrund der Regelung in **§ 142 Abs. 2** genügt auch die Kenntnis der Anfechtbarkeit des Rechtsgeschäfts.[270] Wird angefochten, so gilt rückwirkend (§ 142 Abs. 1) die verschärfte Haftung ab dem Zeitpunkt, in dem der Empfänger die Anfechtbarkeit und deren Rechtsfolge kannte.[271]

V. Verjährung des Bereicherungsanspruchs

208 Der Bereicherungsanspruch verjährt nach der **regelmäßigen Verjährungsfrist** des **§ 195 in drei Jahren**. Die Verjährung beginnt gemäß § 199 Abs. 1 mit dem Schluss des Jahres, in dem der Anspruch entstanden ist und der Gläubiger von den den Anspruch begründenden Umständen und der Person des Schuldners Kenntnis erlangt hat oder ohne grobe Fahrlässigkeit erlangen musste.

Der Gläubiger eines Bereicherungsanspruchs hat die **erforderliche Kenntnis**, wenn er die Leistung und die Tatsache kennt, aus denen sich das **Fehlen des Rechtsgrundes** ergibt.[272]

Beispiel: Autohändler V verkauft Privatmann K im Jahre 2005 einen neuen Pkw, der erhebliche Mängel aufweist. Nachdem verschiedene Nachbesserungsversuche fehlgeschlagen sind, erhält K ein neues Fahrzeug und leistet 1.500 € Nutzungsersatz an V für den Gebrauch des mangelhaften Wagens. Nachdem der BGH am 26.11.2008 entschieden hat, dass beim Verbrauchsgüterkauf im Falle der Ersatzlieferung kein Nutzungsersatz zu leisten ist, verlangt K Anfang 2009 die gezahlten 1.500 € zurück. V beruft sich auf Verjährung.

I. Die Voraussetzungen des **§ 812 Abs. 1 S. 1 Alt. 1** liegen vor, denn V hat durch Leistung des K ohne Rechtsgrund ein Vermögensvorteil i.H.v. 1.500 € erlangt.

209 **II.** Der Anspruch könnte jedoch mit Ablauf des Jahres 2008 verjährt sein, **§§ 195, 199 Abs. 1**. Fraglich ist, ob K im Jahre 2005 von den den Anspruch begründenden Umständen ohne grobe Fahrlässigkeit Kenntnis erlangen musste. Eine fehlerhafte Einschätzung der Rechtslage steht dem Beginn der Verjährungsfrist grundsätzlich nicht entgegen. Der Gläubiger eines Bereicherungsanspruchs hat die erforderliche Kenntnis, wenn er die Leistung und die Tatsache kennt, aus denen sich das Fehlen des Rechtsgrundes ergibt. Etwas anderes gilt jedoch, wenn die **Rechtslage besonders unübersichtlich** ist. Ob der Verbraucher bei einer Ersatzlieferung Nutzungsersatz zu leisten hat, war im Jahre 2005 hoch streitig und ist für die Praxis erst mit der Entscheidung des BGH vom 26.11.2008 geklärt worden[273] (Inzwischen ist für den Verbrauchsgüterkauf in § 474 Abs. 2 S. 1 geregelt, dass § 439 Abs. 4 mit der Maßgabe anzuwenden ist, dass Nutzungen nicht herauszugeben oder durch ihren Wert zu ersetzen sind).

Aus diesem Grunde wird in der Lit.[274] davon ausgegangen, dass die Verjährung erst nach Klärung der Rechtslage am 01.01.2009 beginnt und somit der Anspruch erst ab 01.01.2012 verjährt ist.

An das Vorliegen einer unübersichtlichen Rechtslage sind jedoch mit Hinblick auf Sinn und Zweck der Verjährungsvorschriften (Rechtssicherheit) hohe Anforderungen zu stellen. Der Umstand, dass eine Rechtsfrage kontrovers diskutiert wird, hindert somit den Eintritt der Verjährung nicht, sodass sich V demnach – zu Recht – auf Verjährung beruft.

---

270 Palandt/Sprau § 819 Rn. 2.

271 Staudinger/Lorenz § 819 Rn. 7.

272 BGH, Urteil vom 29.01.2008 – XI ZR 160/07, NJW 2008, 1729; Palandt/Ellenberger § 199 Rn. 27.

273 Dazu Faust JuS 2009, 274.

274 Heermeler NJW 2009, 1845, 1847.

Bereicherungsausgleich beim gegenseitigen unwirksamen Vertrag

Verrechnung von Leistung und Gegenleistung nach der Saldotheorie

■ Bei der Rückabwicklung eines gegenseitigen Austauschvertrags sind nach der Saldotheorie die beiderseitig empfangenen Leistungen miteinander zu verrechnen (ohne eine Aufrechnungserklärung).

■ Soweit die zurückzugewährenden Leistungen **ungleichartig** sind und damit eine Verrechnung ausscheidet, besteht von vornherein nur ein Anspruch auf **Zug-um-Zug-Leistung** (ohne dass ein Zurückbehaltungsrecht geltend gemacht werden muss).

Nach der Saldotheorie zu verrechnende Vorteile, § 818 Abs. 1

■ Nutzungen der zurückzugewährenden Sache müssen ersetzt werden: der Differenzbetrag zwischen dem Wert der Sache im Zeitpunkt der Übergabe und dem Zeitpunkt der Geltendmachung – **Wertverzehr**.

■ Sind durch Anlage des Geldbetrags **Zinsen** erzielt worden, so müssen diese zurückgewährt werden. Das gilt auch für ersparte Sollzinsen.

Nach der Saldotheorie zu verrechnende Nachteile, § 818 Abs. 3

■ Kann eine Partei die von ihr empfangene Leistung nicht zurückgewähren, wird der Wertverlust nach § 818 Abs. 3 als **Abzugsposten** bei der zurückgeforderten Gegenleistung berücksichtigt. Jede Partei kann nur so viel zurückverlangen, wie sie ihrerseits zurückgewähren kann.

■ Vertragskosten sind grundsätzlich ausgleichspflichtig.

■ Ob Kosten für Verwendungen auf die Sache ausgleichspflichtig sind, ist durch Wertung zu ermitteln.

■ Bei „**aufgedrängter Bereicherung**" ist der subjektive Ertragswert der auf den Bereicherungsgegenstand gemachten Verwendung für den Bereicherungsschuldner maßgebend.

Zwei-Kondiktionen-Theorie statt Saldotheorie

■ Zugunsten des nicht voll Geschäftsfähigen

■ Zulasten des verschärft Haftenden (arglistige Täuschung, § 138 Abs. 1, 2); Lit.: Wertung des § 346 Abs. 3 S. 1 Nr. 3 berücksichtigen

■ Untergang oder Beschädigung einer Sache infolge eines Mangels

■ Vorleistungsfälle

211

Leistungskondiktion aus § 812 Abs. 1 S. 1 Alt. 1

Anwendbarkeit

- Bei nichtigen Dienst-, Werk- oder Geschäftsbesorgungsverträgen greifen nach h.M. die Regeln der GoA ein. Ausnahmen bei Sittenwidrigkeit oder einem Verstoß gegen ein gesetzliches Verbot.
- Die §§ 987 ff. schließen eine Eingriffskondiktion aus. Nach der Rspr. ist auch eine Leistungskondiktion ausgeschlossen. In der Lit. wird teilweise die Leistungskondiktion als vorrangig angesehen, teilweise wird sie auch neben den §§ 987 ff. für anwendbar gehalten.

Voraussetzungen

- Der Anspruchsgegner muss etwas erlangt haben:
  Etwas i.S.d. § 812 ist jeder Vermögenswert, der Gegenstand einer rechtsgeschäftlichen oder gesetzlichen Verpflichtung sein kann.
    - Eigentum; beschränkt dingliche Rechte an Sachen; Forderungen, die nach den dafür geltenden Regeln über Verfügungsgeschäfte übertragen worden sind
    - Tatsächliches Verhalten: Besitzübertragung, Tätigkeiten, Dienste usw.
- Durch **Leistung** des Anspruchstellers: Leistung ist jede bewusste und zweckgerichtete Mehrung fremden Vermögens. Bei dem Anspruch aus § 812 Abs. 1 S. 1 Alt. 1 ist der **Leistungszweck die Erfüllung einer Verbindlichkeit**.
- Ohne **Rechtsgrund:** Wenn der Zweck, die Verbindlichkeit zu erfüllen, nicht erreicht wird. Hauptfall: Nichtbestehen der Verbindlichkeit

Ausschluss

§ 814: Wenn der Leistende gewusst hat, dass er nicht verpflichtet war oder wenn er mit der Leistung eine Anstands- oder sittliche Pflicht erfüllen wollte.

§ 817 S. 2 analog: Verstoß des Leistenden gegen die guten Sitten oder gesetzliches Verbot

Umfang der Haftung des Gutgläubigen bei einseitiger unwirksamer Leistungspflicht

- **§ 812 Abs. 1 S. 1:** Das geleistete Etwas muss **zurückgewährt** werden. Ist ein Recht übertragen worden, muss die Rückübertragung durch Verfügungsgeschäft erfolgen.
- **§ 818 Abs. 1: Gezogene Nutzungen** und **Surrogate** müssen herausgegeben werden.
    - Nutzungen, § 100: Früchte und Gebrauchsvorteile, **auch ersparte Zinsen**
    - **Nicht** der Veräußerungserlös, § 285 gilt nicht
- **§ 818 Abs. 2:** Kann das nach § 812 Abs. 1 S. 1 und § 818 Abs. 1 geschuldete nicht zurückgewährt werden, so muss Wertersatz geleistet werden.
- **§ 818 Abs. 3:** Wertersatzanspruch besteht nicht, wenn der Empfänger nicht mehr bereichert ist.
    - Entreicherung liegt vor, wenn das zurückzugewährende Etwas nicht mehr vorhanden ist und **keine Aufwendungsersparnis** gegeben ist.
    - Nach Sinn und Zweck des § 818 Abs. 3 sind die im **Vertrauen** auf den **Bestand** des Erwerbs entstandenen Nachteile auszugleichen, nicht jedoch die Schäden, die durch den Bereicherungsgegenstand verursacht worden sind.

Verschärfte Haftung, §§ 818 Abs. 4, 819, 820

- Der verschärft Haftende ist über §§ 818 Abs. 4, 291, 292, 987 ff. verantwortlich. Im Falle der Beschädigung oder des Untergangs haftet er für Zufall, weil er sich im Verzug befindet.
- Der verschärft Haftende ist auch nach den allgemeinen Regeln des Schuldrechts verantwortlich, insbesondere nach § 285.
- Auf welche Person abzustellen ist, wenn ein Minderjähriger Leistungsempfänger ist, ist umstritten.

B. Bereicherungsanspruch wegen Wegfalls des rechtlichen Grundes

Nach **§ 812 Abs. 1 S. 2 Alt. 1** besteht die Verpflichtung zur Herausgabe auch dann, „wenn der rechtliche Grund später wegfällt". Der Begriff des rechtlichen Grundes ist hier derselbe wie in § 812 Abs. 1 S. 1 Alt. 1 („ohne rechtlichen Grund"). **212**

Leistungszweck muss daher auch bei der Leistungskondiktion nach § 812 Abs. 1 S. 2 Alt. 1 (condictio ob causam finitam) die **Erfüllung einer Verbindlichkeit** sein. Danach ist das Merkmal „wenn der rechtliche Grund später wegfällt" gegeben, wenn die zu erfüllende Verbindlichkeit bestand, aber **nach** der Leistung weggefallen ist.

I. Typische Fallkonstellationen

Der Anspruch aus § 812 Abs. 1 S. 2 Alt.1 erfasst insbesondere folgende Fälle:

- Der schuldrechtliche Vertrag ist unter einer **auflösenden Bedingung oder Befristung** geschlossen worden und diese Bedingung oder der Endtermin treten nunmehr ein.[275] **213**

- Das zwischen den Parteien bestehende **Dauerschuldverhältnis** ist **wirksam gekündigt** und der Schuldner hat Vorleistungen erbracht oder vor Ablauf der Kündigungsfrist einen Vermögenswert übertragen.[276]

- Die Versicherungsgesellschaft hat in Erfüllung ihrer Vertragspflicht wegen eines Diebstahls die Versicherungssumme ausgezahlt. Wird die gestohlene Sache wiedergefunden, so kann die Versicherung die Versicherungssumme nach § 812 Abs. 1 S. 2 Alt. 1 zurückverlangen.[277]

- Vertragsaufhebung[278]

Nicht zu § 812 Abs. 1 S. 2 Alt. 1 gehören dagegen folgende Fälle:

- Wird das Schuldverhältnis infolge eines Rücktritts in ein Rückgewährschuldverhältnis umgewandelt, so sind unstreitig **ausschließlich die §§ 346 ff.** als Sonderregeln anzuwenden. **214**

- **Anfechtung:** Hier ist nach h.M.[279] **§ 812 Abs. 1 S. 1 Alt. 1 einschlägig**, da gemäß § 142 Abs. 1 das Rechtsgeschäft rückwirkend (ex tunc) erlischt und deshalb nicht nachträglich, sondern von Anfang an als nichtig anzusehen ist. Ebenfalls § 812 Abs. 1 S. 1 Alt. 1 werden die Fälle der zunächst schwebend und sodann endgültig unwirksamen Geschäfte zugeordnet.

- Bei **Scheitern der Ehe** richten sich die Ansprüche der Ehegatten untereinander nach h.M. allein nach familienrechtlichen Vorschriften, da das Scheitern der Ehe nicht zur

---

275 Staudinger/Lorenz § 812 Rn. 94.
276 Vgl. Palandt/Sprau § 812 Rn. 25.
277 Staudinger/Lorenz § 812 Rn. 96.
278 Palandt/Sprau § 812 Rn. 25.
279 Looschelders Rn. 1040; Staudinger/Lorenz § 812 Rn. 88; a.A. Palandt/Sprau § 812 Rn. 26.

Rechtsgrundlosigkeit während der Ehe gemachter Aufwendungen führt.[280] Vorrangig anzuwenden sind daher die **§§ 1371 ff.**

■ Bei Scheitern einer **nichtehelichen Lebensgemeinschaft** ist § 812 Abs. 1 S. 2 Alt. 1 ebenfalls nicht anwendbar.[281] Es kommen aber Ansprüche aus § 812 Abs. 1 S. 2 Alt 2 in Betracht.

II. Ausschlusstatbestände

215 Besondere Ausschlussgründe sind für die Kondiktion aus § 812 Abs. 1 S. 2 Alt. 1 nicht vorgesehen, vor allem ist **§ 814 nicht anwendbar**.[282]

C. Bereicherungsausgleich bei Nichteintritt des bezweckten Erfolges

216 Der Leistende kann mit der Leistung eines Vermögenswertes einen **anderen Zweck als die Erfüllung einer Verbindlichkeit** verfolgen. Liegt der mit der Leistung bezweckte Erfolg nur in der Erfüllung einer Verbindlichkeit, so sind andere Fälle der Leistungskondiktion (insbesondere § 812 Abs. 1 S. 1 Alt. 1) vorrangig.

Bei der Kondiktion aus **§ 812 Abs. 1 S. 2 Alt. 2** (condictio ob rem) darf der Zweck der Leistung gerade nicht in der Erfüllung einer Verbindlichkeit bestehen. Erfasst werden vielmehr die Fälle, in denen der Empfänger zu einem **nicht geschuldeten Verhalten** veranlasst werden soll.[283] Erzielt werden muss lediglich eine tatsächliche Einigung über den Zweck der Leistung.

Beispiele:

■ Empfänger soll davon abgehalten werden, eine Strafanzeige zu erstatten.

■ Der Zuwendende will dem Empfänger zum Abschluss eines Vertrags veranlassen.

■ Als bezweckter Erfolg kann auch eine spätere Erbeinsetzung vereinbart werden.[284]

■ Der Leistende erbringt die Leistung, um bei einem formnichtigen Grundstückskaufvertrag die Heilung herbeizuführen.[285]

■ Sind sich beide Parteien der Formnichtigkeit eines Vertrags bewusst (z.B. beim Schwarzkauf), so erfolgt eine Leistung nicht zur Erfüllung einer Verbindlichkeit, sondern zu dem anderen Zweck der Herbeiführung der Heilung.

■ Bereicherungsgläubiger bebaut Grundstück in der Erwartung, das Eigentum hieran zu erhalten.[286]

Eine **konkludente Einigung** ist nach der Rspr. des BGH schon dann anzunehmen, wenn der eine Teil mit seiner Leistung einen bestimmten Erfolg bezweckt und der andere Teil dies erkennt und die Leistung entgegennimmt, ohne zu widersprechen.[287]

---

280 Vgl. MünchKomm/Schwab § 812 Rn. 409.
281 Vgl. MünchKomm/Schwab § 812 Rn. 418 f.
282 Looschelders Rn. 1040.
283 Brox/Walker § 40 Rn. 32.
284 BGH, Urt. v. 22.03.2013 – V ZR 28/12, RÜ 2013, 417.
285 Keim JuS 2001, 636.
286 BGH, Urt. v. 19.07.2013 – V ZR 93/12, NJW 2013, 691.
287 BGH, Urt. v. 22.03.2013 – V ZR 28/12, RÜ 2013, 417, 418.

Ferner ist zu beachten, dass die Einigung nicht der **Form** eines entsprechenden Verpflichtungsvertrages bedarf.[288]

I. Zuwendender verfolgt mit der Zuwendung ausschließlich einen anderen Zweck als die Erfüllung einer Verbindlichkeit

Wurde eine Verbindlichkeit eingegangen, um einen anderen zu einem nicht erzwingbaren Verhalten zu veranlassen, und wird dieser Zweck verfehlt, so kann der Durchsetzung der Verbindlichkeit die **Einrede der ungerechtfertigten Bereicherung (§ 821)** entgegenstehen (Rn. 218).

217

Fall 16: Bürgschaftszweckverfehlung

Arbeitnehmer A hat im Betrieb der Firma F Geld unterschlagen. Der Prokurist P der F verhandelt deshalb mit A und dessen Schwiegervater (S). A verpflichtet sich zum Ersatz. P erklärt, er sei gewiss, dass die Angelegenheit auf sich beruhen werde, wenn S für die Schuld des A eine Bürgschaft übernehme. In der daraufhin abgegebenen schriftlichen Bürgschaftserklärung des S heißt es, dass die Bürgschaft mit Rücksicht auf die wohlwollende Behandlung der Angelegenheit (keine Strafanzeige, keine Kündigung) durch die F erteilt werde. Später erstattet die Geschäftsleitung der F doch noch Strafanzeige und A wird entlassen.

Kann F den S aus der Bürgschaft in Anspruch nehmen?

Als Anspruchsgrundlage kommt **§ 765** in Betracht.

I. Zwischen S und der F, vertreten durch den P, ist ein wirksamer Bürgschaftsvertrag geschlossen worden. Da das Bürgschaftsversprechen formgerecht (§ 766) abgegeben worden ist und die zu sichernde Forderung besteht, sind die Voraussetzungen für einen wirksamen Bürgschaftsanspruch gegeben.

Ein Anfechtungsrecht nach **§ 123 Abs. 1** besteht nicht. Es fehlt an einer Täuschungshandlung des P. Dieser wusste nämlich im Zeitpunkt des Vertragsschlusses nicht, dass noch Strafanzeige erstattet werden würde.

II. S kann indes nicht aus der Bürgschaft in Anspruch genommen werden, wenn ihm die **Einrede der ungerechtfertigten Bereicherung** gemäß **§ 821** zusteht. Diese Einrede besteht, wenn S seinerseits von der F gemäß § 812 die Befreiung von der Verbindlichkeit aus dem Bürgschaftsvertrag verlangen kann.

218

Die Vorschrift des § 821 behandelt die Bereicherungseinrede dem Wortlaut nach nur für den speziellen Fall der Verjährung. Aus dem Sinn und Zweck des § 821 ist aber zu schließen, dass die Bereicherungseinrede vor Eintritt der Verjährung erst recht besteht.

Die Bereicherungseinrede setzt voraus, dass der Schuldner einer Verpflichtung gegen den Gläubiger einen Bereicherungsanspruch hat, der auf Aufhebung der Verpflichtung gerichtet ist.

---

288 BGH, Urt. v. 22.03.2013 – V ZR 28/12, RÜ 2013, 417, 418.

1. Es kommt zunächst ein Bereicherungsanspruch des S gegen die F aus **§ 812 Abs. 1 S. 1 Alt. 1** in Betracht.

   a) F hat einen Vermögenswert, nämlich die Bürgschaftsforderung erlangt.

   b) Dieses „Etwas" müsste F in Erfüllung einer Verbindlichkeit geleistet worden sein. Die Bürgschaftserklärung hat S aber nicht zum Zweck der Erfüllung einer Verbindlichkeit abgegeben. Es liegt somit kein Fall des § 812 Abs. 1 S. 1 Alt. 1 vor.

2. S könnte ein Bereicherungsanspruch aus **§ 812 Abs. 1 S. 2 Alt. 2** zustehen.

   a) F hat die Bürgschaftsforderung erlangt.

219

   b) Sie müsste die Forderung ferner zu einem **anderen Zweck als der Erfüllung einer Verbindlichkeit** erlangt haben, wobei dieser Zweck „nach dem Inhalt des Rechtsgeschäfts" verfolgt worden sein muss.

   S hat die Bürgschaftserklärung abgegeben, **um F davon abzuhalten, Strafanzeige gegen den A zu erstatten**. Nach dem übereinstimmenden Willen der Parteien sollte F die Bürgschaftsforderung endgültig behalten und aus ihr vorgehen dürfen, falls die Strafanzeige nicht erstattet und A nicht entlassen wird. S und die F haben also eine rechtsgeschäftliche Zweckvereinbarung getroffen, nämlich verbindlich einen Grund für das Behaltendürfen der Bürgschaftsforderung vereinbart.

3. Da der nach dem Inhalt des Rechtsgeschäfts bezweckte Erfolg (keine Strafanzeige; keine Entlassung) nicht eingetreten ist, muss die F das durch die Leistung Erlangte herausgeben.

   S kann nach § 812 Abs. 1 S. 2 Alt. 2 Befreiung von der Bürgschaftsverbindlichkeit verlangen und daher dem Anspruch aus der Bürgschaftsforderung die Einrede der ungerechtfertigten Bereicherung gemäß § 821 entgegenhalten.

II. Zuwendender verfolgt mit der Leistung neben der Erfüllung einer Verbindlichkeit weitere Zwecke

220   Haben die Parteien einen wirksamen Vertrag abgeschlossen und sind beide gemeinsam davon ausgegangen, dass ein bestimmter Erfolg eintritt, so können tatbestandsmäßig die Voraussetzungen der **Störung der Geschäftsgrundlage** (§ 313) und die der Zweckverfehlung gemäß **§ 812 Abs. 1 S. 2 Alt. 2** eingreifen.

- ■ Nach der älteren Rspr.[289] ist auch bei Vorliegen eines wirksamen Vertrags § 812 Abs. 1 S. 2 Alt. 2 anwendbar, wenn der Bereicherungsgläubiger mit der Leistung einen über die Erfüllung des Vertrags hinausgehenden Erfolg herbeiführen wollte.

---

289 Vgl. etwa BGH, Urt. v. 19.01.1973 – V ZR 24/71, NJW 1973, 612, 613.

■ Die Lit. ist dagegen zu Recht der Ansicht, dass bei Vorliegen einer Verbindlichkeit die Regeln der Störung der Geschäftsgrundlage vorrangig sind.[290] Dem hat sich auch die jüngere Rspr. angeschlossen.[291]

221

Beispiel: V verkauft der Stadt K notariell ein unbebautes Grundstück. Da beide Parteien davon ausgehen, dass auf dem Grundstück ein Kindergarten errichtet werden soll, vereinbaren sie die Hälfte des üblichen Kaufpreises. Die Stadt nimmt später von diesen Plänen Abstand und baut in einem anderen Stadtteil einen Kindergarten. V, der davon ausgegangen war, dass seine Kinder in den auf dem unbebauten Grundstück errichteten Kindergarten gehen können, verlangt das Grundstück zurück. Hat V einen bereicherungsrechtlichen Anspruch?

I. Ein Anspruch des V gegen K aus **§ 812 Abs. 1 S. 2 Alt. 1** besteht nicht, da V und K keine auflösende Bedingung i.S.v. § 158 Abs. 2 für den Fall vereinbart haben, dass der Kindergarten nicht auf dem Grundstück errichtet wird. Deshalb liegt kein nachträglicher Wegfall des rechtlichen Grundes vor.

II. V könnte aber einen Anspruch aus **§ 812 Abs. 1 S. 2 Alt. 2** haben.

Dabei ist jedoch fraglich, ob § 812 Abs. 1 S. 2 Alt. 2 überhaupt anwendbar ist, wenn – wie hier – die zurückgeforderte Zuwendung zur Erfüllung einer Verbindlichkeit erfolgte und ein weiterer Zweck mit der Leistung verfolgt wird.

1. Gegen die Anwendung dieser Vorschrift könnte sprechen, dass dadurch mit dem sich aus dem Vertragsrecht ergebenden Rechtsinstitut der Störung der Geschäftsgrundlage (§ 313) nicht erreichbare Rechtsfolgen erzielt werden und damit das Vertragsrecht unterlaufen werden könnte.

222

Ein Teil der Lit. und die neuere Rspr. gehen **deshalb** davon aus, dass § 812 Abs. 1 S. 2 Alt 2. nicht anwendbar ist, wenn Leistungszweck die Erfüllung einer Verbindlichkeit ist. Wird der mit dem Verpflichtungsvertrag verfolgte **weitere** Zweck verfehlt, so sollen nur die Regeln der Leistungsstörung bzw. der Störung der Geschäftsgrundlage anwendbar sein. Danach haben **vertragliche Ansprüche** stets **Vorrang** vor solchen aus ungerechtfertigter Bereicherung. Leistungszweck war hier schon die Erfüllung der Verbindlichkeit aus § 433 Abs. 1. Folgt man dieser Ansicht, so scheidet eine bereicherungsrechtliche Rückforderung aus.

2. Nach der anderer Ansicht ist § 812 Abs. 1 S. 2 Alt. 2 auch dann anwendbar, wenn mit der Zuwendung außer der Erfüllung einer Verbindlichkeit weitere „angestaffelte Zwecke" verfolgt werden.[292] Erforderlich ist jedoch, dass der Zweck der Zuwendung **Inhalt des Rechtsgeschäfts** geworden ist und somit eine Einigung über den verfolgten Zweck erfolgte. Eine solch relevante Zweckvereinbarung liegt danach vor, wenn der Leistungszweck zwar vereinbart, aber nicht als einklagbare Verbindlichkeit ausgestaltet ist (dann Vorrang des Vertragsrechts). Ebenfalls soll eine solche Zweckvereinbarung dann nicht vorliegen, wenn der Zweck dem Vertrag unausgesprochen zugrunde gelegt wurde (dann § 313) oder bloß ein für den Vertragsschluss unbeachtliches Motiv ist. Die Zweckvereinbarung steht daher zwischen Motiv und rechtsgeschäftlicher Verpflichtung.[293]

Da hier im notariellen Vertrag zwischen V und K keine Vereinbarung über den Zweck des Rechtsgeschäfts getroffen worden ist, scheidet auch nach dieser Ansicht eine Anspruch gemäß § 812 Abs. 1 S. 2 Alt. 2 aus.

---

290 Looschelders Rn. 1045.

291 BGH, Urt. v. 17.06.1992 – XII ZR 253/90, NJW 1992, 2690.

292 Vgl. Erman/Buck-Heeb § 812 Rn. 51 f.; Joost JZ 1985, 10, 13 m.w.N.

293 jurisPK/Martinek § 812 Rn. 60.

III. Ausschluss gemäß § 815

223 Der Bereicherungsanspruch aus § 812 Abs. 1 S. 2 Alt. 2 ist gemäß § 815 ausgeschlossen:

- Wenn der Eintritt des bezweckten Erfolges **von vornherein unmöglich** war und der Leistende dies gewusst hat;

  Beispiel: A bedrängt den 67-jährigen B, ihm einen übergroßen wertvollen Orientteppich zu verkaufen. B erklärt sich schließlich einverstanden, falls A ihn auf eine Reise in die Türkei mitnehme und versorge. Als A nach der Reise Übertragung des Teppichs verlangt, weigert sich B, weil sich inzwischen der wahre Eigentümer E gemeldet hat. Nunmehr verlangt A von B die Kosten der Reise. B weist zutreffend darauf hin, dass A gewusst hat, dass dem E der Teppich abhanden gekommen war.

  I. Die Anspruchsvoraussetzungen des § 812 Abs. 1 S. 2 Alt. 2 liegen vor. A hat dem B eine Reise finanziert und ihn versorgt, um ihn zum Abschluss eines Veräußerungsgeschäfts über den Teppich zu veranlassen.
  II. Der Anspruch ist gemäß § 815 ausgeschlossen, weil A wusste, dass der Teppich dem E abhanden gekommen war und damit der bezweckte Erfolg nicht eintreten konnte.

224 - wenn der Leistende den Eintritt des Erfolges **wider Treu und Glauben verhindert** hat.

  Beispiel: Der V hat K notariell ein Grundstück verkauft. Dabei ist der Kaufpreis erheblich niedriger beurkundet worden. Beide wussten von der Formnichtigkeit, doch wollten sie durch Übereignung die Heilung gemäß § 311 b Abs. 1 S. 2 herbeiführen. Später verlangt V von K die erklärte Auflassung zurück. K weigert sich.

  I. Die Anspruchsvoraussetzungen des § 812 Abs. 1 S. 2 Alt. 2 sind gegeben, da V dem K die Auflassung zugewandt hat, um die Heilung des Kaufvertrags herbeizuführen. Da V nunmehr seine Mitwirkung verweigert, kann die Heilungswirkung nicht mehr eintreten. Der Zweck, der mit der Leistung der Auflassung verfolgt wurde, kann nicht mehr erreicht werden.
  II. Der Bereicherungsanspruch könnte jedoch gemäß § 815 ausgeschlossen sein.
  1. V will durch seine Weigerung, das Eigentum auf K zu übertragen, den Eintritt des bezweckten Erfolges – die Heilung des Kaufvertrags – verhindern.
  2. Da V zunächst erklärt hat, das Eigentum übertragen zu wollen, könnte seine nachträgliche Weigerung gegen Treu und Glauben verstoßen. Nach der überwiegenden Auffassung ist es aber keiner Partei verwehrt, sich auf die Formnichtigkeit eines Rechtsgeschäfts zu berufen. Wenn also keine weiteren besonderen Umstände gegeben sind, ist allein die Weigerung, daran mitzuwirken, dass der bezweckte Erfolg eintritt, nicht treuwidrig.[294]

D. Bereicherungsanspruch gemäß § 813

225 Dem leistenden Schuldner steht gemäß §§ 812 Abs. 1 S. 1 Alt. 1, 813 ein Bereicherungsanspruch auch dann zu, wenn dem Anspruch auf Erfüllung der bestehenden Verbindlichkeit eine **dauernde Einrede** entgegenstand, sodass er nicht hätte durchgesetzt werden können.

§ 813 Abs. 1 stellt eine **eigenständige, den § 812 Abs. 1 S. 1 Alt. 1 erweiternde, Anspruchsgrundlage** dar.[295]

Im Gegensatz zur Grundkonstellation des § 812 Abs. 1 S. 1 Alt. 1 wird der Zweck der Leistung, nämlich die Verbindlichkeit zu erfüllen, erreicht. Daher besteht zwar ein Rechtsgrund, dieser ist jedoch einredebehaftet. Nach § 813 steht der einredebehaftete Rechtsgrund einem Fehlen des Rechtsgrunds gleich.

---

294 BGH, Urt. v. 02.07.1999 – V ZR 167–98, RÜ 1999, 451 f.; Dubischar JuS 2002, 131, 133.
295 Palandt/Sprau § 813 Rn. 1.

I. Voraussetzungen

Der Anspruch aus § 813 setzt zunächst eine **Leistung zur Erfüllung einer Verbindlichkeit** i.S.d. § 812 Abs. 1 S. 1 Alt. 1 voraus. Diesbezüglich gelten die Ausführungen zum Bereicherungsanspruch aus § 812 Abs. 1 S. 1 Alt. 1entsprechend.

Ferner ist eine **dauerhafte Einrede** erforderlich.

■ **Nur Einreden** fallen in den Anwendungsbereich des § 813. Dagegen haben Einwendungen zur Folge, dass der Rechtsgrund von vornherein nicht bestanden hat oder später weggefallen ist.

■ **Nur dauernde** Einreden vermögen die Durchsetzung des Anspruchs letztlich zu verhindern („Geltendmachung des Anspruchs dauernd ausgeschlossen").

226

Hierunter fallen z.B. diejenigen aus ungerechtfertigter Bereicherung (§ 821), aus unerlaubter Handlung (§ 853) oder aus anfechtbarer letztwilliger Verfügung nach Ablauf der Anfechtungsfrist (§§ 2083, 2345).[296]

Von diesen dauernden Einreden ist die Einrede der Verjährung, § 214 Abs. 2, ausgenommen, § 813 Abs. 1 S. 2 („bleibt unberührt").[297] Auch die **Mängeleinreden, § 438 Abs. 4 S. 2** und **§ 634 a Abs. 4 S. 2** fallen unter die Ausnahme des § 813 Abs. 1 S. 2. Dies ergibt sich aus der in diesen Vorschriften erfolgten Bezugnahme auf § 218 Abs. 2 und damit auch auf § 214 Abs. 2.

Beispiel: V verkauft an K im Juni 2012 einen Feuerlöscher. Als K diesen Weihnachten 2014 beim Brand des Weihnachtsbaumes einsetzen will, stellt sich heraus, dass er defekt ist. V verweigert sowohl die Nachlieferung eines neuen Feuerlöschers als auch die Rückzahlung des Kaufpreises. Er beruft sich auf Verjährung. Rechte des K?

I. Ein Anspruch des K auf Nachlieferung aus §§ 439, 437 Nr. 1 oder auf Rückzahlung des Kaufpreises aus §§ 346, 437 Nr. 2 besteht nicht, da seine Mängelgewährleistungsansprüche verjährt sind (§ 438 Abs. 1 Nr. 3, Abs. 2) und V sich auf die Verjährung berufen hat.
II. Auch ein Anspruch auf Rückzahlung des Kaufpreises aus §§ 812 Abs. 1 S. 1 Alt. 1, 813 Abs. 1 ist nicht gegeben. Zwar hätte der Käufer gemäß § 438 Abs. 4 S. 1 die Zahlung des Kaufpreises verweigern können. § 438 Abs. 4 S. 1 fällt jedoch in den Anwendungsbereich des § 813 Abs. 1 S. 2, sodass eine Rückforderung ausgeschlossen ist.

■ Die **Einrede** muss grundsätzlich gerade gegenüber demjenigen bestehen, **dem gegenüber die Leistung erbracht wurde.**[298]

Die ganz h.M.[299] geht jedoch davon aus, dass bei **verbundenen Geschäften** (§ 358 Abs. 3) die (anfängliche) Nichtigkeit des Kaufvertrags dem Käufer nicht nur das Recht gibt, die Kaufpreiszahlung zu verweigern, sondern auch die Möglichkeit, gemäß §§ 812 Abs. 1 S. 1 Alt. 1, 813 Abs. 1 S. 1 die gezahlten **Darlehensraten zurückzufordern**, wenn der Käufer gegenüber dem Verkäufer berechtigt ist, die Leistung zu verweigern, § 359.

227

Die Vorschrift des § 359 stellt keine abschließende Regelung dar, die den Rückforderungsdurchgriff generell ausschließt, sondern der Gesetzgeber hat die Frage der Rück-

---

296 Vgl. weitere Beispiele bei Erman/Buck-Heeb § 813 Rn. 2.
297 Staudinger/Lorenz § 813 Rn. 13; Palandt/Sprau § 813 Rn. 5.
298 BGH, Urt. v. 11.05.2005 – IV ZR 279/04, NJW 2005, 2398, 2399.
299 Vgl. BGH, Urt. v. 04.12.2007 – XI ZR 227/06, RÜ 2008, 152; Erman/Saenger § 359 Rn. 5; BeckOK/Möller § 359 Rn. 9.

forderung bei dem verbundgeschäftlichen Dreiecksverhältnis bewusst der Rspr. und Lit. überlassen.[300] Es kann daher auf die allgemeine zivilrechtliche Regelung des § 813 zurückgegriffen werden, die unmittelbar anwendbar ist.

II. Ausschlusstatbestände

Für den Anspruch gemäß § 813 Abs. 1 gelten die gleichen Ausschlussgründe wie für die Kondiktion aus § 812 Abs. 1 S. 1 Alt. 1, also **§ 814** und **§ 817 S. 2** analog.

E. Bereicherungsanspruch gemäß § 817 S. 1

I. Voraussetzungen

228 Der Anspruch aus § 817 S. 1 setzt voraus, das der Zweck der Leistung in der Art bestimmt ist, dass der Empfänger **durch die Annahme gegen ein gesetzliches Verbot oder gegen die guten Sitten verstößt**.

Der **alleinige** Anwendungsbereich des Bereicherungsanspruchs aus § 817 S. 1 ist gering. Denn im Regelfall verstößt nicht nur die Annahme, sondern auch der schuldrechtliche Vertrag gegen § 138 oder § 134, sodass dann bereits die Kondiktion aus § 812 Abs. 1 S. 1 Alt. 1 einschlägig ist. Deshalb verbleiben für den alleinigen Anwendungsbereich des § 817 S. 1 in erster Linie Fälle, in denen **keine Verbindlichkeit** vorliegt und **keine Zweckverfehlung** gegeben ist.

Beispiel: D stiehlt bei E ein wertvolles Gemälde, um es gegen Lösegeld zurückzugeben. D erhält von E 20.000 € und gibt das Bild zurück.

I. Anspruch des E gegen D auf Rückzahlung der 20.000 €
1. Aus **§ 812 Abs. 1** besteht kein Rückgewähranspruch. E hat nämlich weder zur Erfüllung einer Verbindlichkeit gezahlt noch ist der mit der Zahlung verfolgte Zweck fehlgeschlagen, denn E hat das Bild zurückerhalten.
2. Anspruch aus **§ 817 S. 1**
a) Der Empfänger des Geldes, D, hat mit der Entgegennahme gesetzes- und sittenwidrig gehandelt. Er hat mit der Annahme des Geldes nämlich gegen § 253 StGB verstoßen.
Auf den Meinungsstreit, ob der Annehmende Kenntnis oder zumindest fahrlässige Unkenntnis vom Sitten- bzw. Gesetzesverstoß haben muss, kommt es hier nicht an, da D hier Kenntnis hatte.[301]
b) Da dem E mit der Leistung des Geldes kein Gesetzes- oder Sittenverstoß vorgeworfen werden kann, ist der Anspruch nicht nach § 817 S. 2 ausgeschlossen. E kann Rückzahlung der 20.000 € verlangen.

II. Anspruch des E gegen D aus **§ 823 Abs. 2 i.V.m. § 253 StGB** auf Schadensersatz
1. § 253 StGB (Erpressung) ist ein Schutzgesetz i.S.d. § 823 Abs. 2.
2. D hat mit der Nichtrückgabe gedroht und die Zahlung ist nach allen Ansichten eine taugliche Opferreaktion. Auch hat der D dem E einen Schaden zugefügt, weil D ohnehin zur Rückgabe des Bildes verpflichtet war und mit der Rückgabe keine Gegenleistung erbracht worden ist, durch die die Vermögensminderung des E ausgeglichen wurde. D hat somit eine Erpressung gemäß § 253 StGB begangen. Wegen dieser Schutzgesetzverletzung ist D zum Schadensersatz verpflichtet.

---

300 Vgl. dazu AS-Skript Schuldrecht AT 2 (2014), Rn. 275.
301 Vgl. Palandt/Sprau § 817 Rn. 8.

II. Ausschluss gemäß § 817 S. 2

Nach § 817 S. 2 ist die Rückforderung ausgeschlossen, „wenn dem Leistenden gleichfalls **229** ein solcher Verstoß zur Last fällt". Da der alleinige Regelungsbereich des § 817 S. 1 gering ist, kommt dem Ausschlusstatbestand des § 817 S. 2 nur eine große Bedeutung dadurch zu, dass die Vorschrift auf alle Fälle der Leistungskondiktion analog anwendbar ist (Rn. 135).

3. Abschnitt: Nichtleistungskondiktionen

Sonderfälle der Nichtleistungskondiktion enthalten **§ 816 und § 822**. Sie sind **vorran-** **230** **gig** vor der allgemeinen Nichtleistungskondiktion aus § 812 Abs. 1 S. 1 Alt. 2 zu prüfen.

- Hat ein **Nichtberechtigter entgeltlich** über ein fremdes Recht wirksam verfügt, so besteht eine Herausgabepflicht gemäß **§ 816 Abs. 1 S. 1**(Rn. 230 ff.).

- Erfolgt die **Verfügung des Nichtberechtigten unentgeltlich**, ist der Empfänger gemäß **§ 816 Abs. 1 S. 2** zur Herausgabe verpflichtet (Rn. 239 f.).

- Hat ein **Nichtberechtigter** eine Leistung in Empfang genommen, so ist er gemäß **§ 816 Abs. 2** zur Herausgabe des Geleisteten verpflichtet (Rn. 241 ff.).

- Ein **Dritter** ist zur Herausgabe verpflichtet, wenn er **unentgeltlich erworben** hat und infolgedessen die Verpflichtung zur Herausgabe der Bereicherung ausgeschlossen ist, **§ 822** (Rn. 245 f.).

- **§ 812 Abs. 1 S. 1 Alt. 1** erfasst die weiteren Fällen, in denen ein Vermögenswert **„in sonstiger Weise"**, d.h. nicht durch eine Leistung erlangt wird (Rn. 247 ff.).

A. Bereicherungsanspruch gemäß § 816 Abs. 1 S. 1

Die Bestimmung des § 816 Abs. 1 S. 1 soll dem Berechtigten einen bereicherungsrechtlichen Ausgleich dafür gewähren, dass sein Recht auf einen Dritten übertragen oder zugunsten eines Dritten belastet worden ist. Zweck der Vorschrift ist, dem bisherigen Eigentümer beim gutgläubigen Erwerb eines Dritten einen schuldrechtlichen Anspruch für den Verlust des Eigentums zu verschaffen.

Anspruch aus § 816 Abs. 1 S. 1
A. Voraussetzungen
I. Entgeltliche Verfügung Recht wird übertragen, belastet, inhaltlich verändert oder aufgehoben
II. Durch Nichtberechtigten Berechtigt ist verfügungsbefugter Eigentümer und wer kraft Gesetzes zur Verfügung befugt oder nach § 185 Abs. 1 zur Verfügung ermächtigt ist.
III. Verfügung dem Berechtigten gegenüber wirksam (§§ 932, 892, 185 Abs. 2)
B. Rechtsfolge: Herausgabe des durch die Verfügung Erlangten (h.M. Erlös)

I. Voraussetzungen

1. Entgeltliche Verfügung

Eine Verfügung i.S.d. § 816 Abs. 1 S. 1 ist gegeben, wenn ein Recht übertragen, belastet, inhaltlich verändert oder aufgehoben wird.

Beispiele: Übertragung des Eigentums an einer beweglichen Sache; Belastung eines Grundstücks mit einer Hypothek; Abtretung einer Forderung

Ferner ergibt ein **Gegenschluss aus § 816 Abs. 1 S. 2**, der eine unentgeltliche Verfügung voraussetzt, dass es sich im Rahmen der Kondiktion aus § 816 Abs. 1 S. 1 um eine **entgeltliche** Verfügung handeln muss. Der Erwerber muss daher eine Gegenleistung erbracht haben oder erbringen sollen.[302]

2. Verfügung durch einen Nichtberechtigten

Berechtigt ist der verfügungsbefugte Eigentümer und derjenige, der kraft Gesetzes zur Verfügung befugt ist, sowie derjenige, der nach § 185 Abs. 1 zur Verfügung ermächtigt ist. Nicht berechtigt ist danach

- derjenige, der überhaupt nicht oder nur mit einem anderen am Gegenstand berechtigt ist (Bruchteils- oder Gesamthandsberechtigung);

- derjenige, dessen Verfügungsrecht kraft Gesetzes auf einen anderen (Insolvenz-, Nachlassverwalter oder Testamentsvollstrecker) übertragen worden ist;

- derjenige, der sein belastetes Recht unbelastet überträgt.

3. Verfügung dem Berechtigten gegenüber wirksam

Schließlich muss die Verfügung dem Berechtigten gegenüber wirksam sein. Das ist der Fall beim

- gutgläubigen Erwerb von beweglichen Sachen, **§§ 932 ff.,**

- gutgläubigen Erwerb von Grundstücken und Grundstücksrechten (z.B. Hypothek, Grundstück), **§ 892,**

- gutgläubigen Erwerb vom Erbscheinserben, § 2366,

- Wirksamwerden nach **§ 185 Abs. 2.**

II. Rechtsfolge

Als Rechtsfolge verpflichtet § 816 Abs. 1 S. 1 den Verfügenden zur „Herausgabe des durch die Verfügung erlangten". Was darunter im Einzelnen zu verstehen ist, wird nicht einheitlich beurteilt.

- Zum Teil wird angenommen, dass der Verfügende (nur) zum Wertersatz gemäß § 818 Abs. 2 verpflichtet ist.[303]

---

302 Looschelders § Rn. 1077.
303 MünchKomm/Schwab § 816 Rn. 42 f.

■ Demgegenüber ist nach **h.M.** der Anspruchsinhalt auf die Gegenleistung, also auf den **Erlös** gerichtet.[304] Dies gilt auch dann, wenn der erzielte Erlös den objektiven Wert des veräußerten Gegenstandes übersteigt.[305]

Für die h.M. streitet die systematische Auslegung der Vorschrift im Zusammenhang mit § 816 Abs. 1 S. 2: Obgleich der Schenker auch die Befreiung von der Verbindlichkeit erlangt, richtet das Gesetz den Kondiktionsanspruch nämlich gegen den Beschenkten. Dies spricht dafür, dass der Gesetzgeber davon ausgeht, dass der Schenker nichts erlangt. Hinzu kommt, dass § 816 Abs. 1 S. 1 ein Ersatz für den verlorengegangenen Anspruch aus § 985 ist und der Besitzer gemäß § 993 Abs. 1 auch Übermaßfrüchte in vollem Umfang herauszugeben hat.[306]

Ferner überzeugt die Erwägung, dass der Mehrerlös auf der besonderen Geschäftstüchtigkeit des Nichtberechtigten beruht, letztlich nicht. Denn es ist allein Sache des Eigentümers, den Gegenstand zu veräußern.[307]

III. Klausurtypische Fallgestaltungen

1. Ansprüche des Berechtigten, wenn der Nichtberechtigte wirksam entgeltlich verfügt hat

Erwirbt ein Dritter entgeltlich gutgläubig eine Sache, so hat der ursprüngliche Eigentümer gegen denjenigen, der als Nichtberechtigter verfügt hat, einen Anspruch auf Herausgabe des Erlöses.

231

Fall 17: Verwahrtes veräußert

B hat bei N ein Gemälde (Wert: 7.500 €) in Verwahrung gegeben, weil N das Bild restaurieren lassen soll. Der erheblich verschuldete N verkauft das Bild jedoch umgehend an den gutgläubigen E für 11.000 €.

Welche Ansprüche stehen B zu, wenn der Verwahrungsvertrag N–B unwirksam war und N Kenntnis davon hatte?

Hinweis: Schadensersatzansprüche sind nicht zu prüfen.

A. B könnte gegen N einen Anspruch aus **§ 285** haben.

Dies setzt voraus, dass zwischen B und N ein **Schuldverhältnis** bestand und dem N die Erfüllung der Leistungspflicht aus diesem Schuldverhältnis unmöglich geworden ist.
Da der **Verwahrungsvertrag unwirksam** war und die durch § 985 begründete Beziehung zwischen dem Eigentümer und dem Besitzer kein Schuldverhältnis i.S.d. § 285 darstellt, scheidet ein Anspruch aus § 285 aus. Auf den dinglichen Anspruch aus § 985 findet § 285 keine Anwendung.[308]

---

304 Vgl. Palandt/Sprau § 816 Rn. 10 m.w.N.

305 Looschelders Rn. 1082.

306 BeckOK/Wendehorst § 816 Rn. 16.

307 Looschelders Rn. 1084.

308 Palandt/Grüneberg § 285 Rn. 4; AS-Skript Sachenrecht 1 (2014), Rn. 498.

232   B. B könnte gegen N einen Anspruch gemäß **§§ 687 Abs. 2, 681 S. 2, 667** haben.

I. N hat mit der Veräußerung ein objektiv fremdes Geschäft getätigt, denn die Eigentumsübertragung ist ein Geschäft des Eigentümers. Da N wusste, dass er nicht Eigentümer war, hat er in Kenntnis der Fremdheit die Eigentumsübertragung vorgenommen, sich also ein **fremdes Geschäft angemaßt**.

II. Gemäß §§ 687 Abs. 2, 681 S. 2, 667 ist er verpflichtet, das durch die Geschäftsanmaßung Erlangte an B herauszugeben.

Daher hat B gegen N einen Anspruch auf Erstattung von 11.000 €.

233   C. B könnte gegen N einen Anspruch aus **§ 816 Abs. 1 S. 1** haben.

I. N, der nicht Eigentümer des Gemäldes war, hat mit der Übertragung an E als **Nichtberechtigter verfügt**.

II. Diese **Verfügung des N** war dem **E gegenüber** gemäß §§ 929, 932 **wirksam**.

III. Rechtsfolge ist gemäß § 816 Abs. 1 S. 1, dass der Nichtberechtigte das durch die Verfügung **Erlangte herausgeben** muss. Was von dieser Herausgabeverpflichtung im Einzelnen erfasst wird, ist umstritten.

Bei wortgetreuer Gesetzesanwendung hätte N durch die Verfügung die Befreiung von seiner Verbindlichkeit gegenüber dem Dritten aus § 433 Abs. 1 S. 1 gemäß § 362 Abs. 1 erlangt.[309] Da diese nicht herausgegeben werden kann, ist dafür gemäß § 818 Abs. 2 Wertersatz zu leisten. Wertersatz bedeutet grundsätzlich, dass der **objektive Wert** zu ersetzen ist, also hier 7.500 €.

Überwiegend wird jedoch als „das Erlangte" der erzielte Erlös, i.d.R. also der vom Nichtberechtigten erhaltene Kaufpreis, angesehen.[310] Dies sind hier 11.000 €.

B hat gegen N einen Anspruch i.H.v. 11.000 € gemäß § 816 Abs. 1 S. 1.

Abwandlung zu Fall 18:

Ändert sich in Bezug auf den Anspruch aus § 816 etwas, wenn N das Gemälde für 6.000 € an E veräußert?

Aus § 816 Abs. 1 S. 1 ergibt sich nur ein Anspruch auf Herausgabe der erzielten 6.000 €. Nach dieser Vorschrift ist nämlich **immer nur der erzielte Erlös** herauszugeben, weil sonst der Bereicherte über den Umfang seiner Bereicherung hinaus in Anspruch genommen würde.[311]

---

309   Vgl. Staudinger/Lorenz § 816 Rn. 23 ff.
310   BGH, Urt. v. 24.09.1996 – XI ZR 227/95, NJW 1997, 190, 191; BeckOK/Wendehorst § 816 Rn. 16.
311   Staudinger/Lorenz § 816 Rn. 23.

2. Anwendung des § 816 Abs. 1 S. 1 auf zunächst unwirksame Verfügungen

Hat der Nichtberechtigte eine Verfügung getroffen, die dem Berechtigten gegenüber **234** **unwirksam** ist, so kann die Verfügung gemäß § 185 Abs. 2 durch **Genehmigung** des Berechtigten Wirksamkeit erlangen.

■ Ist die Sache des Berechtigten zerstört worden oder nicht mehr auffindbar, so wird der Berechtigte die Verfügung des Nichtberechtigten genehmigen und aus § 816 Abs. 1 S. 1 vorgehen (Rn. 235 ff.).

■ Ist hingegen die Sache noch vorhanden, so kann der Berechtigte wählen: Er kann gemäß § 985 die vorhandene Sache herausverlangen und den durch die Vorenthaltung des Besitzes entstandenen Schadens und für eine etwaige Beschädigung der Sache Ersatz verlangen **oder** die Verfügung des Nichtberechtigten genehmigen und den Anspruch aus § 816 Abs. 1 S. 1 geltend machen.

3. Ansprüche des Berechtigten, wenn die Sache zerstört worden ist

Ist die Verfügung zunächst unwirksam, so kann der Berechtigte diese noch genehmi- **235** gen, selbst wenn die Sache zerstört ist. Dabei ist jedoch streitig, ob bereits die Klageerhebung auf Herausgabe des Erlöses die konkludente Genehmigung enthält, da dann der Berechtigte das Risiko trägt, den erzielten Erlös herauszubekommen, oder ob die Genehmigung nur Zug um Zug gegen Herausgabe des Erlöses erteilt wird.

Fall 18: Urlaubsüberraschung

Während H im Sommerurlaub auf Sylt weilt, wird in seine heimische Villa in Siegburg eingebrochen. H werden dabei zwei wertvolle Teppiche gestohlen. Dieb D wird später gefasst. Er berichtet, dass er die Teppiche an den N verkauft hat, dem er erfolgreich vorspiegeln konnte, sie aus dem Iran mitgebracht zu haben. N hat die Teppiche wiederum mit 1.000 € Aufschlag für 6.300 € an seinen Kunden E verkauft. Dort werden die beiden Teppiche bei einem Zimmerbrand zerstört. Der objektive Wert der Teppiche betrug 5.000 €.

Hat H gegen N bzw. gegen D Herausgabeansprüche?

Hinweis: Schadensersatzansprüche sind nicht zu prüfen.

A. **Ansprüche H gegen N auf Herausgabe des Erlöses i.H.v. 6.300 €**

I. Ein Erlösanspruch gemäß **§ 285** besteht nicht, da die Vorschrift auf den dinglichen Anspruch aus § 985 nicht anwendbar ist.

II. Auch ein Anspruch auf Herausgabe des Erlöses gemäß **§§ 687 Abs. 2, 681 S. 2, 667** ist nicht gegeben, weil N nicht bewusst ein fremdes Geschäft als eigenes geführt hat.

III. H könnte gegen N einen Anspruch auf Herausgabe des Erlöses gemäß **§ 816 Abs. 1 S. 1** haben.

1. N, der wegen § 935 an den gestohlenen Teppichen kein Eigentum erwerben konnte, hat als Nichtberechtigter über die Teppiche verfügt.

   Für die Anwendbarkeit des § 816 ist nicht erforderlich, dass die Verfügung von Beginn an wirksam ist. Es genügt, wenn die zunächst unwirksame Verfügung später wirksam wird. Damit die Rechtsfolge des § 816 eingreifen kann, ist aber erforderlich, dass die Verfügung wirksam geworden ist.[312]

2. Auch die Verfügung des N an E war zunächst unwirksam, da auch E wegen **§ 935** die Teppiche nicht gutgläubig erwerben konnte. Die Verfügung wird jedoch wirksam, wenn H sie gemäß § 185 Abs. 2 **genehmigt.**

236

   a) Zwar sind dann die Teppiche im Zeitpunkt der Abgabe der Genehmigungserklärung nicht mehr vorhanden. Dennoch kann die Genehmigung wirksam erteilt werden, weil sie auf den Zeitpunkt der Vornahme der Verfügung zurückwirkt, **§ 184**. Die Rechtslage ist also so zu beurteilen, als hätte E im Zeitpunkt der Übertragung der Teppiche von N auf E das Eigentum erworben.[313]

   b) Die Genehmigung hat gemäß § 185 Abs. 2 zur Folge, dass der Erwerber E das Eigentum an den Teppichen erwirbt. Nach § 184 wirkt dieser Eigentumserwerb auf den Zeitpunkt der Verfügung zurück. Doch führt diese rückwirkende Genehmigung nicht dazu, dass der Nichtberechtigte N zum Berechtigten i.S.d. § 816 Abs. 1 wird. **Auch nach der Genehmigung bleibt der Verfügende Nichtberechtigter.**[314]

237

   c) Da mit der Genehmigung der Erwerb des Rechts und damit auch der Rechtsverlust beim Berechtigten eintritt, besteht für den Rechtsinhaber die Gefahr, dass er nichts erhält: Den Gegenstand erhält er nicht mehr zurück, weil die Verfügung wirksam geworden ist. Den Erlös erhält er nicht, falls der Verfügende vermögenslos geworden ist. Die Rspr. hat teilweise bereits in der Klageerhebung auf Herausgabe des Erlöses konkludent die Genehmigung der Verfügung erkannt.[315] Demnach trägt der Genehmigende das Risiko, dass er vom nichtberechtigt Verfügenden tatsächlich den erzielten Erlös herausbekommt.

   Mit Rücksicht auf die Risikoverteilung geht die Lit. hingegen davon aus, dass die **Genehmigung nur Zug um Zug gegen die Herausgabe des Erlöses** erteilt wird, der Genehmigende also sein Eigentum erst Zug um Zug gegen den tatsächlichen Erhalt des Erlöses verliert.[316]

   Wenn H also die Verfügung des N zugunsten des E – die Eigentumsübertragung – genehmigt, wird diese wirksam. Die Voraussetzungen des § 816 Abs. 1 S. 1 liegen dann vor.

---

312 Brauer/Rossmann JA 2001, 114, 115.

313 BeckOK/Wendehorst § 816 Rn. 13.

314 Staudinger/Lorenz § 816 Rn. 9.

315 Vgl. etwa BGH, Urt. v. 14.02.1989 – VI ZR 244/88, BGHZ 106, 381, 390.

316 BeckOK/Wendehorst § 816 Rn. 12; Staudinger/Lorenz § 816 Rn. 9.

3. Als Rechtsfolge muss N das durch die Verfügung Erlangte, also den erzielten Erlös, herausgeben.

Die Erwerbskosten, die N an den D gezahlt hat, sind nicht gemäß § 818 Abs. 3 abzugsfähig. Sie können nicht als Wegfall der Bereicherung berücksichtigt werden.[317]

Solange N die Teppiche noch im Besitz hatte, hätte er den Besitz gemäß § 985 **238** an H herausgeben müssen, ohne sich darauf berufen zu können, er habe an D den Kaufpreis gezahlt. Nach der Veräußerung tritt § 816 Abs. 1 an die Stelle des § 985. Wird nun E nach der Veräußerung gemäß § 816 Abs. 1 in Anspruch genommen, so muss das Gleiche gelten.

H wird die Genehmigung Zug um Zug gegen Zahlung des von E gezahlten Kaufpreises in Höhe von 6.300 € erteilen.

B. Ansprüche des H gegen D

I. Erlösanspruch gemäß **§§ 687 Abs. 2, 681, 667**

Die Weiterveräußerung der Teppiche enthielt eine Geschäftsanmaßung. D muss das dadurch Erlangte herausgeben, also 5.300 €.

II. Erlösanspruch aus **§ 816 Abs. 1 S. 1**

D hat als Nichtberechtigter eine Verfügung getroffen, die jedoch mit Rücksicht auf § 935 unwirksam war, sodass ein Erlösanspruch gemäß § 816 Abs. 1 S. 1 nur besteht, wenn H die Verfügung des D genehmigt.

B. Bereicherungsanspruch gemäß § 816 Abs. 1 S. 2

Hat der Nichtberechtigte wirksam aufgrund eines unentgeltlichen Vertrags verfügt, **239** dann erlangt er durch die Verfügung keinen Vermögenswert. Zum Schutze des Berechtigten ist in § 816 Abs. 1 S. 2 aber geregelt, dass der **Berechtigte von dem unentgeltlichen Erwerber** den Gegenstand herausverlangen kann, obwohl dieser nach den Regeln des Erwerbs vom Nichtberechtigten diesen Gegenstand – dinglich – wirksam erworben hat. Die Vorschrift beruht auf dem Gedanken, dass der unentgeltliche Erwerber **nicht schutzbedürftig** ist.

Beispiel: B hat N eine wertvolle Vase verkauft und übereignet. N schenkt die Vase seiner Tochter E. Nunmehr stellt sich heraus, dass der Kaufvertrag und die Übereignung B–N unwirksam sind.

B ist berechtigt, von der E, die gemäß §§ 929, 932 gutgläubig das Eigentum erworben hat, die Vase gemäß § 816 Abs. 1 S. 2 herauszuverlangen.

Klausurhinweis: *Gegen den Nichtberechtigten (im obigen Beispiel N) kommen Ansprüche aus § 280 Abs. 1, aus den §§ 677 ff. und aus § 823 in Betracht.[318]*

---

317 Palandt/Sprau § 816 Rn. 22.
318 Looschelders Rn. 1086.

§ 816 Abs. 1 S. 2 hat folgende **Voraussetzungen:**

240 ■ Wirksame **Verfügung eines Nichtberechtigten** (vgl. Rn. 230)

■ **Unentgeltlichkeit** der Verfügung

- Der Begriff der Unentgeltlichkeit i.S.d § 816 Abs. 1 S. 2 entspricht dem in **§ 516** verwendeten und liegt dann vor, wenn die Zuwendung **unabhängig von einer Gegenleistung** erfolgt.[319] Hierzu genügt ein grobes Missverhältnis nicht. Liegt hingegen eine gemischte Schenkung vor, ist § 816 Abs. 1 S. 2 auf die gesamte Verfügung anwendbar.

- Streitig ist, ob die **Rechtsgrundlosigkeit** der Unentgeltlichkeit gleichgestellt werden kann.

Wenn der Nichtberechtigte aufgrund eines unwirksamen Vertrags verfügt hat, so erlangt er – wie im Falle der unentgeltlichen Verfügung – keinen Anspruch auf die Gegenleistung. Der Erwerber ist nicht verpflichtet, ein Entgelt zu entrichten. Mit Rücksicht auf diese Sachlage könnte es geboten sein, den rechtsgrundlosen Erwerb dem unentgeltlichen Erwerb gleichzustellen und deshalb § 816 Abs. 1 S. 2 analog anzuwenden.

Dies wurde früher zum Teil in der Lit. vertreten,[320] wird aber von der inzwischen ganz h.M. abgelehnt, da der rechtsgrundlose entgeltliche Erwerber deutlich schutzwürdiger als der unentgeltliche Erwerber ist.[321] Vor allem darf dem Erwerber (E) nicht die Möglichkeit abgeschnitten werden, die Rückgabe der Sache an den Nichtberechtigten (N) bis zur Rückzahlung des Kaufpreises zu verweigern. Daher kann der Berechtigte (B) von N nach § 816 Abs. 1 S. 1 Abtretung des Bereicherungsanspruchs gegen E fordern und E kann dem B gemäß § 404 die gegen N bestehenden Einreden entgegen halten, sogenannte Lehre von der **„Doppelkondiktion".**[322]

Beispiel: B verkauft N ein Fahrrad, dieser verkauft es wiederum an E. Nun stellt sich heraus, dass sowohl der erste als auch der zweite Kaufvertrag unwirksam sind. Zudem ist auch die erste Übereignung unwirksam. Rechtslage?

B hat gegen N und N gegen E einen Anspruch aus § 812 Abs. 1 S. 1 Alt. 1. Jedoch besteht für B gegen N kein Verschaffungsanspruch (vgl. dazu 1. Abwandlung Fall 11, Rn. 148 ff.).

Fraglich ist, ob auch ein Anspruch des B gegen E aus § 816 Abs. 1 S. 2 besteht. N hat als Nichtberechtigter verfügt, da die Eigentumsübertragung an ihn fehlgeschlagen ist. Die Verfügung ist dem B aber gegenüber wirksam (§§ 929, 932). B hat allerdings **nicht unentgeltlich** verfügt. Da kein Rechtsgrund bestand, der E daher nicht zur Zahlung verpflichtet war, könnte man den rechtsgrundlosen dem unentgeltlichen Erwerb gleichstellen. Die ganz h.M. lehnt jedoch die Anwendung des § 816 Abs. 1 S. 2 auf die Fälle der rechtsgrundlosen Verfügung ab. Der E hat nämlich ein schutzwürdiges Interesse daran, sich nur mit seinem Vertragspartner N auseinandersetzen zu müssen.[323]

---

319 Palandt/Weidenkaff § 516 Rn. 8.

320 Grunsky JZ 1962, 207.

321 Vgl. Looschelders Rn. 1087 m.w.N.

322 BeckOK/Wendehorst § 812 Rn. 256.

323 Palandt/Sprau § 816 Rn. 16 ff.

Klausurhinweis: *Beachten Sie den Unterschied zwischen § 816 Abs. 1 S. 2 und § 822. Ein Anspruch aus § 816 Abs. 1 S. 2 kommt in Betracht, wenn ein dinglich Nichtberechtigter tätig wird, während § 822 bei einer Verfügung des dinglich Berechtigten Anwendung findet.*

C. Bereicherungsanspruch gemäß § 816 Abs. 2

Während § 816 Abs. 1 den gutgläubigen Rechtserwerb gegen schuldrechtliche Rückgewähransprüche abschirmt, sichert § 816 Abs. 2 die gutgläubig erlangte (oder aus anderen Gründen gesetzlich gestattete) Schuldbefreiung gegen die Notwendigkeit ab, die Leistung beim falschen Gläubiger mühsam beitreiben und an den wahren Gläubiger nach wie vor leisten zu müssen.[324]

241

Deshalb hat bei einer Leistung an einen Nichtberechtigten, die dem berechtigten gegenüber wirksam ist, der Nichtberechtigte dem Berechtigten gemäß § 816 Abs. 2 das Geleistete herauszugeben. **Hauptanwendungsfall** ist die in **§ 407** geregelte Konstellation, dass der Schuldner in Unkenntnis der Abtretung an den bisherigen Gläubiger leistet.[325]

I. Leistung an den bisherigen Gläubiger

Der Neugläubiger kann von dem bisherigen Gläubiger die vom Schuldner nach der Abtretung erbrachte Leistung gemäß § 816 Abs. 2 herausverlangen, es sei denn, dem Schuldner war die Abtretung bekannt.

242

Der Schuldner wird durch die Leistung an den bisherigen Gläubiger gemäß **§ 407** befreit. Das gilt auch in den Fällen der Mehrfachabtretung, **§ 408**. Nach h.M. steht dem Schuldner ein Wahlrecht zu. Er kann es bei der gesetzlichen Regelung belassen und sich auf die Befreiung berufen oder gemäß § 812 Abs. 1 S. 1 Alt. 1 vom Nichtberechtigten die erbrachte Leistung zurückfordern.

Beispiel: L schuldet dem N aus einem Darlehensvertrag 6.000 €. N tritt die Forderung an B ab. Später zahlt L an N. Kann B von L noch Zahlung verlangen? Kann L gemäß § 812 Abs. 1 S. 1 Alt. 1 von N Rückzahlung verlangen, um die Verpflichtung gegenüber B zu erfüllen?

I. L kann sich gegenüber B auf § 407 berufen und es dem B überlassen, von N den gezahlten Darlehensbetrag gemäß § 816 Abs. 2 herauszuverlangen.
II. Anspruch des L gegen N gemäß § 812 Abs. 1 S. 1 Alt. 1
1. N hat etwas erlangt.
2. Durch Leistung des L, der nämlich die vermeintliche Darlehensverpflichtung erfüllen wollte.
3. Ohne Rechtsgrund: Der Zweck, die Darlehensverbindlichkeit zu erfüllen, ist zwar gemäß § 407 erreicht, jedoch ist der Schuldner entsprechend dem Schutzzweck des § 407 frei, ob er den Schutz des § 407 in Anspruch nehmen will oder nicht.[326]
L hat danach einen Rückzahlungsanspruch gegen N.

---

324 MünchKomm/Schwab § 816 Rn. 17.
325 Looschelders Rn. 1088.
326 BGH, Urt. v. 19.10.1987 – II ZR 9/87, BGHZ102, 68, 71; a.A. OLG Dresden mit Anm. Karst MDR 1995, 559.

II. Leistung an einen Nichtberechtigten i.S.d. § 851

243 § 851 gewährleistet den Schutz des Schadensersatzpflichtigen mit denselben Mitteln, die das Gesetz auch in den §§ 407 ff. im Zusammenhang mit der Abtretung einer Forderung zur Anwendung bringt. Reguliert der Schädiger den eingetretenen Schaden und zahlt hierzu gutgläubig an den bisherigen Besitzer der zerstörten oder beschädigten Sache, soll er vor einer erneuten Inanspruchnahme durch den tatsächlichen Anspruchsinhaber bewahrt werden.[327]

Beispiel: B vermietet an N einen Lkw. Autofahrer A verursacht schuldhaft einen Unfall mit dem Lkw, bei dem der Lkw beschädigt wird. A zahlt deshalb an N Schadensersatz i.H.v. 1.800 €. N lässt den Lkw nicht reparieren. B verlangt als Eigentümer von A Ersatz.

I. B kann von A gemäß § 7 StVG und § 823 wegen der Beschädigung seines Lkw Schadensersatz verlangen.
Doch hat A an N, den Besitzer des Fahrzeugs, Ersatz geleistet. Gemäß § 851 wirkt die Zahlung des A an N auch gegenüber dem Berechtigten B. A ist nicht verpflichtet, an B Schadensersatz zu leisten.
II. B kann gemäß § 816 Abs. 2 von N den von A geleisteten Betrag herausverlangen.

III. Unwirksame Leistung an den Nichtberechtigten ist genehmigungsfähig

244 Die Vorschrift des § 816 Abs. 2 greift auch dann ein, wenn die Leistung an den Nichtberechtigten **unwirksam** war, aber später vom Berechtigten **genehmigt** wird, § 185 Abs. 2.

Beispiel: B hat L ein Darlehen in Höhe von 14.000 € gewährt. N spiegelt L unter Vorlage einer gefälschten Abtretungsurkunde vor, B habe die Forderung an ihn abgetreten. L zahlt an N. B genehmigt die Zahlung und kann gemäß § 816 Abs. 2 von N den gezahlten Darlehensbetrag herausverlangen.

Klausurhinweis: Achten Sie insbesondere darauf, ob eine **konkludente Genehmigung** vorliegt. So kann etwa nach der Ansicht der Rspr. in der **Klageerhebung** regelmäßig die Genehmigung der Leistung an einen Nichtberechtigten gesehen werden.[328]

D. Durchgriffskondiktion nach § 822

245 § 822 hat mit § 816 Abs. 1 S. 2 gemein, dass der Erwerber das dinglich wirksam erworbene Recht nicht behalten darf, weil er aufgrund der **Unentgeltlichkeit** des Erwerbs nicht schutzbedürftig ist. Während es jedoch bei § 816 Abs. 1 S. 2 um die Verfügung eines Nichtberechtigten geht, betrifft § 822 den Fall, dass ein **Berechtigter verfügt** hat.

Beispiel: Oma Inge (O) kauft im Autohaus des A einen Audi, der im Rahmen einer Sonderaktion sehr günstig angeboten wird. Sie schenkt ihn ihrer Enkelin Julia (E) zum bestandenen Examen. Nunmehr stellt sich heraus, dass der Kaufvertrag unwirksam ist. A fragt nach seinen Rechten.

I. Ein Anspruch des A gegen O aus **§ 812 Abs. 1 S. 1 Alt. 1** auf Herausgabe des Audis oder auf entsprechenden Wertersatz scheidet aus, denn O hat den Pkw verschenkt und ist somit nicht mehr bereichert, § 818 Abs. 3.

II. A könnte jedoch gegen E einen Anspruch auf Herausgabe des Audis aus **§ 822** haben.
1. A hatte **ursprünglich** einen Bereicherungsanspruch aus **§ 812 Abs. 1 S. 1 Alt. 1** gegen die O auf Herausgabe des Audis.

---

327 MünchKomm/Wagner § 851 Rn. 1.
328 BGH, Beschl. v. 12.07.2012 – V ZB 213/11, RÜ 2012, 554, 556.

2. O hat das Erlangte **unentgeltlich** ihrer Enkelin zugewandt.

3. Infolgedessen ist der Bereicherungsanspruch des A gegen O ausgeschlossen.

4. Als Rechtsfolge ist E zur Herausgabe verpflichtet, wie wenn sie die Zuwendung von A ohne rechtlichen Grund erhalten hätte, mit der Folge, dass sie nicht nur den Audi herausgeben, sondern auch Wertersatz für die gezogenen Nutzungen leisten muss. Gemäß § 818 Abs. 3 ist der Wertersatzanspruch ausgeschlossen, soweit E nicht mehr bereichert ist, also einwenden kann, dass sie keine Aufwendungen erspart hat.

Umstritten und nicht selten klausurrelevant ist, ob im **Fall der Vermögenslosigkeit** des ursprünglichen Bereicherungsschuldners der Bereicherungsanspruch aus **§ 822 analog** anwendbar ist.

246

Beispiel: O, die inzwischen insolvent ist, wusste, dass der Kaufvertrag mit A unwirksam war und verschenkt trotzdem den Audi an E.

I. Einem Anspruch des A gegen O steht § 818 Abs. 3 nicht entgegen, denn O war bösgläubig und kann sich daher nicht auf Entreicherung berufen. Ferner hat A gegen sie einen Schadensersatzanspruch aus §§ 819, 818 Abs. 4, 292, 989, 990. Allerdings ist O insolvent.

II. Es stellt sich daher die Frage, ob A gegen E vorgehen kann. Mit der Erwägung, dass der Dritte (hier also E) beim Erwerb vom Bösgläubigen nicht besser dastehen dürfe, als wenn er vom Gutgläubigen erworben hätte, wird in der neueren Lit. teilweise eine analoge Anwendung des § 822 bei Insolvenz des ursprünglichen Bereicherungsschuldners bejaht.[329]

Die h.M.[330] lehnt eine solche Erweiterung jedoch ab. Dafür spricht der klare Wortlaut des § 822. Der Anspruch gegen den Dritten wird nur gewährt, wenn **„die Verpflichtung"** des Empfängers nicht mehr besteht, der Anspruch gegen ihn also aus Rechtsgründen erloschen ist. § 822 soll den Gläubiger vor dem Risiko der Weitergabe durch einen gutgläubigen Schuldner und nicht vor der Insolvenz des Schuldners schützen.

E. Bereicherungsanspruch gemäß § 812 Abs. 1 S. 1 Alt. 2

Schon der Wortlaut des § 812 Abs. 1 S. 1 Alt. 2 („oder in sonstiger Weise") macht deutlich, dass diese Kondiktion grundsätzlich für alle Fälle der ungerechtfertigten Bereicherung gelten soll, bei denen ein Vermögensvorteil **nicht durch Leistung** erlangt wird. Dabei lassen sich die folgenden Fallgruppen unterscheiden:

- Eingriffskondiktion (Rn. 247 ff.),

- Verwendungskondiktion (Rn. 266 ff.) und

- Rückgriffs- oder Auslagenkondiktion (Rn. 270)

---

329 Thomaso/Weinbrenner Jura 2004, 649, 655.

330 BGH, Urt. v. 02.02.1999 – VI ZR 392–97, NJW 1999, 1028, 1029; Staudinger/Lorenz § 822 Rn. 11; BeckOK/Wendehorst § 822 Rn. 10.

I. Eingriffskondiktion

247 Die Eingriffskondiktion aus § 812 Abs. 1 S. 1 Alt. 2 ist der wichtigste Fall der allgemeinen Nichtleistungskondiktion. Sie ist subsidiär gegenüber § 816 und § 822.

Eingriffskondiktion aus § 812 Abs. 1 S. 1 Alt. 2

A. Voraussetzungen

   I. Anspruchsgegner muss **etwas** erlangt haben.

   II. In sonstiger Weise auf Kosten des Anspruchstellers

      1. Ein Erwerb in sonstiger Weise liegt nur vor, wenn **keine vorrangige Leistung** gegeben ist.

      2. Ein Erwerb auf Kosten des Anspruchstellers ist gegeben, wenn der Anspruchsgegner in den **Zuweisungsgehalt des fremden Rechts** oder der fremden Rechtsposition eingegriffen hat.

   III. Eingriff muss **ohne Rechtsgrund** erfolgen.
   Diese Voraussetzung liegt vor, wenn der jeweils erlangte Vorteil nach der **rechtlichen Güterzuordnung** nicht dem Bereicherungsschuldner, sondern dem Anspruchsteller gebührt.

B. Rechtsfolge

   I. § 812 Abs. 1: Herausgabe des Erlangten

   II. Die weiteren Rechtsfolgen ergeben sich aus § 818, also:

      ■ § 818 Abs. 1: Herausgabe der gezogenen Nutzungen und der Surrogate

      ■ § 818 Abs. 2: Wertersatz, wenn die Herausgabe wegen der Beschaffenheit des Erlangten nicht möglich ist

      ■ § 818 Abs. 3: Ausschluss der Herausgabe oder der Wertersatzpflicht, soweit der Empfänger nicht mehr bereichert ist

      ■ § 818 Abs. 4 (§§ 819, 820) Haftung nach den allgemeinen Vorschriften

---

248 Eine Bereicherung auf Kosten des Anspruchstellers setzt einen **Eingriff in den Zuweisungsgehalt eines fremden Rechts** voraus. Dabei ist maßgebend, ob der unter Ausnutzung des Eingriffsobjekts gewonnene Vermögensvorteil nach der gesetzlichen Güterzuordnung dem Rechtsinhaber gebührt, ob also der durch die Inanspruchnahme eines fremden Rechts oder geschützten Vermögenswertes gewonnene Vorteil dem Rechtsinhaber zugewiesen ist.[331]

Wichtige **Kriterien bei der Ermittlung des Zuweisungsgehalts** sind einerseits, in welchem Umfang der Rechtsinhaber über die Substanz und die Nutzung entgeltlich verfügen kann, sowie andererseits, inwieweit der Rechtsinhaber sich der erworbenen Vortei-

---

331 BGH, Urt. v. 09.03.1989 – I ZR 189/86, BGHZ 107, 117, 120.

le willentlich begeben hat. Auf die Rechtswidrigkeit des Eingriffs kommt es dagegen nicht an.[332]

Die wichtigsten **Fälle des Eingriffserwerbs:**

- Handelnder nimmt fremdes Eigentum in Anspruch (Rn. 249 ff.)

- Leistung wird ohne Willen des Berechtigten in Anspruch genommen (Rn. 256 ff.)

- Handelnder greift in immaterielle Rechte (insbesondere das allgemeine Persönlichkeitsrecht) ein (Rn. 262 ff.).

1. Eingriffe in das Eigentum

Wer ohne Willen des Eigentümers eine Sache wie ein Eigentümer für seine Zwecke einsetzt, sich also **als Eigentümer geriert**, greift in den Zuweisungsgehalt des Eigentums ein. Er verschafft sich ohne Rechtsgrund auf Kosten des Eigentümers einen Vermögenswert. Denn alle aus dem Einsatz einer Sache entstehenden Vorteile sind grundsätzlich dem Eigentümer zugeordnet. Bei der Beurteilung der Frage, ob der Eingreifende dem Eigentümer wegen des Eingriffs verantwortlich ist, muss unterschieden werden,

249

- ob der Eingreifende sich **ohne Besitzbegründung** Vorteile verschafft hat (Rn. 250) oder

- als **unrechtmäßiger** Besitzer die Sache genutzt oder verbraucht hat (Rn. 251) oder

- als **rechtmäßiger** Besitzer die vertraglich eingeräumte Nutzung überschritten hat (Rn. 252 ff.).

a) Eingriff in das Eigentum ohne Besitzbegründung

250

Fall 19: Werbung auf fremder Wand

A betreibt in Köln, in einem zweistöckigen Gebäude mit Flachdach, ein Kino. Das neunstöckige Nachbargebäude des B, der in Berlin wohnt, schließt zu A hin mit einer hellen Wand ab. A stellt auf dem Dach seines Hauses einen Projektionsapparat auf und lässt täglich bei Einbruch der Dunkelheit Werbung an die Wand des B projizieren. B erfährt nach einem halben Jahr davon und verlangt ein Entgelt von A. Dieser macht geltend, die Wand habe B ohnehin nicht vermieten können, auch sei die Werbung für ihn erfolglos gewesen.

Steht B ein bereicherungsrechtlicher Anspruch zu?

A. **Schadensersatzansprüche** scheiden aus, da nicht ersichtlich ist, dass dem B infolge der Benutzung der Wand zu Reklamezwecken ein Schaden entstanden ist.

B. B könnte gegen A einen **Bereicherungsanspruch** haben. Da B dem A die Benutzung der Wand nicht gestattet hat, kann A nur in sonstiger Weise auf Kosten des B etwas ohne Rechtsgrund erlangt haben, **§ 812 Abs. 1 S. 1 Alt. 2**.

---

332 Medicus BR Rn. 711.

I. A muss zunächst **etwas erlangt** haben. Dafür genügt es, dass der Bereicherungsschuldner etwas erworben hat, das allgemein nach der Verkehrsanschauung einen Vermögenswert darstellt. A hat die Hauswand des Nachbarn zu Reklamezwecken benutzt; er hat sich damit durch die Inanspruchnahme des Eigentums des B einen Vermögensvorteil verschafft. Für die Benutzung einer fremden Hauswand muss nämlich regelmäßig ein Entgelt gezahlt werden, sodass A etwas erlangt hat.

II. Ferner müsste A den Vermögensvorteil in **sonstiger Weise auf Kosten** des B erlangt haben.

1. A hat den Vermögensvorteil **nicht durch Leistung** des B, sondern aufgrund eines eigenmächtigen Vorgehens erlangt.

2. Außerdem hat A den Vermögensvorteil auf Kosten des B erlangt, wenn die Benutzung der Wand zu Reklamezwecken einen **Eingriff in den Zuweisungsgehalt** des Eigentums des B darstellt.

B stand als Eigentümer des Hauses die Entscheidung darüber zu, ob die Hauswand zu Reklamezwecken benutzt werden durfte. Der Zuweisungsgehalt des Eigentums an einer Sache umfasst also die Vorteile, die der Gebrauch der Sache mit sich bringt. **Durch die Benutzung** der Wand zu Reklamezwecken hat A **in das Eigentum des B eingegriffen**. Er hat Vorteile für sich in Anspruch genommen, die nach der Rechtsordnung dem Eigentümer zugewiesen sind.

Da das Bereicherungsrecht dazu dient, den unberechtigt erlangten Vermögensvorteil dem zuzuwenden, dem der Vorteil nach der Rechtsordnung gebührt, kommt es nicht darauf an, ob B die Wand überhaupt vermieten wollte oder vermieten konnte. Es genügt, dass das Objekt der Bereicherung unter Ausnutzung des geschützten Vermögens des Berechtigten erlangt worden ist. Auf einen Schaden des Berechtigten kommt es nur an, wenn er wegen des Eingriffs in den Zuweisungsgehalt einen Schadensersatzanspruch geltend macht.

A hat somit etwas in sonstiger Weise auf Kosten des B erlangt.

3. Da für die Vermögensverschiebung schließlich kein Rechtsgrund vorhanden ist, liegen die Voraussetzungen des Bereicherungsanspruchs aus § 812 Abs. 1 S. 1 Alt. 2 vor.

II. Da das Erlangte nicht herausgegeben werden kann, muss gemäß **§ 818 Abs. 2** der Wert ersetzt werden. Das ist derjenige Betrag, der für die Gestattung einer solchen Benutzung gewöhnlich verlangt und bezahlt wird.[333]

Der erlangte Vorteil ist nicht entfallen, sodass A nicht geltend machen kann, dass er gemäß § 818 Abs. 3 nicht mehr bereichert sei. Denn A muss – wie jeder Werbekunde – das Risiko dafür tragen, dass die Reklame erfolglos bleibt.

A hat gegen B einen Anspruch aus § 812 Abs. 1 S. 1 Alt. 2.

---

333 Staudinger/Lorenz § 818 Rn. 28; Palandt/Sprau § 818 Rn. 23.

b) Eingriff durch den unrechtmäßigen Besitzer

Der Eigentümer kann von dem unrechtmäßigen Besitzer Schadensersatz und Nut- **251**
zungsersatz nur nach den §§ 987 ff. verlangen. Diese Sonderregeln schließen insoweit
Ansprüche gemäß § 823 und § 812 aus.

Unrechtmäßiger Besitzer ist derjenige, der auf Herausgabe nach § 985 in Anspruch genommen, die Sache herausgeben müsste, ohne sich auf ein Recht zum Besitz gemäß
§ 986 berufen zu können. Es muss mithin eine **Vindikationslage** gegeben sein.[334]

> **Fall 20: Kiosk auf fremdem Grund**
>
> A errichtete in der Ecke seines Grundstücks einen Kiosk. Nach fünf Jahren stellt sich
> nach längerem Vermessen heraus, dass dieser Teil des Grundstücks dem E gehört. E
> verlangt nunmehr ein Nutzungsentgelt. A beruft sich darauf, er hätte das Grundstück
> des E nicht benutzt, wenn er über die Eigentumsverhältnisse unterrichtet gewesen
> wäre. Der Kiosk hätte auf seinem Grundstück ebenso günstig gestanden.
>
> Hat E gegen A einen Anspruch auf Nutzungsentgelt?

E kann gegen A einen Anspruch auf Ersatz von Nutzungen nach **§§ 987 ff.** haben.

I. Da Eigentümer E von A als Besitzer des Grundstücksteils gemäß § 985 hätte Heraus-
    gabe verlangen können, bestand zur Zeit der Benutzung des Grundstücks zwischen
    den Parteien ein Eigentümer-Besitzer-Verhältnis, sodass die §§ 987 ff. als Sonderre-
    gelungen eingreifen.

II. A war gutgläubiger Besitzer. Gemäß § 988 haftet er nach den Bereicherungsregeln
    jedoch nur, wenn er den Besitz unentgeltlich erworben hat. Dem unentgeltlichen Er-
    werb steht es gleich, wenn der Besitzer irrtümlich angenommen hat, dass die Sache
    ihm gehört und sie deswegen in Besitz genommen hat.[335]

    Da A das Grundstück des E ohne dessen Willen eigenmächtig für seine Zwecke ge-
    nutzt und dafür kein Entgelt entrichtet hat, findet § 988 Anwendung.

III. A haftet gemäß **§ 988** nach den Regeln des Bereicherungsrechts. Dabei handelt es
     sich um einen **Rechtsfolgenverweis** auf die §§ 818, 819.[336]

     1. Da die erlangten Gebrauchsvorteile nicht in Natur herausgegeben werden kön-
        nen, muss A gemäß **§ 818 Abs. 2 Wertersatz** leisten, d.h. den Betrag entrichten,
        der üblicherweise für die Inanspruchnahme eines solchen Grundstücks gezahlt
        wird.

     2. Fraglich ist, ob A noch bereichert ist, da er geltend macht, er hätte im Falle der
        Kenntnis der Eigentumsverhältnisse sein eigenes Grundstück genutzt und somit
        durch die Inanspruchnahme des fremden Grundstücks **keine Vorteile erlangt**.

---

334 Dazu im Einzelnen AS-Skript Sachenrecht 1 (2014), Rn. 455 ff.

335 Palandt/Bassenge § 988 Rn. 3 a.E.

336 Staudinger/Gursky § 988 Rn. 13.

Der Erwerber des erlangten Etwas soll nach Sinn und Zweck des Bereicherungsrechts nur die bei ihm noch vorhandene Bereicherung herausgeben müssen. A kann sich also darauf berufen, dass er gar nicht darauf angewiesen war, fremde Sachen zu nutzen und dass ihm bei wirtschaftlicher Betrachtungsweise die erlangten Vorteile auch durch Inanspruchnahme seiner eigenen Sachen zugeflossen wären. Er kann also geltend machen, er sei von vornherein nicht bereichert worden.

Damit scheidet ein Anspruch des E gegen A aus.

---

c) Eingriff in das Eigentum durch den rechtmäßigen Besitzer

252 Der rechtmäßige Besitzer, der die Sache im Rahmen des ihm aufgrund des wirksamen Vertrags eingeräumten Rechts verwendet, haftet überhaupt nicht.

Überschreitet er allerdings die eingeräumte **„Verwendungsbefugnis"** und erlangt er dadurch Vorteile und der Eigentümer Nachteile, so kommen Ansprüche auf Herausgabe des Erlangten, Schadensersatz und Wertersatz in Betracht.

> **Fall 21: Teile und kassiere**
>
> V aus Augsburg hat dem M in seinem Haus in Regensburg eine 5-Zimmer-Wohnung für 1.000 € monatlich vermietet. M vermietet zwei Zimmer für je 300 € an Studenten, die ihre Möbel mitgebracht haben. Als V nach etwa einem Jahr davon erfährt, verlangt er von M Herausgabe der von den Studenten gezahlten Untermiete. Zu Recht?

A. V könnte gegen M einen Anspruch auf Schadensersatz gemäß **§ 280 Abs. 1** haben.

   I. Zwischen V und M besteht ein wirksamer Mietvertrag gemäß § 535. Das ist ein Schuldverhältnis i.S.d. § 280 Abs. 1.

   II. Gemäß **§ 540 Abs. 1 S. 1** hat der Mieter vor der Untervermietung die Erlaubnis des Vermieters einzuholen. M hat die erforderliche Erlaubnis nicht eingeholt, sodass er seine Pflicht aus dem Mietvertrag durch die Überlassung an die Untermieter verletzt hat.

   III. Das Verschulden des M wird gemäß § 280 Abs. 1 S. 2 vermutet.

   IV. M ist gemäß §§ 249 ff. zum Ersatz des Schadens verpflichtet, der durch die Untervermietung entstanden ist.

      1. Wenn durch die Untervermietung eine erhöhte Abnutzung der Mietsache eingetreten ist, so ist er nach § 249 Abs. 2 zum Geldersatz verpflichtet. Dafür bestehen aber keine Anhaltspunkte.

      2. Auch unter dem Gesichtspunkt des **entgangenen Gewinns** (§ 252) besteht kein Schadensersatzanspruch, da V im Zeitpunkt der Untervermietung die Mietsache bereits an M vermietet hatte und somit **selbst nicht** an die Studenten **vermieten konnte**.

Zusammenfassend kann also festgestellt werden, dass durch die Untervermietung dem V kein Schaden entstanden ist.

B. Ein Schadensersatzanspruch aus **§§ 687 Abs. 2, 678** oder ein Anspruch auf Herausgabe der Nutzungen aus **§§ 687 Abs. 2, 681 S. 2, 667** setzt ein **fremdes Geschäft** voraus. Fraglich ist, ob dies bei einer unberechtigten Untervermietung der Fall ist.

253

I. Man könnte dies bei der unberechtigten Untervermietung mit Rücksicht darauf, dass der Vermieter selbst nicht untervermieten kann, bejahen.

II. Dennoch liegt nach ganz h.M. kein objektiv fremdes Geschäft vor, wenn eine Sache untervermietet wird.[337] V hatte den Besitz aufgrund des Mietvertrags bereits an M übertragen und war somit gar nicht mehr in der Lage, den Besitz auf einen Dritten zu übertragen. Die Untervermietung als solche ist daher ausschließlich Geschäft des Mieters. Mithin hat M kein fremdes Geschäft für V geführt, sodass Ansprüche aus GoA ausscheiden.

C. Ein Anspruch aus dem Eigentümer-Besitzer-Verhältnis auf Schadensersatz aus **§§ 989, 990** oder auf Herausgabe der Nutzungen gemäß **§§ 987, 990** scheidet aus, weil M aufgrund des Mietvertrags rechtmäßiger Besitzer ist.

254

D. In Betracht kommt ferner ein Schadensersatzanspruch aus **§ 823 Abs. 1**.

I. § 823 Abs. 1 schützt das Eigentum umfassend vor Beeinträchtigungen. Vorliegend hat M das Recht des V verletzt, selbst über die Personen, welche die tatsächliche Sachnutzung ausüben, bestimmen zu können. Die Eigentumsverletzung erfolgte rechtswidrig und fahrlässig, sodass der haftungsbegründende Tatbestand vorliegt.

II. V hat daher einen Anspruch auf Ersatz des durch die unberechtigte Untervermietung adäquat kausal verursachten Schadens. Wie jedoch bereits oben im Rahmen des vertraglichen Schadensersatzanspruchs dargelegt, ist V kein Schaden entstanden.

E. V könnte gegen M einen Anspruch auf Herausgabe des durch Weitervermietung Erlangten gemäß **§ 816 Abs. 1 S. 1** haben.

255

Dann müsste M als **Nichtberechtigter** verfügt haben.

I. Die Weitervermietung ist **keine Verfügung**, da diese nicht darauf gerichtet ist, ein Recht zu übertragen, zu belasten, inhaltlich zu ändern oder aufzuheben. Der Abschluss der Mietverträge mit den Untermietern ist ein schuldrechtliches Geschäft und die Besitzüberlassung eine tatsächliche Handlung.[338]

II. Ferner ist **§ 816 nicht entsprechend auf die Besitzüberlassung anwendbar**, weil der Untermietzins nach h.M. keinen Gegenwert darstellt, den der Mieter anstelle des Eigentümers erzielt. Dieser hätte die bereits an den Mieter vermietete Sache nicht mehr selbst an den Dritten untervermieten können.[339]

---

337 Vgl. BGH, Urt. v. 13.12.1995 - XII ZR 194/93, NJW 1996, 838, 840 m.w.N.

338 Staudinger/Lorenz § 816 Rn. 6 f.

339 BeckOK/Wendehorst § 816 Rn. 6.

F. V könnte gegen M einen Anspruch auf Wertersatz gemäß **§ 812 Abs. 1 S. 1 Alt. 2** haben.

I. M hat zum einen **Vermögensvorteile** in Höhe der Mietzahlungen der Studenten **erlangt**, zum anderen aber auch den Besitz an der Mietsache zur eigenen Besitzausübung und die damit verbundene Möglichkeit der Untervermietung.

II. Fraglich ist, ob M den Mietgegenstand **in sonstiger Weise** erlangt hat. Dies ist nicht der Fall, wenn er ihn durch Leistung erlangt hat. Den Untermietzins hat er durch Leistung der Studenten und den Besitz der Mietsache durch Leistung des V erlangt, sodass diese beiden Bereicherungsgegenstände daher nicht für einen Erwerb in sonstiger Weise in Betracht kommen.

Demgegenüber ergibt sich aus der fehlenden Erlaubniserteilung des V, dass M diesem nicht die Möglichkeit der Untervermietung an M leisten wollte. Nur insoweit kommt ein Erwerb in sonstiger Weise in Betracht.

III. Dabei wird aber die Frage virulent, ob M den Vermögenswert **auf Kosten des V** erlangt hat. Dies ist nur der Fall, wenn M diesen Vermögenswert durch Eingriff in den Zuweisungsgehalt eines fremden Rechts erlangt hat.

In der Lit. wird teilweise ein Eingriff in das Eigentum des Vermieters durch die unberechtigte Untervermietung bejaht.[340]

Die Rspr. und ein Teil der Literatur nehmen hingegen - zu Recht - an, dass die Untervermietung auch dann, wenn sie unberechtigt erfolge, ein dem Mieter zugewiesenes Geschäft sei. Dem Vermieter entgingen dadurch **keine Verwertungs- und Gebrauchsmöglichkeiten**, deren er sich nicht schon durch den Abschluss des Hauptmietvertrags entäußert habe. Er selbst könne die Mietsache einem Dritten gar nicht mehr überlassen.[341]

Aber auch nach der Lit. besteht kein Anspruch auf den Mehrerlös, sondern nur ein Anspruch darauf, den Betrag zu zahlen, den der Vermieter üblicherweise für die Erteilung der Erlaubnis fordern würde.

V hat gegen M keinen Anspruch auf Wertersatz gemäß **§ 812 Abs. 1 S. 1 Alt. 2**.

---

*Auch im **umgekehrten Fall** scheitert ein Anspruch aus § 812 Abs. 1 S. 1 Alt. 2. Besteht nämlich keine vertragliche Bindung zwischen dem Eigentümer und dem Wohnungsberechtigten, der einer außerhäuslichen Pflege bedarf, so wird der Eigentümer, der die Wohnung eigenmächtig vermietet, durch die Einnahme der Mietzinsen nicht auf Kosten des Wohnungsberechtigten bereichert.[342]*

---

340   Gebauer Jura 1998, 128, 131 f.

341   BGH, Urt. v. 21.09.2001 – V ZR 228/00, NJW 2002, 60, 61; Staudinger/Lorenz § 816 Rn. 7.

342   BGH, Urt. v. 13.07.2012 – V ZR 206/11, RÜ 2012, 697.

2. Inanspruchnahme einer Leistung ohne Willen des Berechtigten

Auch soweit Leistungen gegen Zahlung eines bestimmten Entgelts angeboten und diese Leistungen unentgeltlich ohne Willen des Anbietenden in Anspruch genommen werden, greifen die Regeln der Eingriffskondiktion.

256

> **Fall 22: Noch niemals in New York**
>
> Der fast 18-jährige B flog als blinder Passagier der Lufthansa (L) von Hamburg nach New York. Dort wurde ihm die Einreise in die USA verweigert, weil er kein Visum hatte. Daraufhin beförderte die L ihn mit Einverständnis der Eltern wieder zurück.
>
> Die Eltern des B weigern sich, den Hinflug zu bezahlen. Die L verlangt von B Bezahlung. Zu Recht?

A. Schadensersatzansprüche scheiden aus, weil der Lufthansa kein nachweisbarer Schaden entstanden ist.

B. L könnte gegen B einen Anspruch gemäß **§ 812 Abs. 1 S. 1 Alt. 2** haben.

I. B hat den Hinflug nach New York erlangt. Zweifelhaft ist, ob er damit **Etwas** i.S.d. § 812 Abs. 1 **erlangt** hat, weil mangels Ersparung von Aufwendungen kein Vermögensvorteil (= keine Bereicherung) vorliegen könnte.

1. Zum Teil wird das „erlangte Etwas" mit der „Bereicherung" gleichgesetzt, sodass der Tatbestand des § 812 nur gegeben ist, wenn eine **echte Vermögensmehrung** vorliegt.[343] Da B als blinder Passagier durch den Flug keine eigenen Aufwendungen erspart hat, hätte er nach dieser Auffassung nichts erlangt.

257

2. Die ganz h.Lit. steht aber auf dem Standpunkt, dass der Anspruchsgegner immer dann etwas erlangt hat, wenn mit der Inanspruchnahme einer Leistung bei wirtschaftlicher Betrachtungsweise eine **vermögensrechtliche Besserstellung** erfolgt, und dass es nicht darauf ankommt, ob bei ihm eine Bereicherung eingetreten ist.[344] Nach Auffassung der Lit. hat B somit durch die Inanspruchnahme der Flugreise etwas erlangt.

258

3. Der Vermögensvorteil liegt in dem Gebrauch selbst, nicht aber in der Ersparung von Aufwendungen. Es ist deshalb zwischen dem Erlangten und der (noch vorhandenen) Bereicherung (vgl. § 818 Abs. 3) zu differenzieren. Da die h.L. diese systematische korrekte Unterscheidung berücksichtigt, ist ihr zu folgen.

II. B müsste den Hinflug in **sonstiger Weise** auf Kosten der L erworben haben.

1. Dazu darf **keine vorrangige Leistung** vorliegen. Leistung ist die bewusste und zweckgerichtete Mehrung fremden Vermögens. Die L hat den blinden Passagier B nicht bewusst befördert. Sie wollte gegenüber B weder eine Ver-

---

343 BGH, Urt. v. 07.01.1971 – VII ZR 9/70, BGHZ 55, 128, 131.
344 Staudinger/Lorenz § 812 Rn. 72; Looschelders Rn. 1020; Haertlein JA 1996, 930, 935; Loewenheim JuS 1986, 972, 973.

bindlichkeit erfüllen noch einen anderen rechtsgeschäftlichen Zweck erreichen.

259   2. B hat eine Leistung der L in Anspruch genommen, die regelmäßig nur gegen Zahlung eines Entgelts erbracht wird. Die L entscheidet darüber, zu welchen Bedingungen sie jemanden befördern will. Wer sich ohne oder gegen ihren Willen diese Leistung verschafft, greift in den **Zuweisungsgehalt** ihrer rechtlich geschützten Position ein.

B hat die Beförderung damit nicht durch Leistung, sondern in sonstiger Weise auf Kosten der L erlangt.

III. Für diese Vermögensverschiebung bestand **kein Rechtsgrund**.

IV. Nach § 812 Abs. 1 S. 1 ist als Rechtsfolge das Erlangte herauszugeben. Dies ist hier wegen der Beschaffenheit des Erlangten nicht möglich. Deshalb ist gemäß § 818 Abs. 2 der **objektive Wert der erschlichenen Leistung** zu ersetzen, es sei denn, B ist nicht mehr bereichert (§ 818 Abs. 3).

1. Da B befördert worden ist und nachträglich keine Umstände eingetreten sind, die zu einer Vermögensminderung geführt haben, kommt nach dem Wortlaut des § 818 Abs. 3 ein Wegfall der Bereicherung nicht in Betracht.

260   2. Allerdings soll der Empfänger des Etwas die bei ihm im Zeitpunkt des Herausgabeverlangens noch vorhandene Bereicherung herausgeben, sodass § 818 Abs. 3 auch dann eingreift, wenn **von vornherein keine echte Vermögensmehrung** eingetreten ist.

Da durch die Beförderung keine bleibende Vermögensmehrung bei B eingetreten ist, er keine Aufwendungen erspart hat und die Reise für B einen Luxus darstellte, ist der Tatbestand des **§ 818 Abs. 3** verwirklicht.

261   3. Es stellt sich jedoch die Frage, ob sich B auf seine Entreicherung in diesem Fall berufen kann. Denn dem Bösgläubigen ist die Berufung auf eine Entreicherung versagt, **§§ 818 Abs. 4, 819**.

Fraglich ist dabei, ob auf die Kenntnis des B oder die der Eltern abzustellen ist, da B noch nicht volljährig war. Da es sich hier um eine Eingriffs- und nicht um eine Leistungskondiktion (hierzu ausführlich Rn. 203 ff.) handelt, ist insoweit auf die Kenntnis des B abzustellen, der auch die nach **§ 828 Abs. 2** analog erforderliche Einsichtsfähigkeit besaß. B war deshalb bösgläubig und kann sich somit nicht auf Entreicherung berufen.

L hat gegen B einen Anspruch auf Wertersatz gemäß § 812 Abs. 1 S. 1 Alt. 2.

---

3. Eingriff in immaterielle Rechte

a) Lizenzlose Nutzung

Bei unberechtigter, insbesondere lizenzloser Nutzung fremder Urheber-, Patent- und Ge- **262** brauchsmusterrechte wird in den Zuweisungsgehalt dieses Rechts eingegriffen und der Eingreifende ist dem Rechtsinhaber unabhängig vom Verschulden gemäß § 812 Abs. 1 S. 1 Alt. 2 verpflichtet, den objektiven Marktwert einer solchen Nutzung zu ersetzen.[345]

Klausurhinweis: *Immaterielle Rechte können auch als sonstige Rechte i.S.d. § 823 Abs. 1 geschützt sein, sodass im Fall des schuldhaften, rechtswidrigen Eingriffs – neben dem Anspruch aus § 812 Abs. 1 S. 1 Alt. 2 – Schadensersatzansprüche zugunsten des Rechtsinhabers gegeben sind.*

b) Eingriff in das allgemeine Persönlichkeitsrecht

Der Eingriff in das allgemeine Persönlichkeitsrecht hat insbesondere Bedeutung bei der **263** unbefugten **Nutzung** des Namens oder des Bildes eines Prominenten **zu Werbezwecken**. Bei der Beantwortung der Frage, ob ein solcher Eingriff vorliegt, muss eine umfassende **Güterabwägung** vorgenommen werden.

Beispiele: Die Eingriffskondiktion steht auch Personen zu, deren Persönlichkeitsmerkmale dadurch ausgebeutet werden, dass sie durch Doppelgänger und Stimmimitationen erkennbar nachgeahmt werden; dagegen löst die Verbreitung eines wahren Berichts über eine Person, auch unter Einschluss von Tatsachen aus deren Privatsphäre, keinen Bereicherungsanspruch aus, wenn ein gewichtiges öffentliches Informationsinteresse besteht; wird ein gewöhnlicher Theaterbesucher dabei fotografiert, wie er sich in der Garderobe den Mantel anzieht, steht ihm kein Anspruch aus Eingriffskondiktion zu, da mangels eines öffentlichen Interesses an dieser Person faktisch keine Möglichkeit besteht, das Foto kommerziell zu verwerten.[346]

4. Sonstige Eingriffe

- Obwohl das **Recht am eingerichteten und ausgeübten Gewerbebetrieb** ein sons- **264** tiges Recht i.S.d. § 823 Abs. 1 darstellt, kommt diesem Recht im Bereicherungsrecht nach h.M.[347] kein Zuweisungsgehalt zu.

- In den Fällen, in denen bei **Wettbewerbsverstößen** für den dadurch Beeinträchtigten die Möglichkeit bestanden hätte, das als Eingriff zu wertende Vorgehen des Verletzers zu gestatten, wird dagegen überwiegend ein Bereicherungsanspruch bejaht, weil insoweit eine gefestigte Rechtsposition des Berechtigten vorliegt, z.B. bei durch § 17 UWG geschützten Betriebs- und Geschäftsgeheimnissen oder bei den in § 18 UWG aufgezählten patentrechtlich nicht geschützten Modellen, Verfahren usw.[348]

- Ferner kommen **Eingriffe** in das Vermögen **im Wege der Zwangsvollstreckung** in Betracht. Wird eine schuldnerfremde Sache versteigert, so hat der Eigentümer gegen den Zwangsvollstreckungsgläubiger einen Anspruch aus § 812 Abs. 1 S. 1 Alt. 2 auf Herausgabe des Versteigerungserlöses.

---

345 Staudinger/Lorenz Vorb v § 812 Rn. 60 f.
346 Vgl. MünchKomm/Schwab § 812 Rn. 273.
347 Jauernig/Stadler § 812 Rn. 56; BeckOK/Wendehorst § 812 Rn. 128.
348 Vgl. Staudinger/Lorenz Vorb v §§ 812 ff. Rn. 70; a.A. BeckOK/Wendehorst § 812 Rn. 128.

II. Weitere Fälle der Kondiktion aus § 812 Abs. 1 S. 1 Alt. 2

265 Nach § 812 Abs. 1 S. 1 Alt. 2 soll jede ungerechtfertigte Vermögensverschiebung, gleichgültig worauf sie zurückzuführen ist, ausgeglichen werden. Neben dem Hauptanwendungsfall der Eingriffskondiktion gibt es noch weitere, in der Praxis weniger relevante Fälle der Nichtleistungskondiktion (vgl. Rn. 230). Examensrelevant sind dabei vor allem die folgenden Fälle:

- **Verwendungskondiktion** (Rn. 266 ff.)
- **Rückgriffskondiktion** (Rn. 270)

1. Verwendungskondiktion

266 Wenn jemand eine fremde Sache instand setzt, sie verbessert, umgestaltet oder ein sonstiges Vermögensopfer erbringt, das der Sache irgendwie zugute kommt, dann muss der Eigentümer der Sache den dadurch erlangten Vermögensvorteil nach § 812 Abs. 1 S. 1 Alt. 2 ausgleichen, sofern keine vorrangigen Sonderregeln eingreifen.

a) Vorrangige Sonderregeln

267 - Im **Vertragsrecht** greifen, sofern die Parteien keine abweichenden Vereinbarungen getroffen haben, die jeweiligen dispositiven Vorschriften ein; im Miet- und Pachtrecht gilt z.B. § 539.

- Wer als rechtmäßiger Besitzer für den Eigentümer Aufwendungen auf die Sache macht, kann diese aus berechtigter GoA gemäß **§§ 677, 683 S. 1, 670** ersetzt verlangen, sofern die Geschäftsführung dem Interesse und mutmaßlichen Willen des Geschäftsherrn entsprach. Anderenfalls greifen über **§ 684 S. 1** die Vorschriften über die Herausgabe einer ungerechtfertigten Bereicherung ein.[349]

- Wer als unrechtmäßiger Besitzer Verwendungen auf die Sache macht, kann diese nur nach den Regeln der **§§ 994 ff.** ersetzt verlangen, da diese Vorschriften insoweit eine abschließende Sonderregelung darstellen.[350] Dies gilt aber nur für Verwendungen, die unter den Begriff der §§ 994 ff. fallen.[351].

- Wird der Vermögensvorteil zweckgerichtet zugewandt, und wurde dieser Zweck verfehlt, so folgt der Ausgleich nach den Regeln der **Leistungskondiktion** gemäß § 812 Abs. 1 S. 1 Alt. 1, denn die Leistungskondiktion ist gegenüber der Nichtleistungskondiktion vorrangig.

b) Verwendungsersatzanspruch gemäß § 812 Abs. 1 S. 1 Alt. 2

268 Ein Verwendungsersatzanspruch gemäß § 812 Abs. 1 S. 1 Alt. 2 greift in der Regel dann ein, wenn im Rahmen eines zeitgebundenen Vertrags Verwendungen gemacht werden, der Vertrag aber vorzeitig rückabzuwickeln ist.

---

349 Staudinger/Lorenz Vorb v §§ 812 ff. Rn. 45.

350 Palandt/Bassenge Vorb v. § 994 Rn. 2 ff.

351 Vgl. dazu AS-Skript Sachenrecht 1 (2014), Rn. 585 ff..

Fall 23: Unrentable Renovierung

E verpachtet P schriftlich für zehn Jahre eine Gaststätte. Nach § 10 des Pachtvertrags soll P die Gaststätte auf seine Kosten renovieren und nach Ablauf des Pachtvertrags soll kein Ausgleich für diese Kosten erfolgen.

Der von P beauftragte Tischlermeister T zieht neue Wände und Decken aus Holz ein und verlegt einen Parkettfußboden. P erkrankt bald darauf an Tuberkulose. E und P lösen den Vertrag im gegenseitigen Einvernehmen auf.

P verlangt nunmehr die Renovierungskosten in Höhe von 18.000 € abzüglich der Wertminderung, die durch seine Benutzung eingetreten ist. E wendet ein, dass er an der Renovierung kein Interesse habe, da diese nicht dazu geführt habe, dass er einen höheren Pachtzins erreichen könne. Zu Recht?

A. P könnte gegen E einen Anspruch auf Ersatz der Renovierungskosten gemäß **§§ 581, 539** haben.

    I. E und P haben sich darüber geeinigt, dass die Räume dem P auf zehn Jahre gegen Zahlung eines Entgelts zur Nutzung überlassen werden sollten. Dieser mit der Einigung zustande gekommene Pachtvertrag bestand noch, als P die Renovierungsarbeiten ausführen ließ.

    II. Nach §§ 581 Abs. 2, 539 kann der Pächter vom Verpächter nach den Vorschriften der GoA Ersatz der Aufwendungen verlangen, die ihm nicht nach § 536 a Abs. 2 zu ersetzen sind. Doch können die Parteien eine davon **abweichende Vereinbarung** treffen.[352] Da P nach § 10 des Pachtvertrags die Renovierungskosten selbst tragen sollte, scheidet ein Verwendungsersatzanspruch gemäß §§ 581, 539 aus.

    Da sich infolge der Erkrankung des P nach Vertragsschluss die Umstände, die für die Vertragsabwicklung von wesentlicher Bedeutung sind, geändert haben und die Parteien bei Berücksichtigung dieses Umstands den Vertrag bezüglich der Verwendungen nicht so abgeschlossen hätten, liegt es nahe, im Wege der ergänzenden Vertragsauslegung den Verwendungsersatzanspruch festzulegen. Doch scheitert dies insbesondere an der Ermittlung des hypothetischen Parteiwillens. Es kann nicht im Wege des „zu Ende Denkens des Vertrags" eindeutig festgestellt werden, welche Regelung die Parteien getroffen hätten.

B. Ein Anspruch auf Verwendungsersatz aus **§§ 313 Abs. 3 S. 1, 346, 347 Abs. 2 S. 1** besteht nicht, da die auf das Rücktrittsrecht verweisende Vorschrift des § 313 Abs. 3 S. 1 in diesem Fall nicht anwendbar ist. Bei einem Pachtvertrag handelt es sich nämlich um ein Dauerschuldverhältnis und dieses kann gemäß § 313 Abs. 3 S. 2 nur gekündigt werden.

C. Ein Verwendungsersatzanspruch des P gegen E gemäß **§ 994** besteht nicht, weil P in dem Zeitpunkt, als er die Verwendungen machte, rechtmäßiger Besitzer war. Ihm stand aufgrund des Pachtvertrags ein Recht zum Besitz zu.

D. Ein Vergütungsanspruch gemäß **§§ 951, 812** scheitert daran, dass P nicht an seinen – beweglichen – Sachen nach §§ 946, 93, 94 einen Rechtsverlust erlitten hat. Viel-

---

352 MünchKomm/Bieber § 539 Rn. 10.

mehr ist dieser Rechtsverlust bei T eingetreten, weil T die Gaststättenrenovierung ausgeführt hat, ohne die eingebauten Sachen zuvor an P zu übereignen.[353]

269 E. P könnte gegen E einen Anspruch auf Ersatz der Renovierungskosten gemäß **§ 812 Abs. 1 S. 1 Alt. 2** haben.

I. E müsste **in sonstiger Weise auf Kosten des P** etwas erlangt haben.

1. Da P die Renovierung im eigenen Interesse hat ausführen lassen und er die Kosten dafür nach dem Inhalt des Pachtvertrags selbst tragen sollte, hat P dem E diesen Vermögenswert nicht willentlich und zweckgerichtet zugewandt. Die Renovierungskosten sind **nicht von P an E geleistet** worden.[354]

2. E hat jedoch insoweit eine vermögensrechtliche Besserstellung erlangt, als er **vor Ablauf** des Pachtvertrags die renovierte Gaststätte **zurückerhalten** hat.

Vor dem Abschluss des Pachtvertrags befand sich die Gaststätte in einem renovierungsbedürftigen Zustand; nach dem Inhalt des Vertrags sollte E die Gaststätte erst nach zehn Jahren zurückerhalten. Durch die vorzeitige Rückgabe erhält er eine renovierte und weniger abgenutzte Gaststätte zurück.

E hat somit in sonstiger Weise auf Kosten des P eine vermögensrechtliche Besserstellung erlangt, weil P auf die Sache des E im eigenen Interesse Verwendungen gemacht hat, die E jedoch vorzeitig zugute gekommen sind.

II. Die Vermögensverschiebung hat sich **ohne Rechtsgrund** vollzogen.

III. Als **Rechtsfolge** ergibt sich, dass E, der das Erlangte nicht zurückgewähren kann, Wertersatz gemäß § 818 Abs. 2 leisten muss. Der Anspruch entfällt jedoch, falls E nicht bereichert ist, § 818 Abs. 3.[355]

E wendet ein, dass er an der Renovierung kein Interesse habe, da diese nicht dazu geführt habe, dass er einen höheren Pachtzins erzielen könne. Die Bereicherung ist für ihn aber nicht weggefallen, da sich das rechtsgrundlos Erworbene – die Renovierung der Gaststätte – noch im Vermögen des E befindet.

Dieser Vermögensvorteil ist für ihn jedoch wertlos, da er keinen höheren Mietpreis erzielen kann (aufgedrängte Bereicherung). Nach überwiegender Auffassung ist in solchen Fällen die herauszugebende Bereicherung nach dem **subjektiven Ertragswert** des Bereicherungsgegenstands für den Empfänger zu bestimmen, d.h. also danach, inwieweit sich der Empfänger den Verwendungserfolg wirklich zu Nutze macht.[356] Da E durch die vorzeitige Rückgabe der Gaststätte, keine höheren Erträge erzielen kann, fehlt es an einer Bereicherung. Somit muss E keinen Wertersatz leisten.

---

353 Vgl. dazu BFH, Urt. v. 14.05.2002 – VIII R 30/98, DB 2002, 1969, 1971.

354 BGH, Urt. v. 16.07.1999 – V ZR 56/98, mit Anm. Schmidt JuS 2000, 296.

355 BGH, Urt. v. 25.10.2000 – XII ZR 136/98, NJW-RR 2001, 727.

356 Palandt/Bassenge § 951 Rn. 21.

2. Rückgriffs- oder Auslagenkondiktion

Nach der Eingriffs- und Verwendungskondiktion bildet die **Rückgriffs- oder Auslagen-** **270**
kondiktion den wichtigsten Anwendungsfall des § 812 Abs. 1 S. 1 Alt. 2. Diese gewährt
dann einen Anspruch, wenn einem anderen eine Zuwendung gemacht wird, welche
diesem zumindest auch zugute kommt, andere Vorschriften aber keinen Rückgriff ermöglichen. Die Rückgriffskondiktion ist daher, ebenso wie die Verwendungskondiktion,
erst dann zu prüfen, wenn vorrangige Sonderregeln nicht eingreifen. Hierzu zählen die
folgenden Regeln:

■ Der Zuwendende erhält kraft Gesetzes einen neuen **eigenen Anspruch** (§ 426 Abs. 1;
§§ 677, 683 S. 1, 670).

■ Auf den Zuwendenden geht der Anspruch **kraft Gesetzes** über.

Beispiele: Ein ablösungsberechtigter Dritter zahlt, § 268 Abs. 3; bei der Gesamtschuld § 426 Abs. 2;
bei der Bürgschaft § 774 Abs. 1; bei der Hypothek §§ 1143 Abs. 1, 1150; beim Pfandrecht §§ 1225,
1249. Weitere auch für das Examen wichtige Vorschriften sind § 86 VVG und § 6 EFZG.

■ Der Zuwendende hat kraft Gesetzes einen **Anspruch gegen den Empfänger auf**
Abtretung seiner Ansprüche gegen den Dritten (§§ 255, 285).

Erst wenn **keiner** dieser Fälle vorliegt, findet die Rückgriffskondiktion gemäß § 812
Abs. 1 S. 1 Alt. 2 Anwendung. Sie ist insbesondere dann von Bedeutung, wenn ein Dritter
ter an den Gläubiger zur Tilgung einer fremden Schuld leistet, § 267 (vgl. Rn. 292 ff.).

4. Abschnitt: Bereicherungsausgleich im Mehrpersonenverhältnis

Besondere Probleme kann die bereicherungsrechtliche Abwicklung von Rechtsverhält- **271**
nissen bereiten, an denen mehr als zwei Personen beteiligt sind. Diese Fallkonstellationen sind deshalb auch **sehr examensrelevant**.

Gesetzlich geregelte Fälle finden sich in § 816 und § 822. Für die übrigen Fälle der Mehr-
personenverhältnisse besteht nur insoweit Einigkeit, dass die Lösung nicht einfach ist.
Daher leitet der BGH auch in nahezu allen Fällen der gesetzlich nicht geregelten Mehr-
personenverhältnisse die diesbezüglichen Urteilsgründe mit der Bemerkung ein, „dass
sich bei der bereicherungsrechtlichen Behandlung von Vorgängen, an denen mehr als
zwei Personen beteiligt sind, **jede schematische Lösung verbietet**. Vielmehr sind in
erster Linie die **Besonderheiten des einzelnen Falles** für die sachgerechte bereicherungsrechtliche Abwicklung zu beachten".[357]

Klausurhinweis: *Als Ausgangsüberlegung lässt sich diese Einleitung nahezu in jeder Lö-*
sung zu bereicherungsrechtlichen Problemen im Mehrpersonenverhältnis gut anbringen.
Ebenso wie der BGH kann sich der Klausurschreiber mit diesem Satz „alle Optionen offen hal-
ten" und – jedenfalls im Ergebnis – fast jede Lösung begründen.

---

357 Vgl. etwa BGH, Urt. v. 04.02.1999 – III ZR 56–98, RÜ 1999, 185, 187.

A. Vorüberlegungen und Grundregeln

Das vom BGH angenommene Verbot schematischer Lösungen schließt es nicht aus, dass bestimmte Grundsätze gelten, die bei einzelnen Fallgruppen anzuwenden und gegebenenfalls zu ergänzen oder mit Ausnahmen zu versehen sind.

Klausurhinweis: Tatsächlich lassen sich die meisten Fälle im Mehrpersonenverhältnis trotz der Ausgangsüberlegung, dass sich jede schematische Lösung verbietet, unter Berücksichtigung der folgenden Grundregeln gerade recht „schematisch" lösen.

Nach der h.M. kann bei Mehrpersonenverhältnissen nämlich von folgenden Grundregeln ausgegangen werden.

272 ■ Es gilt der **Grundsatz des Vorrangs der Leistungskondiktion.** Hat also jemand etwas durch eine Leistung erlangt, ist die Kondiktion eines Dritten „in sonstiger Weise" ausgeschlossen.

273 ■ Der Bereicherungsausgleich hat grundsätzlich **innerhalb der jeweiligen Leistungsbeziehungen** zu erfolgen. Dabei sind die folgenden Wertungsgesichtspunkte anerkannt und bei der Lösung zu berücksichtigen:

- Jeder Partei eines fehlerhaften Kausalverhältnisses sollen ihre **Einwendungen** gegen die andere Partei **erhalten bleiben.**

- Umgekehrt soll jede Partei **vor Einwendungen geschützt** werden, die ihr Vertragspartner aus einem Rechtsverhältnis zu einem Dritten herleitet.

- Das **I**nsolvenzrisiko soll **angemessen verteilt** werden: Jede Partei soll nur das Risiko der Zahlungsunfähigkeit ihres eigenen Geschäftspartners tragen.

*Demnach gilt der **Grundsatz**: Der Dritte ist keinem Direktanspruch, sondern nur den Ansprüchen seines eigenen Vertragspartners ausgesetzt. Es findet also eine **„Abwicklung übers Eck"** statt. Etwas anderes gilt nur ausnahmsweise dann, wenn überwiegende Wertungsgesichtspunkte eine Korrektur dieses (schematischen) Ergebnisses erfordern.*

*Aus dem Nichtvorliegen einer Leistung folgt etwa nicht zwangsläufig, dass stets auf den Bereicherungen in sonstiger Weise erfassenden Tatbestand des § 812 Abs. 1 S. 1 Alt. 2 zurückgegriffen werden dürfte; auch Nichtleistungsfälle bedürfen im Mehrpersonenverhältnis einer Zuordnung nach **wertenden Kriterien**, zu denen insbesondere Gesichtspunkte des **Vertrauensschutzes** und der **Risikoverteilung** zählen.[358]*

274 ■ Ob eine Leistung vorliegt und wer Leistender ist, ergibt sich aus der Zweckbestimmung, durch den übereinstimmenden Willen beider Parteien oder bei dessen Fehlen durch den Zuwendenden.[359] Maßgebend ist hierfür nach h.M. eine objektive Betrachtung des Verhaltens des Zuwendenden aus der Sicht des Zuwendungsempfängers (sog. **„objektivierter Empfängerhorizont").**[360] Dafür spricht, dass die Tilgungsbestimmung eine empfangsbedürftige Willenserklärung ist und empfangsbe-

---

358 BGH, Urt. v. 19.09.2014 – V ZR 269/13, RÜ 2014, 760, 762 f.

359 Vgl. Palandt/Sprau § 812 Rn. 54.

360 Looschelders Rn. 1024 m.w.N.

dürftige Willenserklärungen gemäß den **§§ 133, 157** nach dem objektiven Empfängerhorizont ausgelegt werden.

Die Zuwendung muss außerdem von dem Leistungsempfänger **veranlasst** worden sein, oder **zumindest zurechenbar** den Rechtsschein einer entsprechenden Veranlassung oder Billigung gesetzt haben.

Bei der bereicherungsrechtlichen Abwicklung von Mehrpersonenverhältnissen sind vor allem die folgenden **Fallgruppen** examensrelevant:

- Leistungskette (Rn. 275)

- Anweisung (Rn. 276 ff.)

- echter Vertrag zugunsten Dritter (Rn. 287 ff.)

- Abtretung (Rn. 289 ff.)

- Forderungspfändung (Rn. 291)

- Tilgung fremder Schulden gemäß § 267 (Rn. 292)

- Ausgleich gemäß §§ 951, 812 (Rn. 296 ff.)

B. Leistungskette

Eine Leistungskette besteht dann, wenn jemand einen Gegenstand an seinen Vertragspartner liefert und dieser später den Gegenstand weiterveräußert. In dieser Fallgestaltung, erfolgt die **Rückabwicklung innerhalb des jeweiligen Leistungsverhältnisses**. **275**

Beispiel: A verkauft und übereignet einen Laptop an B. Später verkauft und übereignet B den Laptop an C. Beide Kaufverträge sind unwirksam.

I. B hat einen Anspruch aus § 812 Abs. 1 S. 1 Alt. 1 gegen C, weil C rechtsgrundlos Eigentum und Besitz an dem Laptop durch Leistung es B erlangt hat.
II. A hat einen Bereicherungsanspruch aus § 812 Abs. 1 S. 1 Alt. 1 gegen B. Der Anspruch richtet sich auf Rückübereignung, wenn C den Laptop auf B zurückübertragen hat. Vor der Rückübertragung von C auf B richtet sich der Anspruch des A nach h.L. auf Wertersatz und nicht auf Abtretung des Bereicherungsanspruchs, der dem B gegen C zusteht (keine Kondiktion der Kondiktion).
III. Ein Bereicherungsanspruch des A gegen C aus § 812 Abs. 1 S. 1 Alt. 2 besteht nicht. C hat das Bild nicht in sonstiger Weise auf Kosten des A erlangt, sondern durch eine Leistung des B.
IV. Ein direkter Anspruch des A gegen C aus § 822 scheidet aus, weil C den Laptop entgeltlich von B erlangt hat.

Hinweis: *Zu einer Durchbrechung der beiden Leistungsebenen kommt es nur ausnahmsweise in der gesetzlich geregelten Fallkonstellation des § 822.*[361] *Diese Konstellation wäre im obigen Beispiel gegeben, wenn B dem C den Laptop geschenkt hätte.*

C. Anweisungsfälle

In den sogenannten Anweisungsfällen wird die Weisung erteilt, um den **Leistungsweg** – im Vergleich zur Leistungskette – zu verkürzen, indem der Zuwendende eine geschuldete Leistung nicht an seinen Gläubiger – den Anweisenden –, sondern an den Empfän- **276**

---

361 Looschelders Rn. 1143.

ger als Gläubiger des Anweisenden erbringt. Es bestehen zwei Schuldverhältnisse, das **Deckungsverhältnis** zwischen dem Zuwendenden (Angewiesenen) und dem Anweisenden, und das **Valutaverhältnis** zwischen dem Anweisenden und seinem Gläubiger, dem Zuwendungsempfänger.

Einen auch für die Praxis sehr bedeutsamen Anweisungsfall hält der **bargeldlose Zahlungsverkehr** bereit.

Beispiel: B kauft bei A ein Smartphone für 400 €. Er zahlt den Kaufpreis nicht in bar, sondern weist seine Bank C an, diesen Betrag von seinem Girokonto auf ein Konto des A zu überweisen
.

Der **bereicherungsrechtliche Anweisungsbegriff** ist weiter als der des § 783. Anweisung bedeutet im Rahmen des Bereicherungsrechts **jede Weisung, an einen Dritten zu liefern oder zu zahlen**.

Beispiel: B in München verkauft C in Hamburg eine Maschine. B kauft eine Maschine dieses Typs bei A in Düsseldorf und weist den A an, die Maschine direkt an C zu liefern.

I. Die Forderung des Empfängers C aus dem Kaufvertrag mit B auf Lieferung erlischt durch **Erfüllung** (§ 362), wenn A an C liefert. Aus der Zuwendung – Lieferung – ergibt sich nämlich für den Empfänger C, dass A keine eigene Verbindlichkeit ihm gegenüber erfüllen will, sondern dass A für B die Verbindlichkeit des B gegenüber C erfüllen will. Die Zuwendung an C in Form der Lieferung enthält somit konkludent eine **Tilgungsbestimmung** des B, die von A als Bote des B überbracht wird.
C nimmt die tatsächliche Zuwendung durch A als **Leistung** des B auf die Kaufverpflichtung entgegen.
II. A ist aufgrund der Weisung von B **ermächtigt**, die gegenüber dem B bestehende Verpflichtung in der Weise zu erfüllen, dass er die geschuldete Leistung an den C überträgt, sodass A mit der tatsächlichen Zuwendung an C zweckgerichtet an B geleistet hat. A verfolgte im Verhältnis zum C keinen eigenen Leistungszweck.

Im Dreiecksverhältnis werden also im Falle der Wirksamkeit der Rechtsgeschäfte durch die **eine tatsächliche** Zuwendung **zwei** Rechtsgeschäfte erfüllt, also **zwei** Leistungen erbracht.

Im Rahmen der bereicherungsrechtlichen Rückabwicklung wird unterschieden:

- Die **Weisung** ist **wirksam**. Die **Schuldverhältnisse** – Valuta – (B–C) bzw. Deckungsverhältnis (A–B) – sind **unwirksam**.

- Die **Weisung** ist **unwirksam**.

I. Rückabwicklung bei wirksamer Weisung

Ist ein Schuldverhältnis unwirksam, aber die Weisung wirksam, so muss die bereicherungsrechtliche Rückabwicklung grundsätzlich zwischen den Parteien erfolgen, die am **fehlerhaften** Schuldverhältnis beteiligt sind.

277

*Für die bereicherungsrechtliche Rückabwicklung ist es **unerheblich**, wie die – dingliche – **Übertragung** erfolgt ist. Entscheidend sind allein die **schuldrechtlichen** Beziehungen.*

1. Deckungsverhältnis unwirksam, Valutaverhältnis einschließlich der Weisung wirksam

Fall 24: Deckungsmangel

A verkauft notariell dem B sein Haus für 370.000 €. B verkauft das Haus notariell weiter an C und bittet A, das Eigentum aus Kostengründen direkt an C zu übertragen. Nach der Übereignung A an C ficht B den Kaufvertrag mit A wirksam an. A verlangt von C Rückübereignung, der dies jedoch kategorisch ablehnt. Rechtslage?

A. A könnte gegen C einen Anspruch auf Rückübereignung gemäß **§ 812 Abs. 1 S. 1 Alt. 1** haben.

   I. A hat an C gemäß §§ 873, 925 das Eigentum durch Auflassung und Eintragung übertragen, sodass C **etwas erlangt** hat.

   II. Dies müsste C ferner durch Leistung des A erlangt haben. A wollte im Verhältnis zu C weder eine Verbindlichkeit erfüllen noch einen anderweitigen Zweck erreichen, sodass A an C das Eigentum nicht zweckgerichtet übertragen hat, also **nicht an C geleistet** hat.

   A wollte vielmehr mit der Eigentumsübertragung an C gemäß §§ 925, 873 seine Verpflichtung zur Eigentumsübertragung aus dem Kaufvertrag mit B erfüllen, und B hat die Weisung erteilt und damit den A ermächtigt, die Kaufvertragsverpflichtung ihm gegenüber in der Weise zu erfüllen, dass das Eigentum auf C übergeht.

   A hat gegen C keinen Anspruch auf Rückübereignung gemäß § 812 Abs. 1 S. 1 Alt. 1.

   *Es sollten also mit der einen Zuwendung an C zwei Verbindlichkeiten erfüllt werden, nämlich die Verbindlichkeit des A gegenüber B und die Verbindlichkeit des B gegenüber C, sodass es bereicherungsrechtlich so anzusehen ist, dass A an B **geleistet** hat und B an C. Wenn aber B an C das Eigentum geleistet hat, dann ist die Forderung des C gegen B aus dem Kaufvertrag durch Erfüllung erloschen. C hat das erhalten, was ihm zustand.*

B. A könnte gegen C ein Anspruch auf Rückübereignung aus **§ 812 Abs. 1 S. 1 Alt. 2** zustehen.

   I. C hat das Eigentum am Grundstück gemäß §§ 873, 925 erlangt.

   II. Außerdem müsste C das Eigentum **in sonstiger Weise auf Kosten des A** erlangt haben.

Es gilt der Grundsatz des **Vorrangs des Leistungsverhältnisses**. Die Eingriffskondiktion ist deshalb subsidiär gegenüber der Leistungskondiktion. Was durch Leistung erworben worden ist, kann nicht gleichzeitig in sonstiger Weise auf Kosten eines anderen erworben werden. C hat das Eigentum durch Leistung des B und somit **nicht in sonstiger Weise auf Kosten des A** erworben.

A hat gegen C keinen Anspruch auf Rückübereignung gemäß § 812 Abs. 1 S. 1 Alt. 2.

C. A könnte gegen B einen Anspruch auf Rückübereignung gemäß **§ 812 Abs. 1. S. 1 Alt. 1** haben.

I. B müsste **etwas erlang**t haben.

Tatsächlich ist B **kein Vermögenswert** zugeflossen. Doch in den Fällen des „Erwerbs über das Dreieck" muss berücksichtigt werden, dass der Zuwendende den Vermögenswert an den Empfänger mit Rücksicht auf seine Rechtsbeziehung zu seinem Vertragspartner übertragen hat.

1. Mit der Übereignung an C durch A wurde B von seiner Verbindlichkeit aus dem Kaufvertrag mit C befreit. Der Übereignungsanspruch des C gegen B ist infolge Erfüllung erloschen. B könnte daher nur die im (intakten) Valutaverhältnis eingetretene Befreiung von der Verbindlichkeit erlangt haben.

2. Doch wollte A mit der Übereignung an C seine Übereignungsverpflichtung gegenüber B erfüllen. Daher muss es rechtlich so angesehen werden, als hätte der A an B das Eigentum am Grundstück übertragen und B die Übereignung an C vorgenommen. Für die bereicherungsrechtliche Rückabwicklung ist es **so anzusehen, als ob B das Eigentum erworben** habe.[362]

3. Zum einen bestand der Zweck der Leistung des A an B nicht in der Befreiung des B von der Verbindlichkeit gegenüber C. A wollte vielmehr seine eigene Verbindlichkeit aus dem Deckungsverhältnis erfüllen. Zum anderen verbietet sich nach Auffassung des BGH im Mehrpersonenverhältnis eine schematische Lösung. Es ist vielmehr auf die Besonderheiten des Einzelfalls abzustellen, sodass eine normative Betrachtungsweise geboten ist und deshalb nicht „schematisch" auf das tatsächlich Erlangte abgestellt werden kann. Der wertenden Als-ob-Betrachtungsweise ist daher der Vorzug zu geben.

II. B hat das Eigentum durch **Leistung** des A erworben, weil A mit der Zuwendung an C eine – vermeintliche – Verbindlichkeit gegenüber B erfüllen wollte.

III. Die Leistung erfolgte außerdem r**echtsgrundlos**, weil der Verpflichtungsvertrag A–B infolge der Anfechtung nichtig war, konnte nämlich der Zweck, den Kaufvertrag zu erfüllen, nicht erreicht werden.

IV. Als **Rechtsfolge** ist das erlangte Eigentum gemäß § 812 Abs. 1 zurückzuübertragen. Da B dazu nicht in der Lage ist, muss er gemäß **§ 818 Abs. 2 Wertersatz** leisten.

---

362 MünchKomm/Schwab § 812 Rn. 63.

2. Valutaverhältnis unwirksam, Deckungsverhältnis einschließlich der Weisung wirksam

278

Abwandlung zu Fall 24:

Der Kaufvertrag C–B ist unwirksam, der Kaufvertrag B–A und die Weisung B an A sind wirksam.

Die bereicherungsrechtliche Rückabwicklung muss in dieser Fallkonstellation zwischen C und B erfolgen, weil diese Rechtsbeziehung fehlerhaft ist.

B kann das Grundstück von C gemäß § 812 Abs. 1 S. 1 Alt. 1 herausverlangen, weil B an C das Eigentum ohne Rechtsgrund geleistet hat.

3. Deckungs- und Valutaverhältnis sind unwirksam

279

Fall 25: Doppelmangel

C kauft von B Autoreifen. B kauft beim Großhändler A diese bestellten Reifen und weist A an, die Reifen an C auszuliefern. Nach der Lieferung wird festgestellt, dass beide Kaufverträge unwirksam sind. Hat A gegen B oder C einen bereicherungsrechtlichen Anspruch?

A. A könnte gegen B einen Anspruch aus **§ 812 Abs. 1 S. 1 Alt. 1** haben.

Problematisch ist, was B bei Nichtigkeit beider Kausalverhältnisse erlangt und deshalb an A herauszugeben hat.

I. Nach der früher h.M. hat B gegen C aufgrund der Nichtigkeit des Valutaverhältnisses einen Bereicherungsanspruch erlangt, den A wiederum von B im Wege der Abtretung herausverlangen kann (sog. **Kondiktion der Kondiktion** oder auch **Doppelkondiktion**).[363]

II. Die heute h.Lit.[364] folgt auch in dieser Fallkonstellation der **Als-ob-Betrachtungsweise:** B ist so zu behandeln, als hätte er von A die Sache erlangt. Der Bereicherungsanspruch des A gegen B richtet sich demnach auf Herausgabe des Leistungsgegenstandes selbst.

III. Der wertenden Als-ob-Betrachtungsweise ist auch hier wiederum der Vorzug zu geben. Andernfalls wäre A nicht nur den Einreden des B, sondern auch über § 404 denen des C gegenüber B ausgesetzt und müsste auch dessen Insolvenzrisiko tragen **(Kumulation der Risiken)**. In Mehrpersonenverhältnissen ist jedoch der anerkannte Wertungsgesichtspunkt zu berücksichtigen, dass jede Partei vor Einwendungen geschützt werden soll, die ihr Vertragspartner aus einem Rechtsver-

---

363 BGH, Urt. v. 05.10.1961 – VII ZR 207/60, BGHZ 36, 30, 32; Lorenz JZ 1968, 51, 53.

364 Vgl. Looschelders Rn. 1145.

hältnis zu einem Dritten herleitet. Gleiches gilt auch für das aus einer solchen Beziehung zu einem Dritten resultierende Insolvenzrisiko.

B muss daher die Sache an A herausgeben. Da er dazu nicht in der Lage ist, muss er **Wertersatz nach § 818 Abs. 2** leisten.

B. A könnte gegen C einen Anspruch aus **§ 812 Abs. 1 S. 1 Alt. 2** haben.

A ist im Verhältnis zu C nicht Leistender, sondern A hat an B geleistet. Er wollte nämlich seine Verbindlichkeit gegenüber B erfüllen und C hat die Reifen in Erfüllung des Kaufvertrags mit B entgegengenommen. Eine Direktkondiktion des A gegen C scheidet aus.[365]

II. Rückabwicklung bei fehlender Weisung

280 Ist die Weisung infolge eines Widerrufs oder einer Anfechtung unwirksam oder ist überhaupt gar keine zurechenbare Weisung erteilt worden, so besteht weder eine wirksame Ermächtigung des Anweisenden, an den Empfänger mit befreiender Wirkung zu leisten, noch ist eine wirksame Tilgungsbestimmung für den Eintritt der Erfüllungswirkung im Verhältnis des Empfängers zum Anweisenden vorhanden.

1. Rückabwicklung bei nicht zurechenbar erteilter Weisung

Eine Leistung des Anweisenden an den Anweisungsempfänger liegt nach h.M.[366] nicht nur bei einer wirksamen Anweisung vor, sondern auch dann, wenn eine **„Rechtsscheinsanweisung"** gegeben ist. Dies setzt voraus, dass

■ der Rechtsschein einer wirksamen Anweisung vom Anweisenden **zurechenbar veranlasst** wurde und

■ der Anweisungsempfänger **gutgläubig** ist, er also ohne Verschulden davon ausgehen konnte, dass die Weisung wirksam erteilt worden ist.

■ Unterfällt der Zahlungsvorgang dem Zahlungsdiensterecht (§ 675 c ff.), so ist **umstritten, ob § 675 u** bei einer nicht autorisierten Zahlung den **Anspruch** aus ungerechtfertigter Bereicherung des Zahlungsdienstleisters gegen seinen Kunden **ausschließt**.

281 Dem **Wortlaut des § 675 u S. 1** nach hat der Zahlungsdienstleister bei einer nicht autorisierten Zahlung „keinen Anspruch auf Erstattung seiner Aufwendungen". Vor diesem Hintergrund wird zum Teil[367] angenommen, dass § 675 u S. 1 auch einem Bereicherungsanspruch der Bank gegen den Kunden bei nicht autorisierten Zahlungsvorgängen, etwa bei einer wirksam widerrufenen Anweisung, entgegenstehe.

---

365 Vgl. Staudinger/Lorenz § 812 Rn. 54.

366 BGH, Urt. v. 29.04.2008 – XI ZR 371/07, RÜ 2008, 476; BeckOK/Wendehorst § 812 Rn. 226.

367 LG Hannover, Urt. v. 21.12.2010 – 18 O 166/10, ZIP 2011, 1406, 1407 f.; Palandt/Sprau § 675 u Rn. 3, § 812 Rn. 107; BeckOK/Schmalenbach § 675 u Rn. 4; Bölling/Bölling JZ 2010, 708; Winkelhaus BKR 2010, 441.

Der bereicherungsrechtliche Anspruch gewährt allerdings keinen Anspruch auf „Aufwendungsersatz", sondern nur einen Anspruch auf Herausgabe oder ggf. auf Wertersatz, was gegen einen Ausschluss des Bereicherungsrechts spricht. Deshalb wird auch von Teilen der Judikatur und Lit.[368] unverändert am Bereicherungsausgleich zwischen Bank und Zahler festgehalten, da es nicht Ziel der Neuregelung gewesen sei, den Zahler zulasten der zahlenden Bank zu bereichern.

Für die letztgenannte Ansicht streitet, dass die bisherige Dogmatik die Interessenverteilung der drei Parteien (Bank, Kunde, Zahlungsempfänger) umfassend und angemessen berücksichtigt. Sie bezieht den Kunden nur dann in die Rückabwicklung mit ein, wenn er die Zahlung zurechenbar veranlasst hat. Ist dies der Fall, schützt sie den gutgläubigen Empfänger.

2. Direktkondiktion bei nicht zurechenbarer Weisung

Hat der Zuwendende an den Empfänger einen Vermögenswert übertragen, obwohl eine nicht zurechenbare Weisung vorlag, so erlangt der Empfänger nicht durch Leistung, sondern in sonstiger Weise auf Kosten des Zuwendenden den Vermögenswert (= das Etwas). Der Zuwendende kann den übertragenen Vermögenswert im Wege der **Nichtleistungskondiktion** vom Empfänger zurückfordern, der sich jedoch gegebenenfalls auf Entreicherung berufen kann.

282

Eine zurechenbare Weisung fehlt etwa in den nachstehenden Beispielen, wenn

■ die Anweisung **gefälscht** worden ist;[369]

Ebenso reicht eine Verfälschung der Anweisung.[370] Das soll nach der nicht unzweifelhaften „Flow-Tex"-Entscheidung des BGH selbst dann gelten, wenn eine Bank einen Überweisungsauftrag derart verfälscht, dass sie statt auf ein Konto eines anderen Kreditinstituts auf ein bei ihr selbst geführtes Konto des Empfängers überweist: Die Bank hat trotz vorsätzlicher Falschüberweisung einen Anspruch gegen den Empfänger aus Nichtleistungskondiktion, weil § 814 nur bei Leistungskondiktionen gilt.[371]

■ die Anweisung von einem **Geschäftsunfähigen** oder **beschränkt Geschäftsfähigen** herrührt;[372]

■ der „Angewiesene" **irrtümlich** aufgrund einer vermeintlichen Weisung eine Zuwendung getätigt hat, die vom „Anweisenden" **in keiner Weise veranlasst** wurde;[373]

■ die Anweisung von einem Mitarbeiter einer juristischen Person ausgestellt worden ist, dessen **Kontovollmacht von einem geschäftsunfähigen Vertreter** erteilt worden ist;[374]

---

368 AG Hamburg-Harburg, Urt. v. 24.04.2013 – 642 C 2/13, WM 2014, 352; Looschelders Rn. 1154 a; Grundmann WM 2009, 1109, 115; Kiehnle Jura 2012, 895, 900 f.; Rademacher NJW 2011, 2169, 2170 f.

369 BGH, Urt. v. 24.04.2001 – VI ZR 36/00, RÜ 2001, 450 ff.; OLG Köln WM 1996, 2007 ff.; RÜ 1996, 497 ff.; BB 1993, 1032, 1033; Staudinger/Lorenz § 812 Rn. 51.

370 BGH, Urt. v. 21.06.2005 – XI ZR 152/04, NJW 2005, 3213, 3215.

371 BGH, Urt. v. 21.06.2005 – XI ZR 152/04, NJW 2005, 3213, 3215.

372 BGH, Urt. v. 20.06.1990 – XII ZR 98/89, BGHZ 111, 382, 386; Staudinger/Lorenz § 812 Rn. 51.

373 BGH, Urt. v. 05.11.2002 – IX ZR 381/01, NJW 2003, 582, 583 f.; OLG Brandenburg WM 2002, 2010, 2012 f.; OLG Nürnberg NJW-RR 2002, 1478 f.

374 BGH, Urt. v. 03.02.2004 – XI ZR 125/03, NJW 2004, 1315.

■ aufgrund eines bereits ausgeführten Überweisungsauftrags nochmals überwiesen wird – **Doppelzahlung**.[375]

283 ■ Bei einer **Zuvielüberweisung** ist umstritten, ob der Anweisende den Rechtsschein zurechenbar veranlasst hat.

Fall 26: Zu viel gezahlt

B schuldet C aus einem Kaufvertrag noch insgesamt 6.900 €. B wies deshalb die A-Bank (A) per Telefax an „einen Teilbetrag der noch zu zahlenden 6.900 €, nämlich 4.400 €" an C zu zahlen. Die A überwies jedoch irrtümlich 6.900 €. Nachdem der Betrag C gutgeschrieben worden ist, fordert die A nunmehr die zu viel gezahlten 2.500 € von C zurück. Zu Recht?

A könnte gegen C einen Anspruch aus § 812 Abs. 1 S. 1 Alt. 2 haben.

I. C hat einen Anspruch auf Gutschrift i.H.v. 6.900 € erlangt.

II. Außerdem müsste C diesen Vermögenswert in sonstiger Weise auf Kosten der A erlangt haben.

1. Im Verhältnis zu C verfolgte die A keinen eigenen Leistungszweck. Eine Leistungskondiktion der A gegen C kommt daher nicht in Betracht.

2. C könnte den Geldbetrag in **sonstiger Weise auf Kosten der A** erlangt haben. Ein Erwerb in sonstiger Weise scheidet aus, wenn C das Geld durch Leistung des B erlangt hat.

a) In Höhe von 4.400 € liegt eine Leistung des B an C vor, da B die A wirksam angewiesen hat, an C zu zahlen.

b) Den streitigen Betrag in Höhe von 2.500 € sollte die A jedoch nicht überweisen, sodass es insoweit an einer wirksamen Anweisung des B fehlt. Eine Leistung des Anweisenden an den Anweisungsempfänger liegt jedoch nicht nur bei wirksamer Anweisung vor, sondern auch dann, wenn eine **„Rechtsscheinsanweisung"** gegeben ist.

284 aa) Dann müsste B den **Rechtsschein** einer wirksamen Anweisung **zurechenbar gesetzt haben**. Ob bei einer Zuvielüberweisung eine zurechenbare Anweisung vorliegt, ist umstritten.

In der Lit. wird bei einer Zuvielzahlung von einer nicht zurechenbaren Anweisung ausgegangen.[376] Der Fall der Zuvielzahlung sei genauso zu behandeln, **wie der Fall der Doppelüberweisung**, da sich beide Sachverhalte kaum unterschieden.

285 Demgegenüber geht die Rspr.[377] richtigerweise von einer **zurechenbaren Anweisung** aus. Der Grad der Veranlassung des Fehlers der Überwei-

---

375 BGH, Urt. v. 01.06.2010 – XI ZR 389/09, NJW 2011, 66; OLG Hamm ZIP 2003, 662 f.; Hauck JuS 2014, 1066, 1071.

376 Beck/Wendehorst § 812 Rn. 90; wohl auch Hauck JuS 2014, 1066, 1070.

377 BGH, Urt. v. 29.04.2008 – XI ZR 371/07, RÜ 2008, 208.

sungsbank durch den Anweisenden ist bei einer Zuvielzahlung nämlich grundsätzlich nicht geringer, als in den Fällen der fahrlässigen Missachtung des Widerrufs der Anweisung. Da die Anweisung bei der Zuvielzahlung bestehen bleibt, während sie im Fall des Widerrufs in rechtlicher Hinsicht entfällt, ist der Verursachungsbeitrag des Anweisenden eher größer. Die irrtümliche Zuvielzahlung ist daher im Ergebnis als **bloßer Vorgang innerhalb des Deckungsverhältnisses zwischen dem Anweisenden und seiner Bank** zu werten und damit in diesem Verhältnis rückabzuwickeln.

Wollte man dies anders sehen, könnte der Gläubiger nie absolut sicher sein, den gutgeschriebenen Betrag endgültig behalten zu dürfen. Das kann schon im Interesse der **Sicherheit des bargeldlosen Zahlungsverkehrs** nicht hingenommen werden. Allerdings muss der Gläubiger, also der Zahlungsempfänger, **gutgläubig** sein, da sich nur ein gewissenhafter Gläubiger darauf verlassen können muss, dass er den überwiesenen Betrag behalten darf und darüber frei disponieren kann.

bb) C war gutgläubig, da der Betrag der noch insgesamt ausstehenden Forderung entsprach und er von der insoweit beschränkten Zahlungsanweisung des B keine Kenntnis hatte. Somit liegt eine Leistung des B an C i.H.v. insgesamt 6.900 € vor.

Ein Anspruch der A gegen C aus § 812 Abs. 1 S. 1 Alt. 2 (Direktkondiktion) scheidet aus.

III. Direktkondiktion kraft gesetzlicher Wertung

Auch wenn der Zuwendende aufgrund einer wirksamen Weisung des Anweisenden 286 den Vermögenswert auf den Empfänger übertragen hat, kann der **Zuwendende kraft gesetzlicher Wertung berechtigt** sein, den zugewandten Gegenstand zu kondizieren.

Beispiel 1: C hat B einen Wagen für 19.000 € verkauft. Die A-Bank hat den Kaufpreis finanziert und an C bezahlt (sog. **verbundenes Geschäft**). Nunmehr stellt sich die Unwirksamkeit beider Verträge heraus.[378]

Aus **§ 358 Abs. 4 S. 4** ergibt sich, dass die A-Bank keinen Anspruch gegen den Käufer B aus § 812 auf Rückzahlung des Kaufpreises haben soll. Die Bank ist vielmehr auf Ausgleichsansprüche gegen den Verkäufer angewiesen. Die A-Bank kann nur direkt gemäß § 812 vom Verkäufer C den gezahlten Geldbetrag kondizieren.

Beispiel 2: B schenkt C ein Hausgrundstück, das noch A gehört. B kauft das Hausgrundstück von A und auf Bitten des B übereignet A an C das Grundstück. Später stellt sich heraus, dass sowohl der Schenkungsvertrag B–C als auch der Kaufvertrag B–A unwirksam sind.

A kann gemäß § 812 direkt vom Beschenkten C die Rückübertragung des Grundstücks verlangen. Das ergibt sich aus der in **§ 822** getroffenen Wertung.

---

378 Vgl. BGH, Urt. v. 17.09.1996 – XI ZR 164/94, BGHZ 133, 254, 261.

D. Bereicherungsausgleich beim Vertrag zugunsten Dritter

287 Bei einem echten Vertrag zugunsten Dritter i.S.d. **§ 328** hat der begünstigte Dritte einen eigenen Anspruch gegen den Versprechenden, sodass man annehmen könnte, der Versprechende erbringe eine Leistung an den Dritten.

Der Versprechende ist aber nach **§ 335** auch dem Versprechensempfänger gegenüber verpflichtet. Wenn er also eine Zuwendung an den Dritten erbringt, erfüllt diese i.d.R. **zwei Zwecke**, die Erfüllung der Verbindlichkeit dem Dritten gegenüber und die Erfüllung der Verbindlichkeit aus § 335 dem Versprechensempfänger gegenüber.

> **Fall 27: Provisionsfreier Makler**
>
> V hat K durch Vermittlung des Maklers M ein Grundstück verkauft. In dem notariellen Vertrag wurde vereinbart, dass K „zugunsten des Maklers M" eine Courtage von 3% zahlen soll. Nachdem K an M die Provision - in bar - gezahlt hatte, focht er erfolgreich den Kaufvertrag samt der Maklervereinbarung wegen arglistiger Täuschung durch V an.
>
> Kann K die Provision von M herausverlangen?

K könnte gegen M einen Anspruch aus **§ 812 Abs. 1 S. 1 Alt. 1** haben.

A. M hat Eigentum und Besitz an dem gezahlten Geldbetrag erlangt.

B. Ferner müsste er dies durch Leistung des K erlangt haben. K wollte mit der Zahlung an M seine Verpflichtung dem M gegenüber erfüllen. M war als begünstigter Dritter aus dem zwischen V und K geschlossenen Vertrag gemäß **§§ 328, 652** berechtigt, die Provision von K zu fordern. Vereinbarungen in Grundstückskaufverträgen, in denen sich der Erwerber verpflichtet, die Maklerprovision zu zahlen, sind Verträge zugunsten des Maklers.[379]

Mit der Zahlung an M wollte K aber auch eine vermeintliche Verpflichtung gegenüber dem V aus § 335 erfüllen. K hat die Zuwendung an den M zur Erfüllung mehrerer Zwecke erbracht. Es stellt sich daher die Frage, ob K im Verhältnis zu V oder zu M als Leistender anzusehen ist.

288 I. Der **Bereicherungsausgleich** muss **grundsätzlich zwischen den Parteien** erfolgen, die an dem fehlerhaften Rechtsverhältnis (dem Deckungs- oder Valutaverhältnis) beteiligt sind.

II. **Zwei Ausnahmen** von diesem Grundsatz sind beim echten Vertrag zugunsten Dritter anerkannt:

1. Erfolgt die Zuwendung an den Dritten zu dessen Versorgung **(§ 330)**, soll regelmäßig nur der Dritte anspruchsberechtigt sein. Wird die Versorgungsleistung erbracht, ist der Versprechende (Zuwendende) auch Leistender im Verhältnis zum Dritten.

---

379 BGH, Urt. v. 12.03.1998 – III ZR 14/97, RÜ 1998, 229.

2. Eine zweite Ausnahme besteht dann, wenn Versprechender und Versprechensempfänger vereinbaren, dass entgegen der abdingbaren Vorschrift des **§ 335** ausschließlich dem Dritten das Forderungsrecht zustehen soll und das Valutaverhältnis gegenüber dem Deckungsverhältnis unselbstständig ist. Auch in diesem Fall leistet der Versprechende an den Dritten.

Hier bestand das Leistungsrecht des Maklers allein aufgrund des Kaufvertrags und war damit **allein vom Bestand des Deckungsverhältnisses abhängig**. Daher ist hier ausnahmsweise von einer Leistung des K an M auszugehen.[380]

Da für die Leistung kein Rechtsgrund bestand, kann K von M die Courtage herausverlangen.

E. Bereicherungsausgleich bei Abtretung

Wird eine Forderung aus einem Schuldverhältnis abgetreten, bleibt das Schuldverhältnis zwischen den Parteien bestehen. Lediglich die abgetretene Forderung geht auf den Neugläubiger (Zessionar) über. Zahlt der Schuldner an den neuen Gläubiger, wird die Frage virulent, ob der Schuldner damit an den Altgläubiger (Zedenten) eine Leistung zur Erfüllung des Schuldverhältnisses erbringt oder an den Neugläubiger (Zessionar) zur Erfüllung der Forderung leistet.

289

> **Fall 28: Feuer frei**
>
> Großhändler C liefert Waren an B. Als C Sicherheiten für noch offen stehende Rechnungen fordert, tritt B dem C eine Versicherungsforderung aus einer Feuerversicherung bei A ab und teilt dies auch sogleich der A mit. Diese zahlt daraufhin 10.000 € an C. Die Versicherungsforderung bezieht sich auf einen Brand im Betrieb des B. Wenig später stellt sich heraus, dass B den Brand gelegt hat.
>
> Nunmehr verlangt A von C die Rückzahlung der 10.000 €. Zu Recht?
>
> **Hinweis:** Aufgrund der Brandstiftung ist nie ein Anspruch des B gegen die A entstanden, vgl. § 81 VVG.

A könnte gegen C einen Anspruch aus **§ 812 Abs. 1 S. 1 Alt. 1** haben.

I. C hat einen **Vermögensvorteil** i.H.d. Versicherungssumme **erlangt**.

II. **Fraglich** ist, **ob dies durch Leistung des A an C** erfolgte. C hatte (vermeintlich) gegenüber A einen Anspruch auf Zahlung der Versicherungssumme aus der abgetretenen Forderung. Dies könnte dafür sprechen, dass die A dem C gegenüber eine bestehende Verbindlichkeit erfüllen wollte. Jedoch hat die A mit B den Versicherungsvertrag abgeschlossen, sodass eine Zuwendung der Versicherungssumme auch im Hinblick auf das Vertragsverhältnis mit B erfolgte.

---

380 Staudinger/Lorenz § 812 Rn. 38.

Wie die Leistung im Rahmen der Abtretung zu beurteilen ist, wird vor diesem Hintergrund unterschiedlich beantwortet.

290

1. Die h.M. ist diesbezüglich der Auffassung, dass eine Leistung an den **alten Gläubiger** (Zedenten), hier also an B, vorliegt. Ein Bereicherungsausgleich habe grundsätzlich zwischen den Parteien der Vertragsbeziehung zu erfolgen.[381] Es sei mit dem Schuldnerschutz unvereinbar, den Schuldner auf eine Kondiktion gegen den Zessionar zu verweisen. Dem Schuldner dürfe entsprechend dem **Rechtsgedanken der §§ 404 ff.** durch die Abtretung kein Nachteil entstehen. Die Rückabwicklung müsse mit dem Vertragspartner erfolgen, damit alle Einwendungen und Einreden erhalten blieben.[382]

2. In der Lit. wird demgegenüber teilweise die Ansicht vertreten, dass an den **neuen Gläubiger** (Zessionar) geleistet wird.[383] Der Schuldner (A) gebe auch eine eigene Tilgungsbestimmung ab. Selbst wenn – wie im Regelfall – die Zahlung mit einer Forderung des Zessionars gegen den Zedenten verrechnet werde, ordne der Schuldner sich **nicht** der Tilgungsbestimmung des Zedenten unter.

   Die Tilgungswirkung im Verhältnis Zessionar/Zedent sei daher nicht entscheidend. Der Schuldner müsse auch eine **eigene** Tilgungsbestimmung abgeben, um die gegen ihn bestehende Forderung zu tilgen. Die Prämisse der Gegenansicht, der Schuldnerschutz gebiete es, ein Leistungsverhältnis zwischen dem Schuldner (A) und dem Zedenten (B) anzunehmen, sei verfehlt, da der Schuldner sich durch die Verabredung eines Abtretungsverbotes nach **§ 399 Alt. 2** hinreichend schützen könne.

3. Für die h.M. spricht entscheidend, dass A als Versicherer das **Risiko der Insolvenz** seines Versicherungsnehmers zu tragen hat, wenn die Herausgabe der Versicherungsleistung verlangt wird. Zudem ähnelt das bestehende Verhältnis der Parteien demjenigen, welches im Fall einer Zahlungsanweisung zwischen den Parteien besteht. Genauso wie dort trifft der Leistende (A) **keine freie Entscheidung**, an wen er die Leistung erbringt, sondern tut dies wiederum (zwangsweise!) auf Veranlassung des Schuldners des Valutaverhältnisses (B).[384] Im vorliegenden Fall weist nur nicht der Vertragspartner eine Zahlung an, sondern gibt dem Empfänger das Recht, die Zahlung selbst anzufordern. Im Übrigen besteht zwischen den Konstellationen aber kein Unterschied.

   Somit hat A an B und B an C geleistet. Eine Direktkondiktion des A gegenüber C scheidet demnach aus.

   A hat gegen C keinen Anspruch aus § 812 Abs. 1 S. 1 Alt. 1.

---

381 BGH, Urt. v. 06.07.2012 – V ZR 268/11, RÜ 2012, 701, 702; Staudinger/Lorenz § 812 Rn. 41; Canaris NJW 1992, 868 ff.; a.A. Jakobs ZIP 1994, 9 ff. und Dörner NJW 1990, 473 ff.

382 BGH, Urt. v. 10.03.1993 – XII ZR 253/91, BGHZ 122, 46, 50 m.w.N.

383 Haertlein JuS 2007, 1073, 1079; Tiedtke WM 1999, 517, 518.

384 Lorenz JuS 2003, 839, 842-843.

F. Bereicherungsausgleich bei Forderungspfändung

Zahlt ein **Drittschuldner** auf eine gepfändete Forderung und stellt sich heraus, dass die gepfändete Forderung gar nicht bestand, so hat er einen **Direktanspruch** gegen den Vollstreckungsgläubiger aus § 812 Abs. 1 S. 1 Alt. 1.[385] Das Interesse des Drittschuldners ist – für jeden erkennbar – darauf gerichtet, mit der Zahlung das Einziehungsrecht des Gläubigers zum Erlöschen zu bringen.

291

Beispiel: A hat eine Forderung gegen B. Da B nicht zahlt, erwirkt A ein vollstreckbares Urteil gegen B und pfändet eine Kaufpreisforderung seines Schuldners B gegen den Drittschuldner D. Der D überweist den Betrag an A. Nunmehr stellt sich heraus, dass die Forderung des B gegen D gar nicht bestand. D verlangt von A Rückzahlung.

D könnte gegen A gemäß **§ 812 Abs. 1 S. 1 Alt. 1** einen Anspruch haben.

I. A hat einen Vermögensvorteil i.H.d. Gutschrift, also etwas erlangt.
II. Fraglich ist, ob er dies durch Leistung des D erlangt hat.
1. Nach einer Ansicht in der Lit. kann der Drittschuldner, der trotz Nichtbestehens der gepfändeten Forderung an den Vollstreckungsgläubiger zahlt, seine Leistung allein vom Vollstreckungsschuldner zurückverlangen.[386] Dies wird damit begründet, dass die Zahlung aufgrund eines Pfändungs- und Überweisungsbeschlusses der Zahlung aus Anweisung gleichstehe.
2. Nach ganz h.M.[387] liegt dagegen eine Leistung des Drittschuldners an den Vollstreckungsgläubiger vor. Das Interesse des Drittschuldners ist – für jeden erkennbar – darauf gerichtet, mit der Zahlung das Einziehungsrecht des Gläubigers zum Erlöschen zu bringen. Mit den Fällen der Anweisung ist die Pfändung nicht vergleichbar, denn der Pfändungs- und Überweisungsbeschluss zugunsten eines Vollstreckungsgläubigers ergeht ohne Zutun des Vollstreckungsschuldners, ja sogar gegen seinen Willen.[388] Somit liegt hier eine Leistung des D an A vor.
III. Da die gepfändete Forderung nicht bestand, erfolgte die Zahlung auch ohne Rechtsgrund.
Somit hat D gegen A einen Rückforderungsanspruch aus § 812 Abs. 1 S. 1 Alt. 1.

G. Bereicherungsausgleich bei Zahlung auf fremde Schuld

Gemäß **§ 267 Abs. 1** kann ein Dritter ohne Einverständnis des Schuldners den geschuldeten Vermögenswert an den Gläubiger übertragen. Vor diesem Hintergrund gilt es zwischen **drei Fallkonstellationen** zu differenzieren.

292

■ Besteht der Anspruch des Gläubigers gegen den Schuldner, wird er unter den Voraussetzungen des § 362 Abs. 1 i.V.m. § 267 Abs. 1 erfüllt. Ein Bereicherungsanspruch gegen den Gläubiger besteht nicht. Der Dritte hat lediglich Ansprüche gegen den Schuldner, der von seiner Verbindlichkeit befreit ist.

Beispiel: B schuldet dem C aus einem Darlehensvertrag 15.000 €. A zahlt auf die Schuld des B.

I. Da A auf die Darlehensschuld des B gezahlt hat, ist die Forderung des C gegen B durch Erfüllung gemäß **§ 362 Abs. 1 i.V.m. § 267 Abs. 1 erloschen**. A hat erkennbar auf eine fremde Schuld gezahlt und damit die für die Erfüllung erforderliche Tilgungsbestimmung getroffen.
II. Ausgleichsansprüche des A gegen B
1. Wenn die Zahlung dem Interesse und dem mutmaßlichen Willen des B entsprach, ergibt sich ein Anspruch des A gegen B aus §§ 677, 683 S. 1, 670.
2. War die Zahlung nicht interessen- oder willensgemäß, ergibt sich ein Anspruch aus §§ 684, 812.

385 BGH, Urt. v. 13.06.2002 – IX ZR 242/01, NJW 2002, 2871 f.; Schöpflin JA 2003, 99.
386 Buciek ZIP 1986, 890 f. m.w.N.
387 MünchKomm/Schwab § 812 Rn. 219 m.w.N.
388 BGH, Urt. v. 13.06.2002 – IX ZR 242/01, RÜ 2002, 448, 449.

3. Der BGH hat **neben** einem Anspruch aus §§ 684, 812 einen Bereicherungsanspruch unmittelbar aus § 812 Abs. 1 S. 1 Alt. 2 bejaht.

a) B hat durch die Zahlung des A an C ohne Rechtsgrund die Befreiung von der Verbindlichkeit, also etwas „in sonstiger Weise auf Kosten des A" erlangt.

b) Da das Erlangte nicht herausgegeben werden kann, muss gemäß § 818 Abs. 2 Wertersatz geleistet werden.

c) Ein Wegfall der Bereicherung gemäß § 818 Abs. 3 kommt nicht in Betracht, da die Schuld getilgt wurde.

d) Der Schuldner kann diesem Ausgleichsanspruch des Dritten **entsprechend** §§ 404 ff. alle Einreden entgegen halten, die ihm gegenüber dem Anspruch des C aus Darlehen zustanden.

- Besteht die zu tilgende Verbindlichkeit **nicht**, hat der Zahlende einen Bereicherungsanspruch gegen den Gläubiger (Rn. 293 f.).

- Leistet der Dritte auf eine vermeintlich eigene Verbindlichkeit, liegt kein Fall des § 267 Abs. 1 vor, da es an einer Fremdbestimmung fehlt (Rn. 295).

I. Bereicherungsausgleich, wenn die Verbindlichkeit nicht bestand

293

Fall 29: Hilfsbereiter Schwiegervater

B kauft von C einen gebrauchten Porsche für 49.000 €, Kilometerstand 85.000. Da B in Zahlungsschwierigkeiten gerät, zahlt der Schwiegervater A den noch offen stehenden Betrag von 8.000 €. Nunmehr ficht B den Kaufvertrag wirksam an, da der Wagen nämlich tatsächlich bereits 180.000 km gelaufen hatte. Anspruch des A?

A könnte gegen C einen Anspruch auf Rückgabe der gezahlten 8.000 € gemäß **§ 812 Abs. 1 S. 1 Alt. 1** haben.

I. Dazu müsste C durch **Leistung des A** etwas erlangt haben.

C hat einen Vermögensvorteil i.H.v. 8.000 € erhalten. Fraglich ist, ob dies durch Leistung des A geschah. A hat dem C die 8.000 € ausgehändigt, um die Kaufpreisverpflichtung des B gegenüber C – teilweise – zu erfüllen.

1. A wollte als Dritter gemäß § 267 Abs. 1 die Schuld des B tilgen, sodass sich folgern ließe, A habe den B von seiner Verbindlichkeit befreien wollen und somit im Verhältnis zu C keinen besonderen Zweck verfolgt. Aus der Sicht des Empfängers C sei B mithin als Leistender anzusehen.[389]

294

2. Demgegenüber liegt nach der h.M. eine Leistung des A an C vor, wenn für C erkennbar war, dass A aus eigenem Antrieb die Schuld beglichen hat und dass B die Zahlung des A **nicht veranlasst hat**.[390] Dies ist folglich dann der Fall, wenn es zum einen aus der Sicht des Leistungsempfängers (C) an einer Tilgungsbestimmung seines Vertragspartners aus dem Valutaverhältnis (B) bezogen auf seine Verbindlichkeit aus diesem Verhältnis fehlt und zum anderen der tatsächlich Zuwendende (A) die Verknüpfung seiner Zuwendung mit der Fremdverbindlichkeit in Form einer Fremdtilgungsbestimmung abgibt.

---

389 Wieling JuS 1978, 801 ff.; Schmidt JZ 1971, 601, 606 f.
390 BGH, Urt. v. 29.02.2000 – VI ZR 47/99, NJW 2000, 1718, 1719; MünchKomm/Schwab § 812 Rn. 155 m.w.N.

Aus Sicht des Leistungsempfängers C hat B die Zahlung des A in keiner Weise veranlasst, sodass es an einer eigenen Tilgungsbestimmung des B aus dem Valutaverhältnis fehlt. A wollte auch für C erkennbar eine **fremde** Schuld, nämlich die Schuld des B, tilgen. Mit Rücksicht auf diese **Fremdbestimmung** brachte A damit gegenüber C zum Ausdruck, dass er im Verhältnis zum Empfänger einen **eigenen** Zweck verfolgte. Der Dritte, hier der A, ist daher im Verhältnis zum Empfänger als **Leistender** anzusehen.

3. Da B im vorliegenden Fall die Zahlung des A in keiner Weise veranlasst hat, ist er schutzwürdig und deshalb aus der bereicherungsrechtlichen Rückabwicklung herauszuhalten. Der Leistende zahlt aufgrund der gesetzlichen Bestimmung des § 267 direkt auf das Valutaverhältnis.

II. Schließlich müsste die Leistung **ohne Rechtsgrund** erfolgt sein. A hat geleistet, um die Schuld des B gegenüber C zu tilgen. Dieser mit der Leistung bezweckte Erfolg ist nicht eingetreten. Die Kaufpreisforderung bestand infolge der Anfechtung des Kaufvertrags nämlich nicht. A hat mithin rechtsgrundlos geleistet.

III. A kann gemäß § 812 Abs. 1 S. 1 Alt. 1 von C 8.000 € verlangen.

---

*In dieser Konstellation lässt die h.M also ausnahmsweise eine **Direktkondiktion**, nämlich den Durchgriff gegen den Dritten zu, weil der Schuldner die Zahlung nicht veranlasst hat und deshalb aus der bereicherungsrechtlichen Rückabwicklung herausgehalten wird.*

II. Bereicherungsausgleich, wenn der Zuwendende eine vermeintlich eigene Schuld tilgen wollte

295

Wollte der Zuwendende eine eigene Verbindlichkeit tilgen, weil er sich für den Schuldner hielt, in Wahrheit aber ein Dritter Schuldner ist, so kann der vermeintliche Schuldner vom Empfänger gemäß § 812 Abs. 1 S. 1 Alt. 1 seine erbrachte Leistung zurückverlangen. Er ist Leistender, weil er mit der Zuwendung einen bestimmten Zweck erreichen, nämlich seine – vermeintliche – Verbindlichkeit erfüllen wollte. Es liegt **kein Fall des § 267** vor, weil der Leistende nicht zum Ausdruck gebracht hat, dass er eine fremde Schuld tilgen will.

Der Anspruch des Gläubigers erlischt nur, wenn der Dritte mit dem Willen leistet, die Verpflichtung des Schuldners zu tilgen, wobei es nicht auf den inneren Willen des Dritten ankommt, sondern darauf, wie der Gläubiger sein Verhalten verstehen durfte.[391]

Fraglich ist jedoch, ob der Zahlende nachträglich bestimmen kann, dass die bereits erfolgten Leistungen auf die fremde Schuld erbracht sein sollen – sog. **nachträgliche Fremdbestimmung** der Leistung.

■ Ein Teil der Lit. lehnt eine nachträgliche Fremdbestimmung ab.[392]

---

391 BGH, Urt. v. 26.09.1994 – II ZR 166/93, NJW 1995, 128, 129.
392 Erman/Buck-Heeb § 812 Rn. 3.

■ Die h.M.[393] geht dagegen davon aus, dass der Dritte in den Grenzen des § 242 die Möglichkeit hat, die Fremdtilgungsbestimmung nachzuholen. Soweit schutzwürdige Interessen des Schuldners nicht beeinträchtigt werden, ist also eine nachträgliche Fremdbestimmung möglich.

H. Bereicherungsausgleich gemäß §§ 951, 812

296 Der Anspruch aus §§ 951, 812 regelt die Entschädigungspflicht desjenigen, der durch den gesetzlichen **Eigentumserwerb gemäß den §§ 946 ff.** das Eigentum an einer Sache erhalten hat. Denn in den Fällen, in denen eine Sache mit einer anderen Sache verbunden, mit einer anderen Sache vermischt oder aus einer anderen Sache eine neue Sache hergestellt wird, werden die Eigentumsverhältnisse durch §§ 946 ff. kraft Gesetzes neu geregelt.

Verliert der Eigentümer (der „Verlierende") sein Eigentum an einer beweglichen Sache gemäß den §§ 946 bis 950 und stehen ihm gegen den Erwerbenden keine besonderen – vertraglichen oder gesetzlichen – Ausgleichsansprüche zu, kann er gemäß § 951 Abs. 1 S. 1 nach den Regeln des Bereicherungsrechts eine „Vergütung in Geld" verlangen.

Anspruch aus §§ 951, 812
A. Voraussetzungen
I. Anspruchsteller hat **Rechtsverlust nach §§ 946 ff.** erlitten.
II. Voraussetzungen des § 812 Abs. 1 (**Rechtsgrundverweisung**)
1. Anspruchsgegner hat **„etwas"** erlangt: Eigentum gemäß §§ 946 ff.
2. Durch **Leistung** des Anspruchstellers oder **in sonstiger Weise**
■ Nach der Rspr. verweist § 951 nicht nur auf die Eingriffs-, sondern auch auf die Leistungskondiktion
■ Oder in sonstiger Weise: Ist nicht gegeben, wenn Eigentum durch Leistung eines Dritten erlangt wird
3. Ohne Rechtsgrund gegenüber dem Anspruchsteller, §§ 946 ff. sind kein Rechtsgrund i.S.d. § 812
B. Rechtsfolge: Vergütung in Geld, § 951 Abs. 1 S. 1

I. Vorrangige Ansprüche

297 Gegenüber dem Anspruch aus §§ 951, 812 sind bestimmte vertragliche oder gesetzliche Ausgleichsansprüche vorrangig:

■ **Vertragliche Ausgleichsansprüche**

Nach ganz h.M. statuiert § 951 einen **Rechtsgrundverweis** auf die §§ 812 ff.[394] Bestehen daher vertragliche Ausgleichsansprüche, so hat dies zur Folge, dass die Vor-

---

393 BGH, Urt. v. 15.05.1986 – VII ZR 274/85, NJW 1986, 2700; Palandt/Grüneberg § 267 Rn. 3; Jauernig/Stadler § 267 Rn. 5.
394 Vgl. BeckOk/Kindl § 951 Rn. 2 m.w.N.

aussetzungen des Anspruches aus §§ 951, 812 nicht vorliegen, da die Ausgleichs-ansprüche einen Rechtsgrund darstellen.

■ **Gesetzliche Ausgleichsansprüche**

■ Schadensersatzansprüche

298

Aus **§ 951 Abs. 2 S. 1** ergibt sich, dass Ansprüche aus **§§ 823 ff.** neben denen aus §§ 951, 812 bestehen können.

■ Verwendungsersatzansprüche

Bei Verwendungen eines unrechtmäßigen Besitzers kann die Frage virulent wer-den, ob die §§ 951, 812 Anwendung finden, wenn die Regelungen nach den **§§ 994 ff.** eingreifen.

Beispiel: A wohnt im Haus des B zur Miete. Er übernimmt erhebliche Aus- und Umbauarbeiten. Nach drei Jahren stellt sich die Unwirksamkeit des Mietvertrags heraus. Hat A gegen B Aufwen-dungsersatzansprüche?[395]

I. B war Eigentümer des Hauses und A war dessen Besitzer. Da der Mietvertrag unwirksam ist, be-stand auch kein Recht zum Besitz. Somit ergibt sich ein Verwendungsersatzanspruch nach den Regeln der §§ 994 ff.
II. A war Eigentümer des eingebauten Materials. Dies hat B nach § 946 erworben. Demnach käme an sich auch ein Wertersatzanspruch aus §§ 951, 812 in Betracht.

Der Ausschluss bereicherungsrechtlicher Ansprüche durch die §§ 987 ff. gilt nach der Rspr. auch gegenüber §§ 951, 812, soweit der Verlierende als nichtberechtigter Besitzer der Sache des Erwerbenden auf die Sache eine **Verwendung** machte, in-dem er diese mit seiner Sache unter Verlust seines Eigentums gemäß §§ 946 ff. ver-band.[396] Dagegen finden die §§ 951, 812 aber Anwendung, wenn der Erwerbende nichtberechtigter Besitzer einer Sache war, die er dann gemäß den §§ 946 er-warb.[397]

II. Rechtsverlust

Gemäß § 951 Abs. 1 S. 1 ist zunächst ein Rechtsverlust des Anspruchstellers infolge der §§ 946 bis 950[398] erforderlich. Der Anspruchsgegner muss also **kraft Gesetzes** Eigen-tum, ein Anwartschaftsrecht oder ein beschränktes dingliches Recht an der Sache er-worben haben.[399]

■ Wird eine bewegliche Sache mit einem Grundstück so **verbunden**, dass sie wesent-licher Bestandteil des Grundstücks wird, so erwirbt der Grundstückseigentümer ge-mäß §§ 946, 93, 94 das Eigentum an der Sache.

■ Die **Verbindung mehrerer beweglicher Sachen zu einer einheitlichen Sache** führt zu Miteigentum des Eigentümers (§ 947 Abs. 1), es sei denn, dass eine Sache als Hauptsache anzusehen ist (§ 947 Abs. 2).

---

395 Nach BGH, Urt. v. 29.09.1995 – V ZR 130/94, NJW 1996, 52 f.
396 Ausführlich zur Frage, ob ein Anspruch aus §§ 951, 812 durch die §§ 994 ff. verdrängt wird AS-Skript Sachenrecht 1 (2014), Rn. 607 ff.
397 BGH, Urt. v. 11.01.1971 – VIII ZR 261/69, BGHZ 55, 176, 179; Palandt/Bassenge § 951 Rn. 2.
398 Vgl. dazu ausführlich AS-Skript Sachenrecht 1 (2014), Rn. 239 ff.
399 BeckOK/Kindl § 951 Rn. 4.

- Die **Verarbeitung** einer Sache zu einer neuen Sache hat unter den Voraussetzungen des § 950 zur Folge, dass der bisherige Eigentümer das Eigentum an der Sache verliert und der Hersteller der neuen Sache Eigentümer wird.

III. Rechtsgrundverweis auf die §§ 812 ff.

Während weitgehend darüber Einigkeit besteht, dass § 951 einen Rechtsgrundverweis enthält, wird nach wie vor kontrovers beurteilt, ob § 951 dabei nur auf § 812 Abs. 1 S. 1 Alt. 2 (Nichtleistungskondiktion) oder auch auf § 812 Abs. 1 S. 1 Alt. 1 (Leistungskondiktion) verweist.

- Nach einer Ansicht[400] bezieht sich der Verweis in § 951 Abs. 1 **nur** auf den Tatbestand der **Nichtleistungskondiktion**, sodass die Leistungsfälle unmittelbar über § 812 zu lösen wären. Dafür spricht der Wortlaut des § 951 Abs. 1 „erleidet".

  Außerdem nennt § 951 als Anspruchsgläubiger nur den bisherigen Rechtsinhaber, während Leistender und damit Gläubiger einer Leistungskondiktion in den Einbaufällen auch eine andere Person als der bisherige Eigentümer des Materials sein kann.

- Andere[401] gehen davon aus, dass § 951 **beide Alternativen des § 812 Abs. 1 S. 1** erfasst. Nach Sinn und Zweck der Vorschrift, kann es sich nur um einen Verweis auf alle Kondiktionen des § 812 handeln. Der Anspruchsgegner wird ausreichend dadurch geschützt, dass es sich bei dem Verweis des § 951 um einen echten Rechtsgrundverweis handelt, d.h. Ersatz nur unter den Tatbestandsvoraussetzungen des § 812 gewährt wird.

IV. Rechtsfolge

- § 951 Abs. 1 S. 1 gewährt dem Anspruchsinhaber eine „Vergütung in Geld". Dabei handelt es sich um einen **Wertersatzanspruch**, dessen Umfang gemäß § 818 Abs. 2 objektiv und somit nach dem Verkehrswert zu bemessen ist.[402] Maßgeblicher Zeitpunkt für die Ermittlung der Wertes ist nach h.M. der **Eintritt der Rechtsänderung**.[403]

  Beispiel: Bei der Errichtung eines Gebäudes ist der Zeitpunkt der Vollendung maßgebend.

- Soweit der Rechtserwerb dem Erwerbenden unerwünscht ist, kann es zu einer **aufgedrängten Bereicherung** kommen. Dann kann der Bereicherungsanspruch des Verlierenden entfallen oder jedenfalls beschränkt werden.

  - Ist etwa derjenige, der auf fremdem Grund gebaut hat, zur Beseitigung des Gebäudes gemäß §§ 1004 oder 823 verpflichtet, so entfällt der Vergütungsanspruch wegen Rechtsmissbrauchs, wenn der Eigentümer Beseitigung verlangt.[404]

  - Ferner kann der Erwerbende dem Zahlungsverlangen des Verlierenden einredeweise die Gestattung der Wegnahme entsprechend § 1001 S. 2 entgegensetzen, soweit der Rechtserwerb ohne seine Zustimmung erfolgte.[405]

---

400 BGH, Urt. v. 11.01.1971 – VIII ZR 261/69, BGHZ 55, 176, 179; Jauernig/Berger § 951 Rn. 20.

401 BGH, Urt. v. 12.07.1989 – VIII ZR 286/88, NJW 1989, 2745, 2746; Huber JuS 1970, 342.

402 MünchKomm/Schwab § 951 Rn. 24.

403 BeckOK/Kindl § 951 Rn. 16.

404 BGH, Urt. v. 17.02.1965 – VIII ZR 69/63, NJW 1965, 816; Palandt/Bassenge § 951 Rn. 19.

405 Jauernig/Berger § 951 Rn. 20; Palandt/Bassenge § 951 Rn. 20.

■ Versagen die zuvor genannten Abwehrmittel, so ist für die Höhe des Anspruchs des Verlierenden der **subjektive Nutzen** des Rechtserwerbs für den Erwerbenden maßgebend.[406] Dafür spricht der Rechtsgedanke des § 818 Abs. 3 BGB.

V. Klausurtypische Fallkonstellationen

1. Erwerber selbst führt den Eigentumsverlust herbei

Hat der Erwerber des Eigentums die Verbindung, Vermischung oder Verarbeitung selbst ohne Einverständnis des Berechtigten vorgenommen, kann der Berechtigte vom Erwerber gemäß §§ 951, 812 Wertersatz verlangen.

299

Beispiel: N entwendet vom Ziegeleigrundstück des E Steine und errichtet auf seinem Grundstück eine Garage. E verlangt von N Bezahlung der Steine.

Anspruch des E gegen N gemäß §§ 951, 812 Abs. 1 S. 1

I. Voraussetzungen
1. N hat gemäß §§ 946, 93, 94 das Eigentum an den Steinen erworben. Diese wurden mit dem Einbau wesentlicher Bestandteil des Grundstücks.
2. Da § 951 einen Rechtsgrundverweis enthält, ist ein Bereicherungsanspruch des E gegen N nur gegeben, wenn auch die Voraussetzungen des § 812 Abs. 1 S. 1 vorliegen.
a) N hat mit dem Eigentumserwerb etwas erlangt.
b) Dies geschah nicht durch Leistung des E, sondern in sonstiger Weise auf Kosten des E, da N die Steine ohne den Willen des E an sich gebracht hat und diese eingebaut hat.
c) Der Eigentumserwerb erfolgte ohne Rechtsgrund, denn die §§ 946 ff. regeln nur die Eigentumsfrage, sind aber kein Rechtsgrund für das Behaltendürfen.
II. Rechtsfolge der §§ 951, 812: Vergütung in Geld

Dabei stehen die §§ 987 ff. einem Anspruch aus §§ 951, 812 nicht entgegen. Denn auch wenn ein Schadenersatz gemäß §§ 989, 990 in Betracht kommt, bleiben Wertersatzansprüche davon unberührt. Durch § 993 Abs. 1 a.E. werden nämlich lediglich anderweitige Schadenersatzansprüche gesperrt.

2. Dritter führt den Eigentumsverlust nach §§ 946 ff. durch

In den Fällen der §§ 946–950 tritt der Eigentumsverlust nicht durch ein Verfügungsgeschäft ein, sondern kraft Gesetzes. Auch die zugrunde liegenden Verpflichtungsgeschäfte verpflichten häufig nicht zur Übertragung des Eigentums. So ist etwa ein Bauunternehmer aus dem Werkvertrag zur Errichtung des Bauwerks verpflichtet, nicht aber zur Übereignung der Baumaterialien, da diese kraft Gesetzes übergehen. Da also **keine Verpflichtungen zur Eigentumsübertragung** bestehen, fragt sich, ob das Eigentum in diesen Fällen überhaupt Gegenstand einer Leistung sein kann.

300

■ Die Rspr. hält auch im Rahmen des § 951 sowohl am Leistungsbegriff als auch am Subsidiaritätsgrundsatz fest. Danach liegt in den Einbaufällen eine Leistung des Werkunternehmers vor, da sich der Eigentumswechsel aufgrund eines Werkvertrags vollzieht.

---

406 Palandt/Bassenge § 951 Rn. 21.

■ Nach der Lit. wird die Eingriffskondiktion nicht ohne Weiteres von der Leistungskondiktion verdrängt, weil nach §§ 946 ff. das Eigentum „kraft Gesetzes" übergeht und damit unabhängig von einer zweckgerichteten Zuwendung ist. Es ist vielmehr anhand der Wertungsmodelle der §§ 816, 932 ff. zu ermitteln, wann eine Leistung und wann ein Eingriff vorliegt.[407]

a) Eigentumserwerb mit Einverständnis des Eigentümers bewirkt

301 Wird die Verbindung, Vermischung oder Verarbeitung im Einverständnis mit dem Eigentümer vorgenommen, hat der Erwerber auch das **Eigentum durch Leistung erlangt**, sodass ein Erwerb in sonstiger Weise auf Kosten des Eigentümers wegen der Subsidiarität der Nichtleistungskondiktion nicht in Betracht kommt.

Beispiel: Baumaterialienhändler B hat sein Baumaterial unter verlängertem Eigentumsvorbehalt an N übertragen. N errichtet für E unter Verwendung der Materialien ein Haus. Da N nicht zahlt, verlangt B Bezahlung von E.

B könnte gegen E einen Anspruch aus §§ 951, 812 Abs. 1 S. 1 Alt. 2 haben.
I. Der Tatbestand des § 951 ist verwirklicht. E hat gemäß § 946 das Eigentum erlangt. B hat das Eigentum verloren.
II. Voraussetzungen des § 812 Abs. 1 S. 1 Alt. 2
1. E hat das Eigentum an den eingebauten Sachen erlangt.
2. Dies müsste in sonstiger Weise auf Kosten des B erfolgt sein.
a) B hat E das Eigentum nicht zweckgerichtet zugewandt. Er wollte weder eine Verbindlichkeit gegenüber E erfüllen noch einen anderen rechtsgeschäftlich vereinbarten Zweck erreichen.
b) Ein Erwerb in sonstiger Weise auf Kosten des B kommt nicht in Betracht, wenn E durch Leistung des N Eigentum erworben hat. N hat aufgrund des Werkvertrags dem E die Baumaterialien geliefert und eingebaut. Da der Einbau aufgrund eines Vertrags erfolgte, ist der Bauunternehmer grundsätzlich als Leistender anzusehen. Fraglich ist, ob eine andere Beurteilung erforderlich ist, weil die Sachen im Eigentum des B standen. Jedoch hat dieser konkludent im Rahmen des verlängerten Eigentumsvorbehalts in die Weiterverwendung eingewilligt. Daher hätte der N dem E auch das Eigentum verschaffen (§ 185 Abs. 1) und somit leisten können, wenn er die Materialien nach § 929 übereignet hätte, sodass ein Erwerb des E in sonstiger Weise auf Kosten des B ausscheidet.
B hat gegen E keinen Anspruch aus §§ 951, 812 Abs. 1 S. 1 Alt. 2.

b) Eigentumserwerb ohne Einverständnis des Eigentümers bewirkt

302 Wurde der Eigentumswechsel ohne Einverständnis des Eigentümers bewirkt, ist der Erwerber jedenfalls dann schutzwürdig, wenn er auf ein Einverständnis des Eigentümers vertrauen durfte.

Fall 30: Bösgläubiger Bauherr

N soll für E ein schlüsselfertiges Haus errichten. N bezieht die Baumaterialien unter verlängertem Eigentumsvorbehalt von B. Da N nicht zahlt, widerruft der B sein Einverständnis zum Einbau. Der E erfährt davon, unternimmt aber nichts. Nachdem über das Vermögen des N das Insolvenzverfahren eröffnet worden ist, verlangt B von E Zahlung unter Hinweis auf die Bösgläubigkeit des E. Zu Recht?

---

407 Vgl. Looschelders Rn. 1163 m.w.N.

B könnte gegen E einen Anspruch aus **§§ 951, 812 Abs. 1 S. 1 Alt. 2** haben.

I. Die Voraussetzungen des § 951 sind erfüllt. B hat einen Rechtsverlust gemäß § 946 erlitten, weil die Baumaterialien mit dem Einbau durch N wesentlicher Bestandteil des Grundstücks des E geworden und damit gemäß §§ 946, 93, 94 in das Eigentum des E übergegangen sind.

II. Es müssten ferner die Voraussetzungen des § 812 Abs. 1 S. 1 Alt. 2 vorliegen, weil § 951 nach ganz h.M. einen Rechtsgrundverweis enthält.

1. E hat das **Eigentum** an den Baumaterialien **erlangt**.

2. Dies müsste E ferner **in sonstiger Weise auf Kosten des B** erlangt haben.

    B hat die Baumaterialien dem Grundstückseigentümer E nicht **zweckgerichtet** zugewandt. Ein Erwerb der Baumaterialien durch E in sonstiger Weise auf Kosten des B kommt nach dem **Grundsatz der Subsidiarität** nicht in Betracht, wenn E die Baumaterialien durch Leistung des N erworben hat.

    a) Nach der Ansicht des BGH liegt grundsätzlich eine **Leistung** des N an E vor, da   **303** sich der Eigentumswechsel aufgrund des Werkvertrags, also **aufgrund eines Vertrags, der gerade auf die Tätigkeit gerichtet ist, die unmittelbar den Rechtswechsel herbeiführt**, vollzieht. Der BGH hat aber bisher offen gelassen, ob in den Fällen eines Drei-Personen-Verhältnisses, bei dem der Erwerber hinsichtlich der Einwilligung des Eigentümers zum weiteren Einbau bösgläubig ist, eine Leistung des Vertragspartners, hier also des N, zu bejahen ist.[408]

    b) Nach der h.Lit. wird die Eingriffskondiktion nicht voraussetzungslos durch die Leistungskondiktion verdrängt.[409] Das Gesetz kenne nur einen einzigen Kondiktionsausschlussgrund, nämlich denjenigen des gutgläubigen entgeltlichen Erwerbs, wie sich aus § 816 Abs. 1 S. 1 i.V.m. Abs. 1 S. 2 ergebe. Folglich vermöge nicht das Vorliegen einer Leistung allein den Ausschluss der Eingriffskondiktion zu rechtfertigen, sondern lediglich die vollständige, auch die subjektiven Voraussetzungen **umfassende Analogie zu den §§ 932, 816**. Der Empfänger habe das Eigentum folglich erst dann kondiktionsfest erworben, wenn er **gutgläubig** war. Dass bei § 951 der Erwerbstatbestand nicht durch Einigung und Übergabe, sondern kraft Gesetzes eintrete, könne keinen Unterschied machen. Danach ist hier ein Direktkondiktionsanspruch zu bejahen, da E bösgläubig war.

    c) Zwar kann in Übereinstimmung mit der Rspr. angenommen werden, dass in den Einbaufällen der gesetzliche Eigentumswechsel auf einer **vertraglichen Leistung** beruht. Für die Frage der Kondiktionsfestigkeit des Erwerbs ist es dann aber nur konsequent, zumindest analog auch die Voraussetzungen des **rechtsgeschäftlichen** Eigentumserwerbs zur Anwendung kommen zu lassen.

---

408 BGH Urt. v. 27.09.1990 – VII ZR 316/89, NJW-RR 1991, 343 ff., wobei er die h.A. in der Lit. ausführl. erörtert, nicht aber ablehnt. Eine Festlegung der Rspr. war bisher nicht erforderlich, da in den zu entscheidenden Fällen der Empfänger gutgläubig war.

409 Vgl. Brox/Walker § 42 Rn. 1 f.; Looschelders Rn. 1163.

Zusätzliche Voraussetzung für einen kondiktionsfesten Erwerb ist daher neben einer Leistung die Gutgläubigkeit des Erwerbers. Der Grundsatz der Subsidiarität wird in diesen Fällen folglich abgeschwächt. Trotz einer Leistung von Seiten des N kommt mangels Gutgläubigkeit des E daher ein Kondiktionsanspruch des B gegen E aus §§ 951, 812 Abs. 1 S. 1 Alt. 2 in Betracht.

3. Ein Vertragsverhältnis bestand zwischen B und E nicht. Fraglich ist deshalb allein, ob die Vorschrift des § 946 hinreichender Rechtsgrund für den Eigentumserwerb ist. Aus § 951 Abs. 1 S. 1 ergibt sich jedoch, dass die Bestimmungen der §§ 946 ff. für sich allein keinen rechtfertigenden Grund für die Vermögensverschiebung abgeben.[410] Folglich hat E das Eigentum **ohne Rechtsgrund** erlangt.

4. Als **Rechtsfolge** ist eine Vergütung in Geld, also Wertersatz zu zahlen. Der für die Baustoffe gezahlte Kaufpreis kann gemäß **§ 818 Abs. 3 nicht** in Anrechnung gebracht werden, da § 951 an die Stelle des § 985 tritt. Gegenüber § 985 hätte sich E aber auch nicht darauf berufen können, dass er für den Gegenstand etwas gezahlt hat.

B hat gegen E einen Anspruch auf Wertersatz aus §§ 951, 812 Abs. 1 S. 1 Alt. 2.

3. Abhandengekommene Sache wird vom Anspruchsgegner verarbeitet

304

Fall 31: Alles Wurscht

Bauer B war Eigentümer zweier Jungbullen, die ihm von N gestohlen wurden. N veräußerte sie für je 1.700 € an den gutgläubigen Fußballmanager E, der die Tiere schlachtete und in seiner Fleischwarenfabrik zu Wurst verarbeitete. Als sich der Sachverhalt herausstellt, verlangt B von E einen Betrag von 3.400 €, der dem Wert der Tiere vor der Schlachtung entspricht. Zu Recht?

Da wegen des fehlenden Verschuldens des E Schadensersatzansprüche ausscheiden, kommt für B nur ein Ausgleichsanspruch aus **§§ 951, 812 Abs. 1 S. 1 Alt. 2** in Betracht.

I. Bis zur Verarbeitung der Jungbullen ist E deren unrechtmäßiger Besitzer und B Eigentümer. Die Regeln über das Eigentümer-Besitzer-Verhältnis schließen einen Bereicherungsanspruch aus §§ 951, 812 jedoch nicht gänzlich aus. Der unrechtmäßige Besitzer soll nicht durch die §§ 987 ff. privilegiert werden, wenn er sich den Wert der Sache durch einen objektiv unberechtigten Eingriff in das Eigentum verschafft.[411]

II. Die Voraussetzungen des § 951 Abs. 1 S. 1 sind erfüllt, da E durch die **Verarbeitung gemäß § 950** Eigentümer der gewonnenen Fleischwaren geworden ist und B damit das Eigentum an den Jungbullen verloren hat.

410 BGH, Urt. v. 11.01.1971 – VIII ZR 261/69, BGHZ 55, 176, 177.
411 BGH, Urt. v. 11.01.1971 – VIII ZR 261/69, BGHZ 55, 176, 179.

III. Es müssen außerdem die Voraussetzungen des § 812 Abs. 1 S. 1 Alt. 2 gegeben sein, weil § 951 nach ganz h.M. einen **Rechtsgrundverweis** enthält.

1. E hat gemäß § 950 Abs. 1 S. 1 das **Eigentum** an den Wurstwaren **erlangt**.

2. Dieses erlangte Etwas hat B dem E nicht zweckgerichtet zugewandt, sodass ein Erwerb des E **in sonstiger Weise auf Kosten des B** gegeben sein könnte. Allerdings ist der Erwerb in sonstiger Weise subsidiär gegenüber dem Leistungserwerb. Was E durch Leistung des N erlangt hat, kann er nicht gleichzeitig in sonstiger Weise auf Kosten des B erworben haben.

   a) Nach der Rspr. und einem Teil der Lit. hat N dem E nur den Besitz an den Jung- **305**
   bullen geleistet. Dies zeigt sich daran, dass vor der Verarbeitung B die Bullen von E gemäß § 985 hätte herausverlangen können. Ein gutgläubiger Erwerb des E gemäß den §§ 929 ff. scheiterte nämlich an § 935. Das Eigentum an den Tierprodukten hat E deshalb auch nicht durch eine ziel- und zweckgerichtete Mehrung fremden Vermögens durch N erlangt. Er hat vielmehr das Eigentum an den Fleischprodukten erst durch seine **autonome Entscheidung**, die Jungbullen i.S.d. § 950 zu verarbeiten, kraft Gesetzes erlangt.

   Eine Nichtleistungskondiktion des B gegen E gemäß §§ 951, 812 Abs. 1 S. 1 Alt. 2 ist demnach nicht ausgeschlossen.[412]

   b) In der Lit. wird zum Teil die Auffassung vertreten, dass der Nichtberechtigte N **306**
   dem E mit der Übertragung des Besitzes zum Zwecke der Erfüllung einer Verbindlichkeit auch die Möglichkeit zur Verarbeitung geleistet habe und daher auch das Eigentum durch Leistung des Nichtberechtigten erworben werde. Doch aus dem **Wertungsmodell der §§ 932, 935** ergebe sich, dass der Erwerber das erlangte Eigentum nicht endgültig behalten dürfe, wenn die verbundene, vermischte oder verarbeitete Sache dem Eigentümer abhanden gekommen sei.[413] Dies war hier der Fall.

3. Ein Vertragsverhältnis bestand zwischen B und E nicht. Fraglich ist deshalb allein, ob die Vorschrift des § 950 hinreichender Rechtsgrund für den Eigentumserwerb ist. Aus § 951 Abs. 1 S. 1 ergibt sich jedoch, dass die Bestimmungen der §§ 946 ff. für sich allein keinen rechtfertigenden Grund für die Vermögensverschiebung abgeben können.[414] Folglich hat E das Eigentum **ohne Rechtsgrund** erlangt.

4. Die **Rechtsfolge** ist, dass E dem B nach § 951 eine Vergütung in Geld, also Wertersatz, schuldet. Dabei ist der **Wert der Jungbullen vor ihrer Verarbeitung** maßgebend. Ein Wegfall der Bereicherung gemäß § 818 Abs. 3 wegen des an den N gezahlten Entgelts kommt nicht in Betracht, weil die für den Erwerb der Sache an Dritte erbrachten Leistungen im Rahmen des § 818 Abs. 3 nicht berücksichtigt werden. **307**

A hat gegen E einen Anspruch i.H.v. 3.400 € aus §§ 951, 812 Abs. 1 S. 1 Alt. 2.

---

412 BGH, Urt. v. 11.01.1971 – VIII ZR 261/69, BGHZ 55, 176, 179; Loewenheim/Winckler JuS 1983, 684, 686.
413 Vgl. MünchKomm/Schwab § 812 Rn. 15 m.w.N.
414 BGH, Urt. v. 11.01.1971 – VIII ZR 261/69, BGHZ 55, 176, 177.

308

Bereicherungsausgleich im Mehrpersonenverhältnis

Zuwendung auf Anweisung

- Ist ein Schuldverhältnis oder sind beide Schuldverhältnisse unwirksam, so erfolgt die bereicherungsrechtliche **Rückabwicklung grundsätzlich zwischen den am fehlerhaften Schuldverhältnis beteiligten Personen** – Kondiktion übers Dreieck.
- Auch wenn die Weisung fehlerhaft ist, bleibt es bei dem Grundsatz der Rückabwicklung zwischen den Vertragsparteien.
  Eine Direktkondiktion ist aber dann möglich,
  - wenn der Empfänger weiß oder infolge grober Fahrlässigkeit nicht weiß, dass die Weisung fehlerhaft ist, oder
  - wenn überhaupt keine zurechenbare Weisung erteilt worden ist (Fälschung, mangelnde Geschäftsfähigkeit, nicht veranlasste Weisung, Doppelzahlung), eine Leistung an einen anderen Empfänger erfolgt, oder
  - wenn gesetzliche Wertungsgesichtspunkte dies ergeben (z.B. Vertrauensschutz).

Vertrag zugunsten Dritter

- Bei einem unwirksamen Vertrag zugunsten Dritter erfolgt die bereicherungsrechtliche Rückabwicklung grundsätzlich innerhalb der fehlerhaften Schuldverhältnisse. Mit Zuwendung an den Dritten wird (wegen § 335) eine Leistung an den Versprechensempfänger erbracht.
- Ausnahmen:
  - wenn Anspruch des Dritten allein vom Bestand des Deckungsverhältnisses abhängig ist, etwa bei Zuwendung an den Dritten zu dessen Versorgung, § 330
  - Verzicht des Versprechensempfängers auf den Anspruch aus § 335

Abtretung

Wird im Hinblick auf einen abgetretenen Anspruch eine Zuwendung erbracht und ist der Anspruch unwirksam, ist die Rückabwicklung umstritten.
- Teilweise wird die Erfüllung der Forderung als vorrangig angesehen und eine Leistung an den Neugläubiger bejaht.
- Die h.M. nimmt eine Leistung an den Altgläubiger aufgrund des mit ihm bestehen gebliebenen Schuldverhältnisses an.

Zahlung auf fremde Schulden gemäß § 267

- Besteht die zu tilgende Verbindlichkeit, kann der Zahlende (Dritter) von dem Schuldner Ausgleich verlangen.
- Besteht die Forderung des Empfängers gegen den Schuldner nicht, so ist der Dritte berechtigt, den übertragenen Vermögenswert mit der Leistungskondiktion herauszuverlangen. Der Dritte ist Leistender.
- Will der Dritte eine vermeintlich eigene Schuld tilgen, so kann er die erbrachte Leistung vom Empfänger gemäß § 812 zurückverlangen. Umstritten ist, ob eine nachträgliche Fremdbestimmung zulässig ist.

Ausgleich gemäß §§ 951, 812

- § 951 ist **Rechtsgrundverweis**; die Voraussetzungen des § 812 müssen also vorliegen; ob sich der Verweis nur auf den Tatbestand der Nichtleistungskondiktion, sondern auch auf die Leistungskondiktion bezieht ist, streitig.
- Im Mehrpersonenverhältnis gelten folgende Grundsätze:
  - Sind die Voraussetzungen der §§ 946 ff. im Einverständnis mit dem Eigentümer bewirkt worden, findet ein Bereicherungsausgleich nur innerhalb der fehlerhaften Schuldverhältnisse statt.
  - Umstritten ist die Lösung, wenn das Einverständnis fehlt und der Erwerber dies erkannt hat oder erkennen musste.
  - Ist die Sache abhanden gekommen, kann der ehemalige Eigentümer direkt vom Erwerber kondizieren.
- Rechtsfolge: Vergütung in Geld, also Wertersatz

Stichwortverzeichnis

Die Zahlen verweisen auf die Randnummern.